조선 후기 문학이 꿈꾼 공생의 삶

이타와 시여
利 他　　施 與

利他

조선 후기 문학이 꿈꾼 공생의 삶
강명관 지음

이타와 시여
利他　　施與

施與

푸른역사

이타利他란 '이타적 행위'를 말한다. 이타적 행위는, 행위 주체가 자신에게 발생할 수 있는 손실을 감내하면서 타자에게 이익을 주는 행위다. 자기손실의 양상과 범위는 대단히 다양하고 넓다. 재화나 노동력의 감소, 시간이나 기회의 상실, 나아가 신체·생명의 희생까지 포함한다. 예컨대 《흥부전》에서 흥부가 제비의 부러진 다리를 치료해 준 행위는 시간과 노동을 소모한다. 이때의 자기손실은 아주 가볍다. 하지만 《심청전》에서 심청은 아버지 심학규의 개안開眼을 위해 자신의 생명을 희생한다. 생명의 희생은 자기손실의 극한이다. 이처럼 자기손실은 다양하고 그 범위도 넓다.

심청은 자기손실에 상응하는 보상을 바라지 않았다. 흥부도 마찬가지다. 이타적 행위의 주체는 보상을 바라지 않을 뿐만 아니라, 자신이 이타적 행위를 했다는 사실 자체를 망각한다. 기억에 남아 있다 하더라도 그것에 특별한 의미를 부여하지 않는다. 이것을 이타적 행위 주체의 '보상 기대 부재', '자기망각'이라고 부를 수 있을 것이다. 하지만 대개는 보상이 이루어진다. 흥부는 제비가 물어다준 박씨로부터 재화를 얻었고 심청은 되살아난 뒤 황후가 되어 눈을 뜬 심학규와 재회한다.

《흥부전》과 《심청전》에서 확인할 수 있듯, 이타-보상의 구조를 갖는 작품은 드물지 않다. 이 책은 바로 이 문제를 다룬다. 문학작품, 특히 조선 후기 문학작품에서 이타적 행위와 그것에 대한 보상이 어떻게 형상화되어 있는지, 또 그것의 의미가 무엇인지를 묻는다. 나아가 왜 조선 후기에 이타-보상을 구조로 하는 작품이 양산되고 유통되었는지 그 역사적 근거를 따질 것이다.

이타적 행위는 다양하지만 가장 많은 경우는 경제적 위기에 빠진 타인을 돕기 위해 자기 소유의 재화를 일방적으로 양여하는 것이었다. 재화의 일방적인 양여를 과거 문헌에서는 '시여施與'라고 불렀다. 조선시대의 비문이나 묘지, 전傳, 행장 등 개인의 생애를 형상화하는 산문 장르는 인물을 기릴 때 시여를 중요한 덕목으로 꼽았다. 시여는 전근대 사회에서 존중받는 인물이 되기 위해 갖추어야 할 미덕이었던 것이다. 이 책에서는 '시여'를 포함하는 작품을 다수 다룬다. 책의 제목이 '이타와 시여'인 것은 이 때문이다.

이 책에서 분석 대상으로 삼은 작품은 예외 없이 조선 후기의 문학작품이다. 박지원의 〈허생전〉처럼 널리 알려진 작품도 있고, 〈베트남에 간 역관〉과 같은 생소한 작품도 있다. 이 작품들을 '이타'와 '시여'라는 핵심어로 분석해 과거와는 전혀 다른 작품 이해에 도달하는 것이 나의 목적이다. 지금의 대한민국 사회에서 이 새로운 이해가 갖는 의미를 진지하게 묻고 싶다. 자본주의의 심부深部에 도달한 한국 사회에서 우리는 모두 경제인經濟人economic man이다. 경제인인 우리에게 '이타'와 '시여'는 어떤 의미를 갖는 것인가.

덧붙임: 원고를 쓰는 과정에서 보았던 신문 기사와 다큐멘터리 때문에 꼭 하고 싶은 이야기가 있어 끝에 몇 마디 붙인다.

이 책의 원고를 한창 쓰고 있을 무렵이다. 2021년 2월 20일 자 《한겨레》에 노숙인에게 점퍼를 벗어 준 시민 사진과 〈따뜻한 마음에 언 땅 눈 녹듯〉이란 제목의 기사가 실렸다. 눈이 쏟아지는데, 시민 한 분이 커피를 사 달라고 하는 노숙인에게 자신의 점퍼를 벗어 입혀 주고 있었다. 사진 속의 쏟아지는 눈이 푸근하고 따스하게 느껴졌다. 나는 이 책의 주제인 '이타'와 '시여'가 이루어지는 현장을 직접 본 것이다.

2022년 연말 MBC경남에서 〈어른 김장하〉를 방송했다. 김장하 선생의 이타행을 다룬 이 다큐멘터리를 보고 큰 감동을 받았다. 선생의 "줬으면 그만이지"라는 말은, 내가 이 책에서 말하고자 한 이타행의 자기망각, 보상 기대 부재 등의 사고가 그대로 들어 있었다.

지금 사회에 이런 이타적 행위가 존재한다는 것, 또 너나없이 그 이타행에 깊이 감동한다는 것은, 이 아비지옥을 건너 저쪽 언

덕으로 옮겨 갈 가능성이 그래도 조금은 남아 있다는 것을 의미할 터이다. 문제는 순간의 감동을 넘어, 교육을 통해 어렸을 때부터 개인의 내면에 이타성을 각인시키는 것이다. 더 중요한 것은, 그 이타성에 기초한, 흔들리지 않는 제도를 여러 차원에서, 여러 방면에서 만들고 실천에 옮기는 것일 터이다.

문학은 문학일 뿐이다. 현실 자체를 변화시킬 수 없다. 하지만 그런 실천으로 나아가는 최초의 계기는 제공해 줄 수 있을 것이다. 이 책에서 예로 든 오래된 낡은 이야기들과 그에 대한 해석 역시 그 실천에 조금이나마 도움이 되었으면 한다.

2024년 2월
강명관

차례

이타利他와 시여施與 ──●

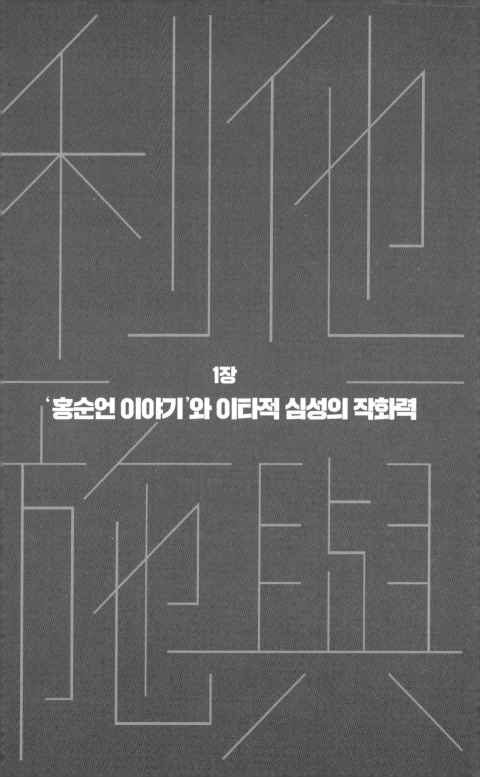

1장
'홍순언 이야기'와 이타적 심성의 작화력

〈허생전〉, 이타적 인간의 형상

박지원의 〈허생전許生傳〉을 실마리로 삼아 보자. 허생은 과일과 말총을 매점매석하여 막대한 돈을 번 뒤 변산반도의 군도群盜를 찾아가 돈을 나눠 준다. 도둑들이 뭍으로 가서 배우자를 구하고, 농작에 필요한 농기구와 소를 사서 돌아오자, 허생은 미리 보아 두었던 나가사키와 사문沙門 사이에 있는 무인도로 들어가 아나키anarchy 공동체를 만든다. 그 섬에서 허생은 나가사키에 기근이 들었다는 소식을 전해 듣자 몇 해에 걸쳐 축적한 잉여곡물을 팔아 은화 100만 냥을 확보한다.[1]

몰락사족 허생이 상업에 뛰어들고 나가사키와 무역을 한 것, 엄청난 규모의 화폐를 획득한 것은 사족 사회에서 대단히 이색적 사건이었다. 이에 대해 국문학계와 사학계는 박지원이 사족의 유식성遊食性을 비판하고 상업과 무역 활동을 지지하는 것이라고 해석했다. 특히 나가사키에 곡식을 팔아 은을 얻은 부분을 이른바 '북학파' 혹은 《북학의》와 관련하여, 국제무역의 당위성에 대한 증거로 이해하였다. 허생은 사족이 '상인'으로 전환한 것으로 이해되었고, 그의 행위는 조선 사회가 능동적으로 자본주의적 근대를 지향하고 있던 증거로 채택되었다. 이런 해석은 20세기 이후 자본주의의 완성을 향해 질주하는 한국 사회의 욕망을 정당화하는 것이기도 했다.

허생의 상행위는 과일과 말총의 매점매석, 나가사키에 곡물을 판 것으로 그친다. 허생이 상인으로 자기 정체성을 바꾸었다면, 또 이 작품이 자본주의적 발전 과정을 함축하고 있는 것이라면, 그의 상행위는 세 차례에 그치지 않았을 것이다. 선입견을 버리고 작품을 찬찬히 읽는다면, 허생이 나가사키로 곡물을 실어 나른 것은 이윤을 얻기 위해 상품을 수출한 것이 아니라, 나가사키 기민의 생명을 구제하려는 이타적 행위였다는 것을 알 수 있다. 또한 허생이 벌어들인 화폐는 자가증식하는 자본으로서의 성격은 없었다. 그는 나가사키에서 받은 은 100만 냥 중 50만 냥을 바다에 쓸어 넣고, 남은 50만 냥 중 40만 냥은 국내 빈민을 구제하는 데 쓰고 10만 냥은 변 부자에게 갚는다. '화폐의 수장水葬'은 화폐를 경멸하는 퍼포먼스다. 곧 은 100만 냥은 자본으로서의 성격이 없었던 것이고, 나가사키에 곡물을 싣고 간 것 역시 '무역'이아니다. 그가 건설한 무인도는 화폐 없는 사회가 되었다. 〈허생전〉에 보이는 허생의 화폐관은 화폐에 대한 부정적 사유를 드러낸다. 허생이 변씨를 만나는 장면을 보자.

허생은 나라 안을 두루 돌아다니며 가난하고 사정을 고할 데 없
는 사람들을 구제했다. 그러고도 은 10만 냥이 남았다.
"이 은은 변씨에게 갚아야지."
허생은 변씨를 찾아갔다.
"그대는 나를 기억하는가?"
깜짝 놀란 변씨가 "그대의 낯빛이 조금도 나아지지 않았으니, 만
금을 잃어버린 것은 아닌가?" 하였다.
"재물로 얼굴을 깨끗하게 꾸미는 것은 그대 무리들의 일일 뿐이
지. 만금이 도를 어찌 살찌운단 말이야?"
허생은 웃으며 은 10만 냥을 변씨에게 주었다.
"내가 하루아침의 굶주림을 견디지 못해 독서를 끝내지 못했으
니 그대에게 만금을 빌린 것이 부끄럽구만."
변씨는 크게 놀라 일어나 절하고 사양하면서 이자로 10분의 1만
받겠다고 하였다. 허생은 크게 노하였다.
"그대는 어찌 나를 장사치로 여기는가?"
허생은 소매를 뿌리치고 떠났다.[2]

허생은 획득한 화폐를 다시 자본으로 투자하는 자본주의적 상
인이 아니다. 그는 자신의 초라한 몰골을 보고 돈을 잃어버린 것
이 아니냐고 묻는 변 부자에게 재물로 얼굴을 꾸미는 것은 '그대

무리'의 일일 뿐이라고 경멸조로 말한다. 그는 변 부자와 같은 상인을 경멸한다. 상인에게 돈을 빌린 것조차 수치로 여긴다. 결정적인 것은 '그대는 어찌 날 장사치로 대우한단 말인가?'라는 말이다. 요컨대 이윤을 추구하는 상인은 그에게 부정적인 존재다. 허생은 화폐의 집적을 추구하는 것에 극도의 수치감을 가졌던 것이다. 기실 〈허생전〉이 실린 〈옥갑야화玉匣夜話〉 전체를 관통하는 것은 화폐로부터 탈출하고자 하는 욕망이다. 박지원은 〈옥갑야화〉에서 허생의 이야기를 끌어내기 위해 먼저 변 부자의 손자인 변승업卞承業의 일화를 소개한다.

변승업은 서울에 사는 사람들에게 빌려준 은이 50만 냥에 이르는 거부였다. 곧 변승업의 재산은 금융을 통해서 이루어진 것이었는데 죽기 직전 그는 정치권력을 독점하는 자들이 반드시 패망했듯, 자신의 거대한 재산 역시 흩어 버리지 않으면 재앙이 닥쳐 패망할 것이라고 말한다. 그는 만년에 자신의 재산을 흩어 버린다. 화폐를 중심으로 응축하는 권력을 자발적으로 포기한다. 이 역시 화폐의 축적을 무한히 추구하는 자본가로서의 형상은 아니다. 요컨대 〈허생전〉과 〈옥갑야화〉는 재산 혹은 화폐의 무한한 축적을 부정적으로 인식했던 것이다. 허생이 추구했던 것은 화폐와 대립하는 '도道'였다. '도'를 진리로 파악하건 혹은 윤리로 파악하건, 그것은 화폐를 벗어난 곳에 존재하는 것이다. 요컨대 허생의 모든 행위는 상업을 지향하는 것이 아니다. 자본주의적 근대를 지향하는 것은 더더욱 아니다. 기존의 해석은 조선 후기사에서

이타利他와 시여施與 ──●

'자본주의적 근대'를 찾아내려 했던 의도가 범한 오류의 산물일 것이다.

그렇다면 허생은 왜 두 차례의 매점매석으로 30만 냥을 벌고, 나가사키에 곡물을 실어 날라 100만 냥을 벌었던 것인가? 허생은 은 30만 냥으로 변산의 군도를 무인도로 옮겨 생업을 마련해 준다. 조선 사회의 맥락에서 군도는 농토에서 의지가지없이 내몰린 무토농민無土農民이었다. 뒤에 상세히 언급하겠지만 조선 후기 농민이 급속도로 토지를 상실했던 큰 이유는 화폐 때문이었다. 그런데 허생의 화폐는 토지를 잃고 삶의 위기에 빠진 농민에게 농토를 되돌려 주었다. 화폐의 의미가 달라졌다. 곧 생명을 되돌려 주는, 이타적 목적을 실현하는 수단이 되었던 것이다. 나가사키에 쌀을 판매한 것은, 기아로 죽음을 목전에 둔 생명을 살리는 이타적 행위였고, 그 과정에서 벌어들인 은화는 다시 국내의 기민 구제에 쓰였다. 변산의 군도에게 무인도를 찾아 생업을 마련해 준 것이 국내에서의 이타적 행위라면, 나가사키의 경우는 국외에서의 그것이다. 확대 해석하자면, 이타적 행위는 개별 국가를 초월하여 인간을 대상으로 해야 한다는 것을 의미한다.

허생은 무인도를 찾아 군도를 농민으로 만들고 스스로 섬을 나왔다. 〈홍길동전〉의 발상을 따른다면, 허생은 무인도에서 국가를 만들고 왕이 되었을 것이다. 왕이 되는 것은 자신의 이타적 행위에 대한 보상일 것이다. 하지만 허생은 무인도를 권력 없는 아나키 사회로 만든 뒤 스스로 그 섬에서 빠져나온다. 아내의 타박으로 집을 나왔을 때처럼 그는 다시 적빈赤貧 상태로 돌아갔다. 홍길동은 율도국에 왕국을 세워 왕이 되지만, 허생은 그럴 능력을 갖추고도 그 길을 포기한다. 그는 자신의 행위에 대해 일체 의미를 부여하지 않았고 스스로 망각의 길을 택한다. 오른손이 한 일을 왼손이 모르게 하라는 예수의 경구처럼 거의 모든 이타담은 이타적 행위 주체의 '자기망각'을 필수적 책무로 요구한다. 망각하지 않고 타인에게 알려지거나, 불가피하게 기억이 남는다 하더라도 그것을 의도적으로 떠올리며 의미를 부여하는 행위는 금지된다. 이것은 보상과 관련이 있다. 곧 자기망각은 보상을 의식하지 않는다는 것을 함축한다. 이타적 행위에 대한 보상을 바란다면, 그것은 거래일 뿐이다. 따라서 물리적으로 망각이 불가능한 이타적 행위가 있다고 하더라도, 보상을 바라지 않음으로 자기망각과 동일한 역할을 수행한다. 곧 자기망각과 '보상에 대한 기대 부재'는 이타적 행위의 기본 속성이다. 이 점에 대해서는 뒤에 다시 상론한다.

변 부자가 제공하는 최소한의 의식衣食과 술이 허생에게 주어진 최소한의 보상이라고 말할 수 있다. 하지만 허생은 이완李浣과 북벌을 주제로 대화한 뒤 실망한 나머지 종적을 감춘다. 그의 이타적 행위에 대한 물질적 보상은 끝내 없었던 것이다. 허생의 이야기는 윤영尹映을 통해 박지원에게 전해진다(윤영은 아마도 박지원이 창조한 인물일 터이다). 윤영은 허생의 이야기가 반드시 문인의 붓끝을 통해 형상화되어야 한다고 생각했고 그것을 박지원에게 부

이타利他와 시여施與 ─●

탁했다. 박지원은 결국 윤영의 부탁으로 〈옥갑야화〉 안에 허생의 이야기를 썼다.

주목해야 할 부분은 윤영과 박지원이 동의했던, '허생'을 언어로 형상화해서 사회에 전해야만 한다는 생각의 존재다. 달리 말해 '사회적 기억'으로서의 보상이 있어야 한다는 생각이다. 물론 보상은 다양하게 이루어지지만, 〈허생전〉의 경우 '사회적 기억'으로서의 보상이 주어졌다. 이제 이런 유의 이야기들을 '이타적 행위'와 그에 상응하는 '보상'에 관한 이야기로, 좀 더 줄이자면 '이타-보상담'으로 줄여 부를 수 있을 것이다.

이타-보상담의 생성 과정: '홍순언 이야기'를 중심으로

내용과 자료

이타-보상의 구조 위에 축조된 이야기는 〈허생전〉에만 있는가? 〈옥갑야화〉에는 〈허생전〉 앞에 5편의 짤막한 이야기가 실려 있다. 차례로 늘어놓으면 ① 신의를 저버린 역관(상인)의 몰락, ② 돈 이야기를 입에 담지 않았던 신실하고 유능한 역관 이추李樞, ③ 홍순언洪純彦 이야기, ④ 중국 상인 정세태鄭世泰의 몰락과 그의 아들 이야기, ⑤ 변승업 이야기다. 〈허생전〉은 변승업의 이야기를 꼬투리 삼아 이어지는 이야기다. ④의 정세태를 제외하면 모두 역관의 이야기다. 그런데 역관은 상역商譯이란 말이 있듯 사실상 상인이다. 곧 〈옥갑야화〉는 상인과 부, 화폐에 관한 이야기인 것이다. 그렇다면 박지원은 상인과 부, 화폐를 통해 무엇을 말하고 싶었던 것인가? 이 중 〈허생전〉과 동일한 이타-보상의 구조를 갖는 '홍순언 이야기'에 주목해 보자.

'홍순언 이야기'의 주요 내용은 다음과 같다. ① 역관 홍순언이 북경에서 기방妓房을 찾아간다. ② 남경南京 호부상서의 아름답고 젊은 딸이 아버지를 구해 내기 위해 은 1,000냥에 몸을 팔고자 하였다. 어떤 사건으로 가산은 몰수되었고, 1,000냥을 추징당했기 때문이다. ③ 홍순언은 불쌍히 여겨 1,000냥을 주었고 여성과 성관계를 맺지 않고 돌아왔다. ④ 뒤에 여성은 병부상서 석성石星의 아내가 되어 홍순언에게 보은단報恩緞 등 보화를 주어 은혜를 갚았다. ⑤ 임진왜란이 일어나자 병부상서 석성은 홍순언의 의로움을 높이 평가하여 명나라의 조선 파병에 큰 도움을 주었다. 곧 홍순언이 거금을 던져 위기에 빠진 여성을 도왔고 그 여성은 다시 홍순언에게 더 큰 보상을 해주었으며, 최종적으로는 임진왜란 때 명군明軍의 파병에 도움을 주게 되었다는 것이다. 이 이야기에서 '이타-보상'의 구조를 끌어낼 수 있다.

흥미로운 사실은 현재도 '홍순언 이야기'가 '사실'인 것처럼 전승되고 있다는 것이다. 홍순언의 집은 서울의 중구 남대문로 1가와 을지로 1가에 걸쳐 있었다고 하는데, 조선 후기에는 이곳을 '보은단동報恩緞洞'이라 불렀다. 홍순언이 석성의 아내로부터 받은 '보은단'에서 유래한 지명이다. 그 뒤 보은단동(보은담골)이 '고운

이타利他와 시여施與 ──●

담골', '곤담골'로 바뀌고, 그 의미가 한자로 옮겨지면서 미동美洞이 되었다고 한다. 현재 그 장소에 '고운담골'이라는 표석이 설치되어 있다.

그런데 '홍순언 이야기'는 사실이 아닌 창작이다. 그렇다면 왜 사실이 아닌 이야기를 만들어 낸 것인가? 이것은 이 책에서 집중적으로 논의할 '이타−보상'의 구조와 관계가 있다. 이제부터 이타−보상의 구조와 '홍순언 이야기'의 생성 과정을 추적해 보자.

홍순언(1530~1598)은 실존인물이고 그를 주인공으로 한 이야기, 이른바 '홍순언 이야기'는 조선 후기 문헌에 일일이 거론하기 어려울 정도로 많이 실려 있다.[3] '홍순언 이야기'에는 홍순언이 역관으로 북경에 갔을 때 기방에서 만난 여인을 구해 준 이야기가 반드시 포함된다. 여인은 뒷날 예부시랑禮部侍郎[혹은 예부상서禮部尚書] 석성의 아내가 되어 두 차례에 걸쳐 조선을 돕는다.

첫째는 1584년 북경에 파견된 조선 사신단이 '종계변무宗系辨誣' 문제를 외교적으로 해결하는 데 석성의 아내가 이면에서 큰 역할을 했다는 것이다. 여기에 앞서 언급한 '보은단동'의 유래설화도 붙는다. 둘째는 이런 인연의 연장으로 임진왜란 때 석성이 병부상서로서 명의 파병을 강력히 주장해 관철시켰다는 것이다. 요컨대 홍순언이 기방의 여인을 도운 이타적 행위는 의도하지 않았지만 홍순언 개인과 국가적 차원의 보상을 가져왔다는 것이다.

'홍순언 이야기'가 포함하고 있는 두 이야기는 조선 후기를 통틀어 그 진위가 엄밀히 검토된 적이 없다. 물론 '홍순언 이야기'의 진위를 밝히는 것만을 주제로 다룬 것은 아니지만, '임진왜란과 관련한 사실관계를 고려하건대, 홍순언이 석성과의 인연을 바탕으로 명군의 파병을 이끌어 내는 결정적 역할을 했다는 내용은 오류'라는 적절한 지적이 있다.[4] 다만 다른 시각에서 문제를 제기할 필요도 있을 것이다. 왜 진위 여부를 묻지 않고, 크고 작은 변화를 동반하면서 '홍순언 이야기'가 끊임없이 생산되었던 것인가? 또 그런 이야기가 부단히 생성되는 현상의 의미는 무엇인가. 이 문제를 찬찬히 따져 보자. 먼저 사용할 주 자료의 출처를 밝혀 둔다.

① 유몽인柳夢寅(1559~1623), 《어우야담於于野談》(1620년 저작)[5]
② 정태제鄭泰齊(1612~1669), 《국당배어菊堂排語》(1659년 이후 저작)[6]
③ 정재륜鄭載崙(1648~1723), 《공사견문록公私見聞錄》(1693~1701년 사이에 저작)[7]

문헌에 기록된 연대순으로 배열했다. '홍순언 이야기'는 무수한 버전이 있지만, 위의 세 이야기가 연대를 대략이나마 추정할 수 있는 초기 버전이다. 당연히 제목은 없다. 앞으로 ①, ②, ③을 차례대로 〈홍순언(어우)〉, 〈홍순언(국당)〉, 〈홍순언(공사)〉로 칭하기로 한다.

종계변무와 석성

먼저 '홍순언 이야기'에 실린 1584년 종계변무宗系辨誣의 성사에 대해 검토해 보자. 1584년 11월 1일 종계변무를 해결하기 위해 북경에 파견되었던 주청사 황정욱黃廷彧이 '이성계는 이인임李仁任의 아들'이라고 한 오류가 고쳐진《대명회전大明會典》의 필사본[8] 전문을 가지고 오자 선조는 황정욱과 서장관 한응인, 상통사 홍순언에게 품계를 올려 주고 노비와 토지와 집을 하사했다.[9] 조선으로서는 대단히 의미 있는 문제의 해결이었고, 또 그 과정에서 홍순언이 중요한 역할을 했기에[10] 홍순언에 대한 기록은 다수 남아 있다. 하지만 그의 기방 방문과 관계된 이야기는, 앞서 거론했던 〈옥갑야화〉를 비롯한 조선 후기의 여러 문헌에 실린 '홍순언 이야기'를 제외하면 어떤 공식 기록에도 등장하지 않는다. 또 홍순언과 같은 시대를 살았던 인물의 기록에도 등장하지 않는다. 예컨대《어우야담》의 '홍순언 이야기'에는 홍순언이 북경에 갔을 때 자신이 알고 지내던 상인이 완전히 몰락한 것을 보고 대가 없이 500냥을 주어 처자와 땅과 집을 돌려받고 재기하게 해주었던 이타적 행위를 소개하고 있다. 이타적 행위의 대상은 기방 여인이 아니었던 것이다.

홍순언의 생몰연대는 1530~1598년이고, 유몽인은 1559~1623년이다. 유몽인은 홍순언보다 스물아홉 살 아래지만, 그 역시 1584년의 종계변무와 1592년의 임진왜란을 성인으로 경험했다. 홍순언이 사망한 1598년에 유몽인은 40세였으니 동시대인인 홍

순언을 충분히 알 수 있는 나이였다. 또한 유몽인은 임진왜란 1년
전인 1591년에는 질정관으로, 1596년에는 진위사의 서장관으로,
1609년에는 성절사 겸 사은사로 세 차례 북경에 간 바 있다. 중국
과의 외교와 사행, 역관에 대해 풍부한 정보를 가지고 있었음이
분명하다.

　선조 24년(1591) 11월 2일(1) 명에 파견되었던 성절사 김응남金
應南이 칙서를 받아 돌아오자 선조는 모화관에서 맞이하고는 김
응남과 서장관 황치경, 역관 홍순언의 품계를 올려 주고,[11] 칙서
에 사례하기 위해 다시 사은사를 보냈다. 임진왜란 발발 당시 사
신단은 북경에 머무르고 있었는데, 이 사신단에 홍순언도 있었
다. 유몽인은 1591년 '겨울' 질정사로 파견되었다.[12] 유몽인은
1592년 4월 13일 왜군이 동래를 침략하기 전 홍순언과 북경 옥하
관玉河館에 함께 있었다. 그가 홍순언을 잘 알고 있었던 것은 두말
할 필요가 없다.

　임진왜란 발발 이후 유몽인은 세자[광해군]와 선조를 수행하여
의주까지 갔고, 이듬해 문안사로 이여송을 응접하고, 이정구와
함께 경략 송응창을 영접하는 등 외교 일선에 있었다. 1596년 겨
울에는 진위사의 서장관으로 다시 명나라에 파견되었다. 1606년
에는 요동도사 연위사로 의주에 가서 명나라 사신 주지번을 접대
했고, 1609년에는 다시 성절사 겸 사은사로 명에 갔으니, 유몽인
은 16세기 말 17세기 초반 외교 일선에서 활약한 인물이었다. 그
가 〈홍순언(어우)〉에서 자신이 "일찍이 중국에 세 번 다녀와서 역

　　　　　　　　이타利他와 시여施與 ──●

관들의 행태를 잘 안다"[13]면서 역관들의 관심사가 나랏일이 아닌 무역을 통한 축재에 있음을 날카롭게 지적했던 것도 나름대로 역관들에 대한 정보가 풍부했기 때문이었을 것이다.

거듭 말하거니와 1598년 사망하기 전까지 홍순언 역시 외교 일선에 있었으니, 유몽인과 홍순언은 서로를 충분히 알고 있는 사이였음은 췌언을 요하지 않는다. 이처럼 당시의 외교와 역관의 사정, 그리고 홍순언에 관해 충분한 지식이 있었던 유몽인이 홍순언의 이타적 행위를 소개하면서, 홍순언이 기방에서 만난 여인에 대해서는 일언반구도 없는 것은 정말 이상한 일이 아닌가. 더욱이 그는 〈홍순언(어우)〉에서 "홍순언은 곧 나와 같은 동리 사람이다. 사람됨이 빼어나고 용모가 뛰어났다"[14]라고 말하고 있다.

〈홍순언(어우)〉의 내용은 간단하다. 홍순언이 명나라에 갔을 때 우환을 당한 나머지 재산이 거덜이 나서 처자식까지 팔아야 할 처지가 된 옛 지인을 만나자, 은 500냥을 거저 주어 처자식과 토지를 돌려받을 수 있게 해주었고, 이 일로 중국인으로부터 '홍 어르신[홍노야洪老爺]'이라고 불리게 되었다는 것이다. '홍 어르신'이란 존칭은 그가 사회적으로 높은 평판을 얻었다는 것이다. 높은 평판은 사회적 보상이다. 곧 〈홍순언(어우)〉는 전형적인 이타-보상담이다. 이 이야기는 유몽인이 홍순언으로부터 혹은 홍순언은 아닐지라도 믿을 만한 사람으로부터 들은 것을 옮겼음이 틀림없다. 그런데 유몽인은 기방의 여인으로부터 시작하여 석성과 보은단, 임진왜란 때 명나라의 파병으로 이어지는 이야기를 전혀 언급하지 않았다. 《어우야담》이 당시 민간을 떠돌아다니던 사족 사회의 기담일화奇談逸話와 비현실적인 신이담神異談까지 거두어 싣고 있는 것을 상기한다면, 그가 기방의 여인으로부터 시작된 홍순언의 흥미로운 이야기를 싣지 않았다는 것은 이해할 수 없다. 이로 보아 유몽인의 몰년까지 홍순언과 기방, 석성의 아내 이야기는 알려져 있지 않았다고 보아야 할 것이다. 알려진 것은 단지 유몽인이 말한 것처럼 홍순언이 파산한 어떤 명나라 상인을 도와주었다는 이야기였을 것이다. 이는 '홍순언 이야기'가 뒤에 만들어진 것임을 의미한다.

《어우야담》의 집필 연대는 1620년이다. 이후 '홍순언 이야기'는 〈홍순언(국당)〉과 〈홍순언(공사)〉로 이어진다. 《국당배어》의 필자인 정태제의 생몰연대는 1612~1669년이다. 《국당배어》는 적어도 현종 즉위년(1659) 이후에 씌어졌다. 《국당배어》의 본문에 '효종'이란 어휘가 나오기 때문이다. 따라서 《국당배어》 속 '홍순언 이야기'는 1659~1669년 사이에 씌어진 것이다. 《공사견문록》의 작자 정재륜의 생몰연대는 1648~1723년이다. 《공사견문록》 앞에는 정지현鄭之賢이 1701년에 쓴 서문이 붙어 있으니, 《공사견문록》에 실린 이야기들은 적어도 1701년 이전에 집필되었을 것이다. 또 《공사견문록》은 완평군 이홍李洪(1634~1693)의 일화를 소개하면서 그가 1693년에 죽었다고 밝히고 있다. 따라서 《공사견문록》은 1693년 이후 1701년 이전에 쓰인 것이다. 당연히 〈홍순언(공사)〉도 이 시기에 쓰인 것이다.

정태제와 정재륜은 임진왜란 이후, 홍순언의 사망 이후에 태어 났으니 종계변무(1584)와 임진왜란(1592)을 경험하지 않았다. 《국 당배어》와 《공사견문록》의 '홍순언 이야기'는 당연히 타인으로부 터 들은 것을 옮겨 기록한 것이다. 정태제의 경우 그에게 '홍순언 이야기'를 말해 준 사람을 알 수 없지만, 《공사견문록》에서 정재 륜은 이를 홍명하洪命夏(1608~1667)가 들려준 이야기라고 밝혀 놓 았다. 홍명하는 정태제보다 4년 일찍 태어났고 2년 일찍 죽었다. 정태제와 거의 같은 시기를 살았다. 따라서 홍명하도 임진왜란 이후, 홍순언의 사망 이후에 태어났고 당연히 종계변무와 임진왜 란을 경험하지 못했다. 홍명하 역시 다른 사람으로부터 들은 이 야기를 정재륜에게 해주었던 것이다. 정재륜은 그 전언자傳言者를 이렇게 밝히고 있다. "영상領相 홍공洪公 명하命夏가 그때 장로長老 에게서 들은 것이라며 내게 이와 같이 이야기해 준 것이다."[15]

그 당시의 장로에게서 들은 것[聞於其時長老]이라고 하여 이야기 의 신뢰성을 높이고 있는데, '그때'는 문맥으로 보아 종계변무가 이루어진 1584년일 것이다. '그때의 장로가 전한 말'이었기에 《공 사견문록》의 '홍순언 이야기'는 충분히 믿을 만한 것인가? 뒤에 검토하겠지만 '그 장로'의 전언은 신빙성이 없다. 이 문제는 일단 여기서 덮어 두자. 다만 홍명하 역시 과거 인물로부터 들은 이야 기를 전한 것이니, 《공사견문록》의 '홍순언 이야기'의 기원은 홍 명하 이전으로 거슬러 올라간다고는 할 수 있다.

또 하나 흥미로운 것은, 〈홍순언(국당)〉과 〈홍순언(공사)〉의 서술이 상당한 차이를 보이고 있다는 사실이다. 〈홍순언(공사)〉는 홍순언이 기방 여인에게 도움을 주었고, 그 여인은 뒷날 예부상서 석성의 계실繼室이 되었으며, 석성의 도움을 받아 종계변무 문제를 해결할 수 있었다고 말할 뿐이다. 석성이 임진왜란 때 명의 조정에서 명군의 조선 파병을 역설했다는 이야기는 실려 있지 않다.

석성은 주지하다시피 명의 파병에 결정적인 역할을 했고, 이후 전쟁의 진행에도 깊이 개입하였다. 조선은 심지어 1593년에 석성을 기념하는 사당인 무열사武烈祠까지 지었다. 석성의 부인이 홍순언이 도와주었다는 여인이고, 또 그 여인이 석성의 부인이 되어 석성이 명의 파병을 주장하는 데 영향력을 행사했다는 이야기를 홍명하로부터 들었다면, 정재륜이 〈홍순언(공사)〉에 그 흥미로운 내용을 쓰지 않았을 리 없다. 〈홍순언(공사)〉에서 홍순언과 석성 부인, 석성, 임진왜란을 한 데 묶은 이야기가 빠진 것은 조선 후기에 광범위하게 유포된 '홍순언 이야기'에 비추어 도리어 예외적이다. 이것은 홍명하가 장로로부터 홍순언 이야기를 들었을 당시 홍순언과 석성의 임진왜란 파병을 연결시키는 이야기가 유통되지 않고 있었음을 의미한다. 석성의 임진왜란 파병담은 뒤에 추가된 것이 분명하다.

또 하나 중요한 것은, 〈홍순언(공사)〉는 '보은단' 이야기를 싣지 않고 있다는 것이다. 다만 비단을 선물했다는 이야기만 있을 뿐이다.

이타利他와 시여施與 ──●

상서 부인은 홍순언을 불러 비단을 후하게 주어 보답했다고 한
다.[16]

상서 부인이 비단을 준 이야기는 있지만, 그 비단은 '보은報恩'
두 글자를 수놓은 비단이 아니었고, 홍순언이 사는 동리를 '보은
단동報恩緞洞'이라고 불렀던 지명의 내력도 없다. 뒷날 무수히 복
제된 '홍순언 이야기'는 거개 '보은단'과 '보은단동' 지명의 유래
를 포함한다. 보은단과 보은단동은 이야기의 흥미와 신뢰성을 높
이는 인상적 장치다. 홍명하에게 '홍순언 이야기'를 해주었던 '장
로'가 보은단과 보은단동의 이야기를 알면서도 말하지 않았을 가
능성은 없다. 실제 홍명하에게 '홍순언 이야기'를 전해 준 장로는
'보은단'과 '보은단동' 이야기를 몰랐던 것이고, 그 장로의 시대에
는 '보은단'과 '보은단동' 이야기가 존재하지 않았던 것이다.

　이에 반해 〈홍순언(국당)〉은 보은단과 보은단동, 명의 파병까지,
뒷날 무수하게 복제된 '홍순언 이야기'의 모든 핵심 화소를 포함
한다. 조선 후기 모든 '홍순언 이야기'의 원형은 〈홍순언(국당)〉에
있는 것이다. 따라서 실제 사건(1584년 종계변무)에서 〈홍순언(어우)〉
로, 홍명하의 〈홍순언(공사)〉를 거쳐 〈홍순언(국당)〉에 이르러 '홍순
언 이야기'가 완성되었던 것이다. 다시 말해 '홍순언 이야기'는 처
음부터 있었던 사건을 기록한 것이 아니라, 구전되는 과정을 통
해 제작된 것이다.

　여기서 유몽인이 《어우야담》에 실은 홍순언 이야기를 반추해

보자. 유몽인은 홍순언이 우환으로 파산하고 처자식과 토지와 집을 모두 팔아 치워야 할 상황이 된 옛 지인을 만나 은 500냥을 주었다는 이야기를 전하고 있을 뿐이다. 실제 홍순언의 이타적 행위는 있었지만, 그것이 기방 여인을 도운 건 아니었고, 또 그 여인이 석성의 계실이 된 사건도 실제 있지 않았던 것으로 보아야 마땅하다. 문제는, 어떤 과정을 거쳤는지 확인할 수는 없지만, 홍명하에게 '홍순언 이야기'를 전해 준 '그때의 장로'와 같은 사람들에 의해 이야기가 바뀌기 시작했다는 것이다. 우리가 확인할 수 있는 건, 《어우야담》속 〈홍순언(어우)〉의 이타적 행위가 종계변무와 임진왜란 때 명의 조선 파병과 같은 사건을 거치면서 점차 '홍순언 이야기'로 바뀌게 되었다는 사실이다.

다만 석성이 종계변무에 결정적인 도움을 주었다는 이야기는 워낙 강력하게 유포되어 있으므로 이 문제는 좀 더 치밀하게 따질 필요가 있다. 다시 말해 홍순언이 기방 여인을 도운 것은 사실이 아니라 하더라도, 석성이 종계변무의 성공에 크게 조력했던 건 사실이 아닐까?

결론부터 말하자면 석성은 조선의 종계변무에 결코 관여하지 않았다. 무엇보다 1584년 종계변무와 관련하여 명나라 예부禮部에 영향력을 행사할 위치에 있지 않았다. 홍명하의 전문傳聞을 옮기고 있는 《공사견문록》의 〈홍순언(공사)〉는 1584년 기방의 여인이 '예부상서의 계실'이 되어 있었고, 종계변무는 예부상서를 거쳐야만 하는 것이었기에 1584년의 종계변무가 성공할 수 있었다

이타利他와 시여施與 ──●

고 말한다. 한편 정태제는 《국당배어》의 〈홍순언(국당)〉에서 기방 여인이 '석 시랑石侍郎의 부인'이 되었다고 한다. '석 시랑'의 '시랑' 역시 예부시랑을 의미할 것이다. 이후 모든 '홍순언 이야기'는 기방 여인이 '예부상서 석성' 혹은 '예부시랑 석성'의 계실·부인·총희였다고 말한다. 곧 석성이 예부의 상서 혹은 시랑이었기에 종계변무가 성공했다는 것이다. 과연 석성은 이 시기 예부의 상서 혹은 시랑이었던가?

무엇보다 먼저 상서와 시랑은 다른 관직이다. 조선은 이른바 '양반관료 사회'다. 사족(양반)들은 관직체계에 대단히 민감한 사람들이었다. 중국의 경우라 하더라도 '상서'와 '시랑'을 혼동할 수는 없는 법이다. 그럼에도 혼동이 일어났다는 것은, 석성에 대한 정보가 매우 부정확했다는 것을 의미한다. 종계변무 당시 석성은 예부의 관직에 있지도 않았다. 당시 예부상서는 진경방陳經邦이었다. 진경방은 1583년 10월 29일 예부상서에 임명되었고[17] 이듬해 10월 20일에 벼슬에서 물러났다.[18] 따라서 석성이 예부상서일 수 없다. 〈홍순언(공사)〉의 기방 여인이 예부상서 석성의 계실이 되었다는 말은 사실일 수 없다. 그렇다면 석성은 예부시랑이었던가?

예부의 시랑에는 좌시랑과 우시랑이 있는데, 좌시랑은 특정할 수 없지만, 1584년 8월 14일 당시 우시랑은 고계우高啓愚란 인물로 보인다.[19] 여기서 석성이 좌시랑일 가능성을 배제할 수는 없겠지만, 석성은 1584년 당시 예부의 관직을 맡고 있지 않았다. 석성은 1583년 8월 28일 태복시경에서 좌첨도어사협리원사로 승진했고,[20] 1584년 3월 18일 좌부도어사협리원사 태상시경이 되었다.[21] 그는 같은 해 8월 11일 병부 우시랑이 되었다.[22] 그럴 가능성은 없지만, 《국당배어》〈홍순언(국당)〉의 '시랑'을 병부시랑이라고 강변할 수도 있다. 하지만 병부 좌시랑이 예부의 일, 그것도 외교적 문제에 개입하여 자신의 의사를 관철시킨다는 것은 가능성이 희박한 일이다. 또한 《국당배어》의 시랑이 병부 우시랑이라는 주장은, 《공사견문록》의 '예부상서 석성'과 충돌한다. 따라서 《국당배어》의 시랑이 '병부 우시랑'일 수는 없다.

석성이 병부 우시랑이 되고 나서 3일 뒤인 8월 14일 《명실록》에는 다음과 같은 기사가 실려 있다. "조선 국왕 이연李昖이 《회전會典》의 인쇄본을 내려줄 것을 요청했는데, 그의 선조 강헌왕康獻王 이단李旦의 억울함을 씻기 위해서였다. 예부에서 책의 제작이 끝나지 않았다고 하여, 먼저 실제 상황을 환히 알리는 칙서를 내려 먼 지방의 사람을 위로해 줄 것을 청하니, 황제가 그대로 따랐다."[23] 황제의 결정은, 상당히 오랜 기간 동안 예부·내부의 검토와 조선 사신단과의 협의 등을 거친 뒤에 이루어진 것일 터이다. 따라서 불과 3일 전에 예부가 아닌 병부의 우시랑이 된 석성이 그 과정에 깊이 개입했다는 것은 있을 수 없다. 석성은 1584년 종계변무에 영향력을 행사할 가능성이 사실상 전혀 없었다.

석성이 종계변무와 무관하다는 사실을 다른 각도에서 검토해 보자. 허균許筠(1569~1618)은 1584년 종계변무가 이루어지는 데 결정적인 조력을 한 사람은 허국許國이라고 말한다.

이타利他와 시여施與 ──●

우리나라 종계宗系에 씌워진 거짓을 깨끗이 씻어 낼 수 있었던 것은, 실로 선왕(선조)께서 지극한 정성으로 호소하고 따졌기 때문이다. 그러나 영양潁陽 허국이 당시 내각에 있으면서 또한 극력 주선했기 때문이기도 하다.

대개 허공許公이 우리나라에 사신으로 왔을 때 우리 쪽은 국상을 당해 경황이 없었다. 하지만 정리情理와 예의가 모두 적절하였기에 우리나라의 정성을 깊이 아름답게 여겼다. 이 때문에 그가 조정에 있을 때 우리의 일을 힘을 다해 주관하여 종계에 씌워진 거짓을 말끔히 씻게 해준 것이다.

우리나라가 형군문(형개邢玠)과 석상서(석성石星)에게 제사를 지내는 것은 정말 옳은 일이다. 하지만 내가 보기에는 허공에게도 마땅히 제사를 올려야 할 것이다.[24]

실제 종계변무에 조력했던 사람은 허국이었던 것이다. 또한 허국은 임진왜란 발발 직후 조선이 일본과 연합하여 명을 치려고 한다는 소문을 불식시키는 데 앞장서기도 했다. 그는 명나라 조정에서 "내가 일찍이 조선에 사신으로 간 적이 있어 그 실정을 익히 아는데, 조선은 예의의 나라이니 결코 이와 같은 짓을 하지 않을 것입니다"[25]라고 말한 바 있다.

허국은 1567년에 조선 사신으로 파견되었는데, 경기도 가평에 이르렀을 때 명종의 사망 소식을 들었다. 허균이 말하는 '국상'은 명종의 죽음을 의미한다. 허국이 조선에 왔을 때 조선 측 수행통

사가 바로 홍순언이었다. 홍순언과 허국이 친숙해지게 된 것은 자연스러운 일이다. 또한 홍순언은 허국의 사인舍人 유심俞深과 아주 가까운 사이가 되었다.[26] 홍순언은 명과의 외교를 능란하게 처리하는 유능한 역관이었고 그의 인적 관계망이 종계변무와 임진왜란 때 유용한 수단이 되었음은 주지의 사실이다. 사실상 1584년의 종계변무를 도왔던 명 조정 내부의 인물은 허국이고 허국과 접촉한 사람 역시 홍순언일 수밖에 없다.

허국은 1584년은 아니지만, 1년 전인 1583년 2월 4일 현재 예부시랑으로 재직하고 있었다.[27] 두 달 뒤인 같은 해 4월 8일 허국은 예부상서로 승진하였다.[28] 그는 진경방이 예부상서에 임명되는 1583년 10월 29일까지 예부상서였던 것이다. 따라서 전임 예부상서인 허국이 이듬해 8월 조선의 종계변무에 상당한 영향력을 행사할 수 있었다고 보는 것이 타당하지 않을까? 그는 1583년 4월 16일 문제의 《대명회전》의 제작을 총괄하는 '대명회전총제大明會典總制'에 임명되었다.[29] 조선에 사신으로 파견된 적이 있고, 1년 전 예부상서로 있었으며, 동시에 대명회전총제의 직임을 갖고 있었으니, 허국이야말로 조선의 종계변무를 도울 만한 충분한 동기와 권한을 갖추고 있었다.

허균이 〈성옹지소록〉에서 종계변무를 도운 명 내부의 조력자를 허국으로 지적하면서, 석성을 다른 맥락에서 언급하고 있다는 사실도 주목할 만한 가치가 있다. 그는 임진왜란 때 조선에 파병되었던 명의 장수 형개와 병부상서 석성을 조선에서 존중하여 제사를 올리는 사실을 지적하면서, 허국도 그런 대우를 받아야 마땅하다고 주장한다. 그는 석성이란 존재를 충분히 인지하고 있었던 것이다. 허균은 1569년에 태어났으니 1584년의 종계변무에 관련된 정보를 충분히 알고 있었을 것이다. 만약 석성이 종계변무를 도운 것이 사실이라면 허균은 〈성옹지소록〉에 허국과 아울러 석성의 이름을 거론해야 마땅할 것이다. 하지만 석성의 존재를 인지하고 있으면서도 허균이 종계변무와 관련하여 석성을 전혀 언급하지 않았다는 것은, 석성이 종계변무와 아무런 관계가 없었음을 의미한다.

뒷날 '홍순언 이야기'의 모순을 의심하는 사람이 없지 않았다. 이익李瀷(1681~1763)은 석성의 부인과 홍순언의 연결을 의심했다. 그는 《성호사설》의 〈홍순언〉에서 이렇게 말한다.

역관 홍순언은 종계변무에 공이 있어 광국공신으로 책훈하고 당릉군에 봉했다. 세상에 이런 말이 전한다. 홍순언은 종계변무 전 연경에 갔을 때 양한적養漢的에게 뇌물을 잔뜩 주고 아름다운 창녀를 얻었다. 양한적은 창녀를 길러 돈을 버는 사람을 일컫는 말이다. 물어보니 창녀는 원래 양갓집 여자였다. 부모가 죽었는데 집안이 가난하여 장례를 치를 방도가 없어 이렇게 몸을 팔게 되었지만, 실은 남자를 겪지 않은 처녀였다. 듣고 보니 측은한지라 순언은 돈을 내어 그녀에게 주고 동침하지 않았다.

뒤에 여자는 상서 석성의 총희가 되었다. 종계변무를 위해 중국

에 갔을 때 순언은 이 여자를 통해 조력을 받을 수 있었다. 임진
왜란 때 천조(명明)에서 군사를 보내 우리나라가 다시 일어설 수
있도록 해주었다. 석성이 그 일을 주관했는데 이 여자의 도움이
있었다고 한다.[30]

이익은 '홍순언 이야기'의 핵심을 요약한 뒤 이어《설부說郛》에
실린 〈갑을잉언甲乙剩言〉을 인용한다. 다음은 〈갑을잉언〉의 해당
내용이다.

《설부》에 〈갑을잉언〉이 실려 있는데 다음과 같은 말이 있다. 심
유경沈惟敬이 쓸쓸한 신세가 되어 연경에서 임시로 지내는데, 거
처 옆에 방 한 칸이 비어 있어 물장수 심가왕을 들어와 살게 해주
었다. 심가왕은 원래 조상길 집안의 종이었다. 왜인에게 끌려갔
다가 18년이 지나 다시 연경으로 돌아와 조상길에게 의지하였
다. 하지만 조상길에게 심가왕은 쓸모없는 사람이었다. 심가왕
은 그래서 물을 팔아 생계를 삼았다.
심유경은 때때로 심가왕으로부터 일본에 관한 이야기를 들어 일
본에 대해 모르는 것이 없었다. 그때 마침 대사마 석성이 동쪽의
일을 맡아 다스리고 있었는데, 석성 총희의 아버지 원모袁某가
늘 심유경과 어울리고 있던 터였다. 심유경이 원모와 일본의 일
을 이야기했는데, 마치 직접 일본에 다녀온 것과 같았다. 원모가
석성에게 그것을 알리자 석성이 심유경을 불러 이야기를 나누어

보고 기뻐하였다. 황제께 아뢰어 유격장군을 제수하고 일본에 사신으로 가게 하였다. 봉공封貢의 말은 이렇게 해서 나온 것이었다.[31]

조상길의 종이었던 심가왕은 일본에 18년 동안 억류되었다가 탈출하여 다시 조상길을 찾아갔다. 하지만 조상길이 필요없다며 그를 내보냈다. 심가왕은 하는 수 없이 물장수로 살아가고 있었다. 연경에서 무위도식하던 심유경은 자기 집 빈 방을 심가왕에게 빌려준 것을 계기로 그로부터 일본에 관한 풍부한 정보를 들을 수 있었다.

석성에게는 '사랑하는 여인[총희]'이 있었다. 총희의 아버지 '원모'는 심유경과 늘 어울리던 사이였다. 이 시기는 임진왜란이 진행되고 있었다. 원모는 심유경이 일본에 관한 정보를 많이 알고 있는 사람이라고 병부상서 석성에게 말했고 석성은 심유경을 불러서 대화를 한다. 심유경을 신뢰한 석성은 그를 황제에게 말해 유격장군으로 삼고 일본에 보내어 강화를 추진하게 한다. 이상이 〈갑을잉언〉의 대략적 내용이다.

〈갑을잉언〉의 작자는 비평서 《시수詩藪》의 작자로 유명한 호응린胡應麟이다. 생몰연대는 1551~1602년으로 석성과 동시대인이다. 호응린이 '원모'의 성姓만 밝히고 이름은 밝히지 않은 것을 보면, 호응린은 그 사람의 존재를 조심스러운 태도로 의식(혹은 배려)하고 있었음이 분명하다. 곧 호응린의 〈갑을잉언〉의 자료는 준신

할 만한 것이다. 이 자료에 따르면, 석성 총희의 아버지는 1584년 홍순언이 기방에서 만났을 무렵 전염병으로 사망한 게 아니라, 적어도 임진왜란 시기까지 살아 있었던 것으로 보는 것이 자연스럽다. 또한 〈홍순언(공사)〉는 기방 여인의 죽은 아버지가 '죄를 입은 병부상서'라고 말하지 않았던가?[32] 그렇다면 〈홍순언(국당)〉과 〈홍순언(공사)〉를 위시한 '홍순언 이야기'의 '죽은 아버지의 장례를 치르기 위해 몸을 판다'는 이야기는 성립할 수 없다. 이익도 이 점을 납득할 수 없었다. 그는 이렇게 말한다.

① 무릇 역관으로서 광국공신의 훈勳에 참여하게 된 것을 보면 반드시 그 까닭이 있을 것이다.
② 임진년의 군사 원조는 석성의 총희로 인해서 된 것이라는 말도 역시 전혀 거짓말은 아닌 성싶다.
③ 혹시 원모의 아내가 죽자 장사할 길이 없어서 마침내 그 딸을 팔아서 치른 것이 아니었던가?
④ 《통문관지通文館志》에는 "여女가 바로 석 시랑의 계실이다" 했는데, 이는 잘못된 것이다. 더구나 석성은 시랑이 아니었다.[33]

이익은 임진왜란 때 석성이 명의 파병을 주도하였던 데에는 총희가 작용했을 가능성도 있다고 조심스럽게 말한다②. 하지만 아버지가 죽고 상사를 치르는 비용을 벌기 위해 기방에서 몸을 팔기 위해 나왔던 여성과 총희를 연결시킬 수는 없다. 〈갑을잉언〉에 의

이타利他와 시여施與 ──●

하면 총희의 아버지 원모는 임진왜란 시기까지 살아 있었기 때문이다. 이 모순을 돌파하기 위해 이익은 1584년 이전 죽은 사람은 아버지가 아니라 어머니였을 가능성을 말한다. 곧 '아내의 장례를 치르기 위해 원모가 딸을 기방에 판 것이 아닐까'라고 추측한다. 하지만 아내의 장례를 치르기 위해 딸을 기방에 판다는 것은 지극히 비윤리적이다. 이 설정은 이익이 궁색한 상상력을 슬쩍 발휘해본 데 지나지 않을 것이다.[34] 석성과 동시대인인 호응린의 증언에 의하면 석성의 총희는 원모의 딸이다. 그녀는 결코 아버지가 죽어 장례를 치르기 위해 기방에서 몸을 판 여인이 아니다. 이 자료에 의거하더라도 〈홍순언(국당)〉과 〈홍순언(공사)〉에 실린 기방 여인의 보은으로 종계변무를 도왔다는 이야기는 사실일 수 없다. 그것은 허구다. 따라서 이어지는 석성이 자신의 아내(계실 혹은 총희)가 입은 은혜를 의식하여 명의 파병을 적극 도왔다는 이야기 역시 허구에 불과한 것이다.

'홍순언 이야기'의 형성

정재륜의 〈홍순언(공사)〉는 홍명하가 '그때 장로[其時長老]'로부터 들은 이야기를 옮긴 것이라고 밝혔다. '그때 장로'는 이야기의 신빙성을 높이기 위한 일종의 수사적 책략으로 보인다. 《국당배어》로부터 시작되는 보은단과 보은단동 이야기는 실제 지명에 이야기를 덧붙여 구체성을 부여하는데, 이 역시 이야기의 사실성에 대한 신뢰성을 높이기 위한 수사적 장치로 보아야 마땅하다. 앞서 지적했듯 이익은 《성호사설》의 〈홍순언〉에서 자신이 인용한 호응린의 〈갑을잉언〉이 홍순언이 기방 여인을 도운 것이 종계변무와 명의 파병에 결정적인 역할을 했다는 서사를 완전히 무너뜨림에도 불구하고, 근거 없는 상상력으로 죽은 사람이 석성 총희의 아버지가 아니라 어머니일지도 모른다는 주장을 펼쳤다. 이익의 주장은 이와 같은 서사를 사실로 믿고 싶은, 혹은 사실화事實化하고자 하는 욕망의 산물이다. 한걸음 더 나아간다면, 사실이 아닌 것을 사실로 만들고자 하는 욕망이 '홍순언 이야기'의 이면에 장착되어 있었다고 말할 수 있다.

종계변무와 명의 파병을 함께 거론한 《국당배어》의 〈홍순언(국당)〉은 그 믿음과 사실화를 최초로 적극 결행한 작품이다. 이 부분을 간단히 살펴보자. 먼저 《국당배어》의 일부를 원문과 함께 인용한다.

임진년(1592)에 왜구가 쳐들어와서 거가車駕가 서순西巡하였다. 그때 황조皇朝의 논의는, 어떤 사람은 압록강을 굳게 지키고 그 사태의 변화를 지켜보자고 했고, 어떤 사람은 이적夷狄들끼리 서로 공격한 것이니 중국이 꼭 구해 줄 것은 없다고 하였다. 오직 병부상서 석성만이 조선을 구하지 않을 수 없는 사정을 역설하고, 또 먼저 무기와 화약을 내려줄 것을 요청하였다.

壬辰倭寇至, 車駕西巡, 時皇朝論議, ① 或堅守鴨綠而觀其變, 或云夷狄相攻, 中國不必救. ② 唯兵部尙書石星力言朝鮮不可救. 且請先賜軍

　　　　　　　　　　이타利他와 시여施與　──●

<u>器·火藥</u>.

밑줄 친 부분에 주목해 보자. 이 부분은 정태제가 쓴 것이 아니라 다른 기록을 옮겨 온 것이다. 임진왜란을 실제 지휘했던 류성룡은 이렇게 말하고 있다. 역시 원문을 함께 인용한다.

다음 해인 임진년(1592)에 허징許澂이 또 신점申點을 따라 연경에 가서 옥하관에 머무르고 있을 때 왜구가 우리나라를 쳐들어와서 거가가 서순하였다는 것을 들었다. 그때 황조皇朝의 논의는 일치되지 않아 대개 세 가지 의견이 있었다. 하나는 압록강을 굳게 지키고 그 사태의 변화를 지켜보자는 것이었고, 하나는 이적들끼리 서로 공격한 것이니 중국이 꼭 구해 줄 것은 없고 마땅히 압록강을 지키면서 강한 군대를 출동시켜 무위武威를 과시하자는 것이었다. 오직 병부상서 석성만이 조선을 구하지 않을 수 없는 사정을 역설하고, 또 먼저 무기와 화약을 내려줄 것을 요청하였다.

明年壬辰, 澂又從使申點赴京, 在玉河館, 聞倭已犯本國. 車駕西巡矣, 時皇朝論議不同, 大槩有三. ① <u>其一, 請堅守鴨綠, 以觀其變;其一, 云夷狄相攻, 中國不必救;當守鴨綠, 而出勁兵渡江耀武</u>. ② <u>惟兵部尙書石公星力言朝鮮不可不救, 且請先賜軍·器火藥禦敵之具</u>.[35]

밑줄 친 부분이 동일하다는 것에 주목할 필요가 있다. ①의 '其一'이 《국당배어》에는 '或'으로, ②의 '惟'가 '唯'로 바뀌었을 뿐이다. 이것을 제외하면 나머지는 완전히 동일하다. 그런데 류성룡이 남긴 자료는 오극성吳克成의 《임진일기壬辰日記》에도 동일하게 나타난다.[36] 이것은 이 부분이 문서 형태로 전해졌음을 의미한다. 정태제가 류성룡의 《서애집》이나 아니면 다른 어떤 문서를 보고 이 부분을 베껴 넣었던 것이 분명하다. 곧 정태제는 단지 자신이 들었던 이야기를 옮겨 적는 데 그치지 않고 '홍순언 이야기'를 사실화하기 위해 구체적이고 객관적인 자료를 증거로 추가했던 것이다.

이 추론이 타당한지 다음 자료를 참고해 보자. 정태제는 위에서 인용한 부분에 이어 다음과 같이 말하고 있다.

① 상서는 우리나라 사신을 만나 왕왕 눈물을 흘리기까지 하였으니, ② 이것은 본디 작고 약한 것을 돌보고 구제하는 의리에서 나온 것이기는 하지만, ③ 부인의 일 때문에 또한 그와 같았던 것이라고 한다.

① 尙書對使臣言本國事, 往往流涕, ② 此固出於恤小扶弱之義, ③ 亦以夫人之故如此云.

석성이 일본의 침략을 당한 조선의 처지를 듣고 눈물을 흘렸다는 사실은 1592년 8월 명나라에 청병진주사로 파견되어 석성을 만나고 12월에 복명한 정곤수鄭崐壽의 보고로 널리 알려진 것이다.[37] 또한 석성이 조선에 우호적인 태도를 취하고 있었던 것은 여

이타利他와 시여施與 ─●

러 문헌이 동일하게 전하는 바이기도 하다. 다만 그 우호적 태도의 근거는 분명하지 않은데 정태제가 말하는 ②의 '위급한 처지에 있는 약자에 대한 동정심'이 당시 객관적으로 추리할 수 있는 이유였을 것이다. 여기까지는 사실에 해당한다. 문제는 정태제가 덧붙인 ③이다. 정태제는 ③의 '석성 부인의 일' 곧 홍순언이 기방 여인을 도왔던 일이 석성을 움직여 명군이 조선에 파병하게 되었다고 말한다. 다만 그 역시 이것을 발신자 미상의 전언傳言으로 처리하고 있다.

발신자 미상의 전언을 사실로 확정할 수는 없다. 하지만 ①과 ②의 사실을 바로 앞에 배치하여 ③은 사실로 수용될 가능성이 대단히 커졌다. 비록 전언의 형식을 취했을지라도 ①과 ②의 배치로 홍순언이 기방을 찾아간 일, 여인에게 은을 주어 도와준 일, 석성이 종계변무를 성사시키는 데 결정적으로 조력한 일, 보은단을 만들어 준 일, 보은단동이란 지명의 유래 등은 모두 사실처럼 수용될 수 있었다.

허균은 1610~1611년에 〈성옹지소록〉을 썼다. 유몽인의 《어우야담》은 1622년에 완성된다. 허균과 유몽인은 종계변무와 임진왜란을 직접 목도하고 체험했다. 그들의 기억에는 홍순언→기방여인→석성 부인→석성→종계변무·임진왜란을 연결시키는 서사가 존재하지 않는다. 1623년 《어우야담》의 〈홍순언(어우)〉에 단순한 이타적 행위로 옮겨진 이야기는 약 40년 뒤의 1659년 《국당배어》 〈홍순언(국당)〉에 이를 때까지 여러 가지 서사敍事 재료들을 추가하면서 흡사 사실인 것처럼 수용되기에 이르렀던 것이다.

역관이 주인공인 이타-보상담

'홍순언 이야기'는 역관이 주인공이 된 이타-보상담이다. 그런데 흥미롭게도 동일하게 역관이 주인공이면서 이타-보상의 구조를 갖는 서사물이 적지 않게 전하고 있다. 이 작품들을 검토해 보자. 〈홍순언(어우)〉는 역관 곽지원郭之元의 이야기를 먼저 서술하고 이어 홍순언에 대해 언급한다. 곽지원 이야기를 검토해 보자.

곽지원은 북경 가는 길에, 땅과 노비를 모두 팔아 부채를 갚은 탓에 유리걸식할 위기에 빠진 중국인을 만난다. 그가 울면서 곽지원에게 자기 사정을 하소연하자 곽지원은 자기가 가지고 있던 은을 털어 주고 이름을 묻지도 않고 떠났다. 곽지원의 행위는 홍순언의 그것과 사실상 동일하다. 간단한 이야기지만, 곽지원의 행위는 '① 위기에 빠진 타자를 돕는다, ② 보상을 바라지 않는다'로 요약할 수 있다.

①은 '이타적 행위'라고 정의할 수 있다. 이타적 행위에는 행위 주체에게 자기손실이 일어난다. 여기서 그 손실이란 은 곧 재화의 손실이다. 곽지원은 자신이 도와준 사람의 이름을 묻지도 않고 떠난다. 순수하게 자발적이며 자기손실에 대한 보상을 바라지 않는다. 이것은 '보상 기대 부재'란 말로 요약할 수 있다. '보상 기

이타利他와 시여施與 ━━●

대 부재'는 이타적 행위를 했다는 사실을 의도적으로 망각하거나 망각하지 않는다 하더라도 그것에 특별한 의미를 부여하지 않는다. 이것을 '자기망각'이라고 정리할 수 있다.

'자기손실', '보상 기대 부재', '자기망각'은 이타적 행위 주체의 기본 속성이다. 하지만 이타적 행위자에게 보상이 이루어지지 않는 것은 아니다. 대개의 경우 물질적 보상 곧 재화로서의 보상이 이루어지는데, 그것이 아니라면 좋은 평판과 같은 사회적 보상이 주어진다. 앞서 지적했듯 ①에서 홍순언은 중국인으로부터 '홍 어르신'이란 명예로운 칭호를 얻었다. 곽지원 역시 그의 이타행을 기억한 중국인들로부터 높은 평판을 얻었다. 〈홍순언(어우)〉는 이렇게 말한다. "이 일로 중국 사람들이 그를 높이 평가해, 연로에서 마실 것을 들고 맞이하며 모두 '곽 공이 오셨다'고 하였다."[38] 이 높은 평판은 곽지원에게 자기 존재의 긍정성을 강하게 느끼게 한다. 평판은 사회적 차원에서 주어지는 보상, 곧 사회적 보상이라고 말할 수 있다.

동일한 이타–보상의 구조 위에 축조되는 이야기는 '홍순언 이야기' 이후 흔히 보인다. 홍순언보다 약간 뒤 시기의 역관이었던 〈한원韓瑗 이야기〉를 들어보자. 〈한원 이야기〉는 《통문관지》에 실려 있는데,[39] 요약하면 다음과 같다.

한원(1580~?)은 북경 옥전현에서 가난한 선비가 주점에 고용되어 밥을 지으며 《주역》을 읽고 있는 것을 보고 은 30냥을 꺼내어 도와준다. 뒷날 한원은 사신단의 일원이 되어 해로로 중국에 가

다가 광풍을 만나 표류해 등주登州에 표박하게 된다. 해로를 선택
했던 것은 당시 요동 지방을 여진족이 점령하고 있었기 때문이
다. 표박한 한원 등을 발견한 등주의 병졸들은 다시 배를 돌리라
고 압박했다. 어찌할 줄 모르던 중 한원은 우연히 만난 한 관인에
게 사정을 하소연한다. 그런데 그 관인은 옛날 자신이 도와주었
던 사람이었다. 한원은 그 관인의 적극적 배려와 도움으로 위기
를 벗어난다. 그는 은 300냥과 채단彩段 30필을 따로 주고는 옛날
의 은혜에 감사드린다는 말을 하였다.

한원은 여러 차례 중국에 갔지만 해로로 북경에 갔던 것은
1629년의 일이고 풍파를 만나 귀국이 늦어졌던 것은 사실이다.[40]
폭풍에 표류했다가 중국 관인의 도움으로 어렵게 북경에 도착한
다는 것은 당연히 있을 수 있는 일이다. 그러나 그 도움이 한원 자
신조차 망각한 과거의 이타행에서 비롯된 것이었다는 설정은 사
실 여부를 확인할 수 없다. 하지만 〈한원 이야기〉의 이타−보상의
구조는 〈홍순언(국당)〉, 〈홍순언(공사)〉와 정확하게 일치한다. 위기
에 빠진 사람이거나 혹은 자신에 비해 상대적으로 약자인 사람에
게 보상을 바라지 않고 도움을 준 뒤 스스로 망각해 버린 이타적
행위에 뒷날 보상이 주어졌다는 것이다. 결국 〈한원 이야기〉 역시
구체적 디테일만 달리하여 '이타−보상'의 구조 위에 축조된 동일
한 이야기일 뿐이다.

이타利他와 시여施與 ─●

이타적 심성의 작화력

위기에 빠진 타자, 혹은 약자를 돕는 행위는 그 행위 주체의 의지에서 비롯된다. 그 의지의 출발 지점은, 마음 혹은 생각 혹은 의식으로 불리는 것일 터이다. 이것을 심성心性이라 부르기로 하자. 인간의 본성이 특정한 무엇으로 존재하느냐 하지 않느냐, 그것이 이기적이냐 이타적이냐 하는 것을 둘러싸고 역사적으로 결론 없는 논쟁이 거듭되어 왔지만, 인간 내부에 이타성이 존재하고 그것의 표현 형태로서 이타적 행위가 존재한다는 사실만은 부정할 수 없다. 따라서 이타적 행위를 가능하게 하는 인간 본성의 어떤 부분을 '이타적 심성'이라고 불러도 무방할 것이다. 〈홍순언(국당)〉, 〈홍순언(공사)〉, 〈한원 이야기〉 등에서 확인할 수 있는 바와 같이 인간의 이타적 심성은 적절한 재료를 발견하면, '이타-보상'의 구조 위에 구체성을 달리하는 다양한 이야기를 축조해 낼 수 있었다. 또한 실재했던 어떤 사건을 이타-보상의 구조로 얼마든지 변형할 수 있었고, 실재하지 않았던 사건을 상상력만으로 구성하여 '허구적' 이타-보상담을 만들어 낼 수도 있었다. 이렇게 '이타-보상'의 구조 위에서 다양한 이야기를 변주하는 이타적 심성의 능력을 '이타적 심성의 작화력作話力'이라고 부를 수 있을 것이다.

이타적 심성의 작화력이 '이타-보상'의 구조에 디테일을 달리하면서 이야기를 축조하는 것은 다른 작품에도 적용 가능한 것인

가. 역시 역관의 이야기를 들어본다.

《동야휘집》에 실린 〈베트남에 간 역관〉[41]의 주인공 역관 변씨는 중국에 갔다가 강남 출신의 상인 오씨가 파산한 것을 보고, 뒷날 갚을 만하면 갚고 갚지 않아도 달라고 하지 않을 것이라며 차용증서 없이 은 5,000냥을 준다. 그 뒤 변씨는 미모의 여성에게 속아 큰돈을 잃고[42] 남은 돈을 수습해 귀국하던 중 부모의 시신을 고향으로 옮겨 장례를 치를 수 없게 된 동수재董秀才의 딱한 사정을 듣고 또 1,000냥을 건넨다. 변씨는 그 뒤 화적 떼를 만나 돈을 빼앗기고 무일푼으로 귀국한다.

귀국 후 변씨는 북경으로 갈 때 빌렸던 공금 5만 냥을 갚지 못한다. 하지만 그를 신용했던 의주의 상인들은 십시일반으로 3만 냥을 거두어 공금의 일부를 갚게 한다. 평소 그의 평판이 그것을 가능하게 했던 것이다. 그는 나머지 2만 냥을 갚지 못해 투옥되지만, 재차 순영巡營을 설득해 2만 냥을 다시 빌려 북경으로 떠난다. 북경에서 변씨는 예전에 도왔던 상인 오씨를 찾아갔고 배를 빌려 인삼을 사서 인삼값이 다른 곳에 비해 갑절이 되는 강남 금릉으로 간다. 거기서 변씨는 광서 흥안현 지현知縣으로 부임하기로 되어 있는 동수재를 우연히 만났고, 그의 조언과 도움에 힘입어 베트남으로 가서 거금을 벌게 된다.[43] 보상을 바라지 않았던 변씨의 이타적 행위가 뜻하지 않게 보상으로 돌아온 것이었다.

〈베트남에 간 역관〉은 신돈복辛敦復의 《학산한언鶴山閑言》과 《청구야담》에도 실려 있다.[44] 그런데 《학산한언》과 《청구야담》 소

이타利他와 시여施與 ⟶●

재 작품에는 변씨가 강남 상인 오씨와 동수재를 도왔던 이야기는 없다. 곧 〈베트남에 간 역관〉은 원래 《학산한언》과 《청구야담》에 실린 이야기에 변씨의 이타적 행위와 미모의 여성에게 속는다는 이야기를 추가했던 것이다. 이야기는 훨씬 복잡하게 되었지만, 〈베트남에 간 역관〉은 '이타－보상'의 구조 위에 다시 축조된 것이다. 즉 기존의 이야기를 이타－보상의 구조 위에서 다시 축조하고자 하는 의지를 이타적 심성이 이야기를 만들어 내는 힘, 곧 이타적 심성의 작화력으로 부를 수 있을 것이다.

2장

이타-보상담의 출현

이타-보상담의 양태

앞서 들었던 '홍순언 설화' 이하 세 이야기는 구체성은 상이하지만 동일한 '이타-보상'의 구조 위에 축조된 것이다. 사실 '이타-보상담'은 인간성의 심연에 뿌리박은 것으로 초시간적, 초지역적으로 존재한다. 예컨대 《사기史記》〈회음후열전淮陰侯列傳〉에 실린, 초왕楚王이 된 한신韓信이 궁박한 시절 굶주리고 있던 자신에게 밥을 준 빨래하는 여인에게 천금으로 보답했다는 이야기 역시 동일한 구조 위에 축조된 것이다. 이렇게 이타적 주체가 위기에 빠진 사람 혹은 약자를 돕고, 그 행위 자체를 망각하지만, 최종적으로 이타적 대상이 보상의 주체가 된다는 이야기는 오래전부터 널리 전승되어 오는 것이다. 다만 이야기의 구조는 동일하지만, 그 위에 축조되는 이야기는 시대에 따라 달라질 수 있다. 그렇다면 앞장에서 언급한 '홍순언 이야기' 외에 임병양란 이후 생산된 이타-보상담을 검토해 보자.

현실에서 혹은 작품 내에서 이루어지는 이타적 행위의 종류는 다양할 것이다. 그럼에도 그 행위들에는 일종의 경향성이 분명히 있다. 〈허생전〉을 썼던 박지원은 이에 대해 소중한 발언을 남겼다.

> 힘으로 남을 구하는 것을 '협俠'이라 하고, 재물로 남에게 은혜를 베푸는 것을 '고顧'라고 한다. '고'를 실천하면 명사名士가 되고, '협'을 실천하면 전傳을 짓는다. '협'과 '고'를 겸하면 '의義'라고 한다.[1]

연암에 의하면 이타적 행위의 총칭은 '의'이고, 그것의 실천 종목에는 폭력을 수단으로 하는 '협'과 재물을 수단으로 하는 '고' 두 가지가 있는 셈이다. 그런데 '고'와 '협'을 단음절어로 쓰면 어색하게 들리므로, '고'는 '고휼顧恤', '협'은 '협행俠行'으로 바꿔 쓸 수 있을 것이다. 이타적 행위의 주체는 명사가 되거나 전傳으로 남거나 모두 사회적으로 유의미한 존재가 된다. 후자에 대해 특별히 '전을 짓는다'고 한 것은 《사기》〈열전〉에 '유협열전游俠列傳'이 특기되어 있기 때문일 것이다. 어쨌든 명사란 이름을 얻거나 유협전의 형태로 이름을 남기거나 양자 모두 보상의 한 형태다.

그렇다면 이런 이타적 행위들은 어떤 양태로 실재했던 것인가? 남아 있는 작품들 중 가장 많은 예는 역시 박지원이 '고'라고 정의한 재화의 증여이고, 가장 적은 예는 폭력을 수단으로 삼은

'협'이다. '협'의 실행이 적을 수밖에 없는 것은, 무엇보다 '협'이 갖는 폭력 자체의 파괴성 때문일 것이다. 나아가 그 폭력의 사적 私的 성격도 이유가 될 것이다. 이외에도 다양한 형태의 이타적 행위가 있을 수 있다.

이하에서 먼저 고휼, 곧 시여가 이타적 행위의 중심을 이루는 작품을 먼저 다루고 이어 협행을 다룬 작품을 검토하겠다.

고휼, 재화의 순수 증여

다음은 조선 후기 한문 단편에서 고휼 곧 시여를 이타행의 중심 행위로 삼은 이타-보상담이다.

- 〈거여객점〉: 배전裵婰 편, 〈수은식화受恩殖貨〉, 《차산필담此山筆談》.[2]

- 〈고담〉: 이원명李源命 편, 〈휼삼장우녀등사恤三葬遇女登仕〉, 《동야휘집東野彙輯》.[3]

- 〈그래야 내 아들이지〉: 이원명 편, 〈구사명점산발복救四命占山發福〉, 《동야휘집》.[4]

- 〈귀향〉: 이희준李羲俊 편, 〈석한양사인최생昔漢陽士人崔生〉, 《계서야담溪西野談》.[5]

- 〈비부婢夫〉: 편자 미상, 〈획중보혜부택부獲重寶慧婦擇夫〉, 《청

구야담靑邱野談》.[6]

　원래 작품 제목이 한문 문장 형태로 되어 있어 알기 쉽게 고쳤다. 〈고담〉과 〈그래야 내 아들이지〉를 제외하고는 모두 《이조한문단편집》을 따랐다.[7] 앞으로 이 제목을 사용할 것이다.

　〈거여객점〉에서 김기연은 무과에 합격한 뒤 벼슬을 얻기 위해 서울 재상가를 들락거리며 엽관운동에 골몰했지만 벼슬은 얻지 못하고 가산을 탕진한 채 고향 경주로 돌아간다. 경주로 돌아가는 길에 들른 거여巨余의 객점에서 그는 여자 거지가 헐벗은 채 아이 하나를 안고 있는 것을 보고, 가련한 마음에 돈 2꿰미를 여자에게 준다. 이어 객점 주인을 몰인정하다고 나무라고 떠나자, 주인은 여자를 주막에서 일하게 해준다. 여자는 김기연이 준 돈으로 담배를 사서 주막에서 팔았다. 이문이 남자 객점의 빈칸 하나를 빌려 어물·과일·생강·마늘·치자·쪽·지초·백반 등을 판매하는 상점을 차린다. 이어 그녀는 가게를 확장해 짚신·미투리·종이·명주·비단을 판매했고, 떡과 청주·탁주까지 팔아 큰돈을 벌게 된다. 급기야 그녀는 거상이 되어 큰 부를 쌓는다.

　한편 경주로 돌아온 김기연은 품팔이꾼으로 전락해 걸인과 다름없는 구차한 삶을 살게 된다. 부자가 된 여자는 김기연을 백방으로 찾아 마침내 김기연에게 편지를 보낸다. 김기연이 편지를 받는 장면은 직접 인용할 필요가 있다.

이타利他와 시여施與 ──●

수존은 또 소매 속에서 편지를 꺼내 주었다. 하지만 저녁 어스름이 내린 뒤라 언문 글씨를 알아볼 수 없어 그 처에게 주고 먼저 돈이 든 자루를 방 가운데 가져다 놓았다. 그리고는 곰곰이 생각했다.

"내 돈을 먹은 사람이 꽤나 많은데 누가 나의 예전 일을 기억할 수 있단 말인고?"

하는 수 없이 이웃에서 기름을 빌려 불을 밝히고 편지를 읽어 보니, 곧 거여 객점에서 준 2꿰미가 쌓은 공덕탑이었다. 편지를 반도 읽기 전에 감격한 나머지 부부가 마주 보며 눈물을 쏟고 가슴을 쓸며 탄식하였다.

"서울에서 전후로 쓴 4,000~5,000꿰미는 모두 간 곳이 없고 단지 이 2꿰미가 쓴 흔적을 남겼구려."[8]

자신의 이기적 욕망을 충족시키기 위해 서울에서 돈을 마구 쓴 행위가 그를 구제한 것이 아니라, 단 한 차례의 이타적 행위, 곧 순수한 재화의 증여가 그를 구원한 것이다. 이후 김기연은 그 여자의 도움으로 풍족하고 안락한 삶을 살게 된다. 또 그 여자를 첩으로 맞았지만 아내는 여자를 은인으로 생각해 질투를 하지 않았다. 자신에게 남은 얼마 되지 않은 돈으로 위기에 빠진 여성을 도왔지만, 그 사실을 까맣게 잊었다는 점에서 김기연의 행위는 자기손실과 자기망각을 동반한 전형적 이타행이다. 이타행의 대상이었던 여성은 필사적으로 김기연에게 보상할 방법을 찾고 결국 보상하고야 만다. 〈거여객점〉은 이타-보상의 구조 위에 축조된 전형적인 이타-보상담이다.

〈고담〉의 주인공 이희녕李羲寧은 영남 사람으로 집안이 부요富饒하였다. 그는 무과에 합격한 뒤 벼슬을 얻기 위해 서울로 가서 김기연처럼 엽관운동에 골몰했다. 하지만 가산만 날렸을 뿐 벼슬을 얻는 데 실패한다. 향리로 돌아와 농사에 전념하던 중 이웃사람이 큰돈을 날리고 미관말직도 얻지 못한 것을 비웃자, 홧김에 남은 땅을 모두 팔아 300~400냥을 만들어 서울로 떠난다. 충주에 이르렀을 때 그는 어떤 여자의 처절한 곡성을 듣는다. 객지에서 전염병으로 부모와 형제를 잃은 처녀의 통곡 소리였다. 이희녕은 가지고 있던 돈으로 장례를 치러 주고 말과 가마를 세내어 처녀를 외가까지 데려다준다. 돈은 겨우 10꿰미만 남았을 뿐이었다. 이희녕은 말을 판 16냥을 여비로 삼아 서울로 갔다.

서울에서 이희녕은 벼슬을 얻기 위해 3, 4년 권세가를 찾아다니며 명함을 올렸지만 소용이 없었다. 객지생활에 쪼들려 고향으로 돌아가려 했지만 노자도 넉넉하지 않았다. 인사를 담당하는 전관銓官을 찾아가 마지막으로 자신의 사정을 하소연하려 했지만, 문지기가 막아서는 바람에 그마저도 할 수가 없었다. 마침내 그는 한밤중에 전관의 집에 잠입해 전관의 아버지를 만나 자신의 사정을 하소연한다. 전관의 아버지는 벼슬 문제는 자기 아들에게 말하라고 하고 엉뚱하게도 이희녕을 말벗으로 삼았다. 경향京鄕을 다니며 보고들은 것을 재미삼아 이야기해 달라는 노인의 청에

이타利他와 시여施與 ──●

이희녕은 자신이 오래전 도와주었던 여인의 이야기를 들려주었다. 그런데 여인은 노인의 며느리가 되어 있었다. 노인은 다음 날 아들인 전관을 부르더니 이희녕에게 자신에게 했던 이야기를 다시 들려주게 하였다. 며칠 뒤 전관의 부인, 곧 전에 이희녕이 도왔던 여인이 나와서 은혜에 감사하다는 말을 하였다. 전관은 이희녕을 선전관에 임명했고 이희녕의 이타적 행위를 널리 선전해 주었다. 이후 이희녕은 의로운 사람이라는 평판을 얻었고 아장亞將의 지위에까지 오른다. 정리하면, 이희녕의 이타적 행위, 곧 재화의 순수한 증여에 대한 보상은 결국 자신이 도왔던 그 여인에 의해 이루어졌다. 〈고담〉 역시 전형적인 이타-보상담이다.

〈귀향〉의 주인공 최생은 충청도의 명문가 출신으로 서울에 머물며 과거에 여러 차례 응시했으나 끝내 합격하지 못한다. 형편이 점차 어려워지자 그는 자신이 지었던 글을 불태우고 낙향하기로 결정한다. 서울의 집을 팔아 500냥을 손에 쥔 그는 충청도 향리로 돌아가 농사에 전념한다. 2년 연속 풍년이 들자 그는 헐값에 곡식을 사들였다. 모두 4,000석이었다. 3년째는 대흉작이었고 기근으로 사람들이 죽어 나갔다. 저축했던 곡식을 팔아 토지를 사들이면 그는 대지주가 될 수 있었다. 당시 토지를 불리던 사람들은 모두 그 방식으로 치부했으나, 최생은 그 길을 택하지 않았다. 그는 같은 동리의 부로父老를 불렀다.

부로들이 오자 계단 아래에 세우고 그들에게 말했다.

"우리 집 사방에 굶주려 죽게 된 이가 몇이나 되는가?"

부로들이 대답했다.

"누군들 죽을 지경이 아니겠습니까? 땅 한 뙈기 없는 사람 중에 그런 이가 많지요. 땅도 있고 소도 있고 남자·여자도 많고 해서 밭에 엎드려 힘써 농사를 지어 족히 1년을 지탱하던 사람들도 누렇게 부황이 들어 죽게 되었습니다. 여름에는 가뭄으로 가을에는 장마로 이 사람들 곡식이 논 가운데 마냥 선 채로 있어 낫질 한 번 못했던 탓이지요."

"어허, 거의 다 죽게 되었구먼. 내게 적으나마 곡식 섬이나 있으니, 나누면 여러 사람을 살릴 수 있을 것이네. 차마 우리 동리 사람들이 다 죽어 나가는 것을 보지 못하겠으니, 아무 데서 아무 데까지 그 사람 수와 호수를 적어 보여 주면 좋겠네."[9]

최생은 축적해 둔 곡식으로 500여 가구, 1,300명에게 양식을 제공하고, 소와 농량農糧, 종자까지 대 준다. 최생은 사람들이 굶주린 것을 기회로 자기 재산을 불리는 이기적 행위를 한 게 아니라 도리어 자기의 곡식을 희사해 위기에 빠진 사람을 살렸던 것이다. 최생은 보상을 기대하지 않았지만, 그의 이타적 행위로 인해 살아난 농민들에 의해 보상은 이루어진다. 그해 풍년이 들자 500여 가구는 6만 냥을 갚았다(흉년에 곡식을 팔면 4만 냥을 받을 수 있었고 그것을 다시 불리면 12만 냥을 벌 수 있었다. 그 절반을 갚은 것이다). 〈귀향〉역시 전형적인 이타 – 보상담이다.

〈그래야 내 아들이지〉의 주인공 강릉의 선비 김신조金藎祚는 '늘 땟거리를 걱정할' 정도로 궁핍한 생활에 시달리고 있었다. 어느 날 노모가 호남의 섬에 사는 선대 노비의 후손들을 추쇄해 오라고 하자, 김신조는 노비 문서를 가지고 해당 지방으로 가서 노비를 속신贖身해 주고 수천 냥을 받아 온다. 돌아오는 길에 김신조는 금강을 지나다가 포흠죄逋欠罪로 처형될 예정인 아전의 부모와 아내가 부여잡고 울부짖는 장면을 목도한다. 아전의 목숨을 살리려면 수천 냥을 갚아야 한다는 것을 알게 된 김신조는 자신이 가지고 있던 돈을 그들에게 선뜻 내주었다. 도움을 받은 이들이 사는 곳과 성명을 물었지만 김신조는 대답을 하지 않고 길을 떠났다. 위기에 빠진 사람을 자기손실을 감내하고 도왔던 그 행위에 의미를 부여하지 않았던 것이다. 노모는 돌아온 아들에게 "추쇄하러 간 일은 어떻게 되었느냐?"라고 물었다. 김신조가 금강에서의 일을 말하자, 노모는 "그래야 내 아들이지" 하며 아들의 등을 쓰다듬었다. 노모 역시 아들의 이타적 행위를 당연한 것으로 여겼던 것이다.

이후 김신조의 집안은 날로 어려워졌고 어머니가 사망한 뒤 선영에는 못자리 한 곳도 남아 있지 않았다. 김신조는 지사地師를 데리고 이곳저곳 떠돌다가 한 곳에서 길지를 발견한다. 길지의 주인을 찾아갔더니 곧 자신이 도왔던 아전의 집이었다. 김신조는 아전의 존재를 잊고 있었지만, 아전은 은혜를 잊지 않고 김신조를 위해 따로 집과 재산을 마련해 두고 있었다. 김신조는 그 집과 재산으로 부요한 삶을 살 수 있었다. 김신조는 보상을 전혀 바라지 않고 이타적 행위를 했지만, 그것은 결국 보상으로 돌아온 것이다. 역시 이타 - 보상의 구조 위에 축조된 이타 - 보상담이다.

〈비부〉의 주인공 시골의 몰락양반 오가吳哥는 짚신 장수를 하다가 벌열가閥閱家 계집종의 눈에 띄어 그녀의 적극적인 구애로 결혼을 한다. 결혼 뒤 아내는 오가에게 돈을 주며 쓰고 오라고 하였다. 그런데 돈을 쓰게 하는 계집종과 오가의 상반된 태도는 자못 의미심장하다.

> 하루는 계집종이 말했다.
> "당신은 정말 슬기롭지 못하시구려. 만약 돈을 써 본다면 안목이 절로 커지고 가슴이 절로 트일 거예요."
> 계집종은 돈 한 꿰미를 주었다.
> "이 돈을 가지고 가서 다 쓰고 오세요."
> 저녁 무렵 오가가 돌아왔다. 하는 말인즉 이러했다.
> "내 창자가 주리지 않으니, 술이며 떡을 사 먹을 필요도 없고, 또 달리 쓸 곳도 없어 한푼도 쓰지 못하고 왔네."[10]

계집종은 돈을 씀으로써 안목이 절로 커지고 가슴이 트인다고 말한다. 계집종은 화폐가 갖는 힘을 예민하게 의식하고 있다. 곧 화폐에 익숙한 인간이다. 하지만 오가는 돈을 사용할 곳을 모르는 인간이다. 화폐에 무딘 인간인 것이다. 일단 이 점을 기억해 두자.

　　　　　　이타利他와 시여施與 ──●

돈 쓸 곳을 찾지 못한 오가가 돌아오자, 계집종은 "길거리에 걸인이 많은데 적선인들 못하느냐?"고 질책하였고, 오가는 다음 날부터 거지를 모아 놓고 돈을 뿌린다. 날마다 같은 짓을 하다가 부질없는 짓이라 생각하고 사장射場을 찾아가 그들과 사귀며 술과 밥을 샀다. 이내 그들과 막역한 사이가 되었다. 그는 이어 빈곤한 선비들과도 사귀며 양식이며 필묵 비용을 대기도 했다. 이로 인해 요즘 사람 같지 않다는 평판을 얻었다. 이후 오가는 아내가 시키는 대로 무과를 준비했고 결국 합격한다.

어느 날 대추와 밤이 모두 흉작이지만, 유일하게 대추가 평년작인 호서의 아무 고을로 가서 대추를 사 오라는 아내의 말을 듣고 오가는 해당 지방으로 떠난다. 지역과 계절, 작황에 따른 시세 차이를 노리는 것은, 전근대 상업의 전형적인 영리 기술이다. 화폐 곧 상평통보의 본격적인 유통이 이런 상업적 영리술의 확산을 촉진했던 것은 물론이다. 오가의 아내인 계집종은 이 영리 기술을 익히 알았던 것이다. 하지만 아내의 기대와는 달리 그는 기근으로 굶주리는 백성을 보고 불쌍한 마음에 아내가 준 자금을 흩어 주고 돌아온다. 이타적 심성이 경제적 이익을 추구하고자 하는 욕망을 눌렀던 것이다.

아내는 남편의 시여를 부정적으로 보아 나무라야 했겠지만 그렇지 않았다. 아내는 "적선도 좋기야 하지만, 내 돈이 장차 바닥이 나게 되었으니 어떻게 사시려오?" 하고, 또 돈 1만 꿰미를 내주었다. 이 부분은 약간 음미할 가치가 있다. 아내 역시 시여를 경제적 이익에 선행하는 가치로 보았던 것이다. 이타적 행위로서의 시여가 사회 속에서 공유되는 가치였음은 두말할 필요가 없다. 아내는 유일하게 목화가 약간 풍작인 해서海西로 가서 목화를 사오라고 했지만, 오가는 호서의 경우와 꼭 같이 기민을 구제했고 역시 빈손으로 돌아왔다.

아내는 오가의 시여를 문제 삼지 않고 다시 남은 저축을 털어 1만 전을 주며, 헌옷가지를 사서 함경도로 가서 포布나 삼蔘, 피물皮物 같은 것으로 바꾸어 오라고 하였다. 오가는 아내의 말을 따라 헌옷가지를 사서 함경도로 향했지만 도중에 옷 없는 사람들을 보고 헌옷가지를 주어 버린다. 오가의 이타적 심성은 이번에도 영리적 욕망을 눌렀던 것이다. 하지만 오가의 행위는 결과적으로 아내의 돈을 모두 날린 것이었다. 아내를 볼 면목이 없었다. 오가는 짐승(범)의 밥이 되어 죽으려고 깊은 산중으로 들어가 어떤 집에서 하룻밤을 묵게 되는데, 그 집 주인 할미가 옷이 없는 것을 보고 남아 있던 치마와 바지를 건넨다. 최후의 순간까지 이타적 시여를 한 것이었다. 다음 날 아침 식사를 하는데 반찬으로 올라온 도라지가 있었는데 사실은 산삼이었다. 오가는 그 근처의 산삼을 모두 캐어 가지고 왔고, 그것을 주인집 양반에게 선물하고 결국에는 벼슬을 얻는다.

오가는 일방적인 증여로 일관했던 사람이다. 세 차례에 걸쳐 자기손실을 감내하며 위기에 빠진 기민과 빈민들을 자신의 재화로 도왔다. 당연히 그는 그들로부터 어떤 보상이 있을 것이라고

066   이타利他와 시여施與 ───●

기대하지도 않았다. 그들을 도왔다는 사실에 의미를 부여하지도 않았다. 하지만 결과적으로 오가는 산삼으로 보상을 받는다. 〈비부〉 역시 전형적인 '이타-보상'의 구조 위에 축조된 이야기다. 여기서 주목할 필요가 있는 것은 〈비부〉가 가치관의 대립을 반영하고 있다는 것이다. 아내는 이타적 심성에 근거한 시여를 부정하지는 않지만, 그보다 상행위를 통한 이익을 추구하는 사람이다. 오가는 아내와는 반대로 재화보다는 이타적 행위를 선택한다. 양자의 가치관은 서로 대립한다. 다만 결과적으로 오가와 비녀에게 재화를 가져다준 것은 상행위가 아니라 이타적 행위였다. 화폐를 향한 이기적 심성이 아니라 위기에 빠진 타자를 돕는 이타적 심성이 결과적으로 이익을 가져온다는 것이 〈비부〉의 주제다.

이상 다섯 작품은 구체성은 다르지만, 전형적인 이타-보상의 구조 위에 축조된 이야기다. 또한 당연히 조선 후기의 사회 현실을 반영하고 있다. 〈거여객점〉과 〈고담〉은 관직을 얻기 위해 분투하지만 실패하고 몰락의 길을 걷는 조선 후기 사족들의 상황을 반영한 작품이다. 관직을 향한 욕망을 실현하기 위해 문과에 응시하지만 절대다수는 낙방하는 것이 현실이었다. 상대적으로 합격이 쉬운 무과의 경우 합격한다 하더라도 수많은 합격자 중에서 실제 관직을 얻는 경우는 극히 드물었다. 서울의 권세가를 찾아다니며 재산을 기울이면서 엽관운동을 하지만 그 역시 성사 가능성이 극히 희박한 것이 현실이었다.

조선 후기 관직은 사회적 위세와 부정한 방법 혹은 관행을 통해 축재를 가능케 하는 수단이었다. 그것은 또 사족으로서의 삶을 재생산해 줄 것이었다. 그런데 앞서 거론한 작품에서 주인공들은 대부분 엽관운동이 아니라 그것과는 전혀 상관없는 다른 맥락(위기)에 놓인 타자를 돕는 행위, 그것도 자신의 재화를 일방적으로 증여하는 '순수 증여'로써 오히려 관직을 얻을 수 있었다. 이기적 욕망에 따르지 않고 이타적 행위를 함으로써 그 욕망하는 바를 획득할 수 있었던 것이다. 〈그래야 내 아들이지〉 속 이타적 행위의 의미도 다르지 않다. 김신조가 노비를 추쇄하러 간 것은 속전贖錢으로 일시적으로나마 사족으로서의 삶의 항상성을 유지하려고 한 것이었다. 하지만 그는 사족적 삶의 항상성을 유지할 수 있는 돈을 포기하고 타인에게 증여하는 이타적 행위를 했던 것이고, 그것이 그에게 집과 토지, 노비 그리고 '자손이 번성하고 벼슬이 끊어지지 않는' 보상을 가져다주었다. 그와 자손들은 영원히 사족으로서의 삶을 누리게 된 것이다.

약간 편차가 있는 것은 〈비부〉이다. 오가 역시 지방의 몰락사족이다. 빈곤하고 무식한 오가는 짚신 장수로 전락해 있던 중 우연히 권세가 사환비의 눈에 띄어 결혼을 하게 된다. 사환비와 첫날밤을 치른 다음 날 주인집 대감에게 인사를 올리게 되지만, 오가는 "내 본시 향족鄕族이다. 비록 비부婢夫가 되기는 했지만, 결코 하정배下庭拜를 할 수는 없다"며 뜨락이 아닌 대청에서 절을 한다. 사족으로서의 자존심이 남아 있었던 것이다. 오가의 아내는 오가를 장삿길로 내보내지만, 그는 영리를 추구하지 않고 도리어

이타利他와 시여施與 ━━●

이타적 시여를 하고 밑천을 날린다. 하지만 그 이타적 시여로 그는 산삼을 얻고 마침내 무겸선전관武兼宣傳官을 거쳐 수사水使의 지위에까지 오르게 된다. 사환비 역시 속량하여 노비 신분에서 벗어난다. 요컨대 오가와 사환비의 개인적 욕망은 이기적 행위가 아닌 이타적 행위로 인해 실현될 수 있었던 것이다.

이상에서 명편으로 알려져 있는 한문 단편 다섯 편을 순수 증여를 방법으로 삼는 이타-보상담으로 읽었다. 이제 야담집에 실리지 않은 작품 둘을 검토한다.

- 〈역관 박씨〉: 오재순吳載純(1727~1792), 〈기박역사記朴譯事〉, 《순암집醇庵集》.[11]
- 〈당참전堂參錢〉: 유재건劉在建(1793~1880), 〈이천관연李天官掾〉, 《겸산필기謙山筆記》.[12]

〈역관 박씨〉의 주인공 박 역관은 밀양 사람으로 일본어를 익혀 역관이 되어 일본과의 무역에 종사했다. 박 역관은 '시여를 가볍게 여기고 연낙然諾(승낙)을 무겁게 여기는' 사람이었다. 어느 날 그는 동래부의 관은官銀을 호조로 납부하던 중 어떤 여인이 호조 문 밖에서 울고 있는 것을 보았다. 물어보니 그 여인은 "남편이 호조의 은 1,000여 냥을 갚지 못해 스스로 목숨을 끊었습니다. 이제 제게 물어내라고 하여 이 지경에 이르렀고 저 또한 죽게 되겠지요"[13]라고 답했다. 박씨는 즉시 호조로 들어가 자신이 갖고 있던 은으로 대신 그 빚을 갚아 주었고 여자는 풀려날 수 있었다. 오재순에 의하면 박 역관은 '원래 사업을 크게 벌였지만 오로지 궁하고 급박한 사람을 돕느라고 재산이 여러 번 바닥이 났던' 사람이다. 그의 순수 증여로서의 이타적 행위는 일회성이 아니었다.

흥미로운 것은 〈역관 박씨〉는 박 역관의 이타적 행위에 또 다른 이타적 행위를 겹쳐 놓는다. 박 역관은 군문軍門에서 은 10만 냥을 빌렸으나 갚지 못하고 있었다. 조선 후기에는 역관이 무역 자금으로 군문의 은화를 빌리는 관행이 있었는데, 박 역관 역시 일본과의 무역에 필요한 자금을 빌렸던 것으로 보인다. 사실 군문에서 은을 빌려 갚지 못한다는 설정은, 앞서 검토했던 〈베트남에 간 역관〉에서 역관 변씨가 평안도 감영으로부터 빌린 관은 5만 냥을 갚지 못해 죽을 위기에 처한 것과 동일한 상황이다. 이완李浣이 군문의 대장이 되자 박 역관이 은을 변제하지 않은 사실을 왕에게 보고하고, 기한 내에 갚지 못하면 죽일 것을 요청하여 재가를 받았다. 주어진 말미는 열흘이었다. 은을 전혀 갖고 있지 않았던 박 역관은 아주 가까운 친구와 마지막 술자리를 가졌고, 자신이 은을 변제하지 못해 사형을 당할 것이라고 했다. 친구는 은 따위는 죽을 일이 아니라고 말하고 박 역관에게 은을 선뜻 내주었다. 그 은이 박 역관을 살렸다.

은을 갚은 박 역관은 유능한 역관으로 인정받아 왜역훈도倭譯訓導가 될 수 있었다. 몇 년 뒤 박 역관이 은 20만 냥을 친구에게 보내자 친구는 화를 내며 "대장부가 아니로구먼. 자네는 나를 이자 놀이를 하는 자로 보는 겐가?"라고 말하고, 10만 냥만 받고 나머지 10만 냥을 돌려보냈다. 박 역관의 친구가 박 역관에게 보낸 은 10만 냥은 되돌려 받지 못할 가능성이 있는 것이었으므로 그가 은을 보낸 행위는 자기손실에 해당한다. 박 역관이 친구에게 10만 냥을 더 얹어 보낸 것은 보상에 해당하지만, 친구는 화를 내며 되돌려 보냈으니, 원래 친구에게는 보상에 대한 기대가 부재했던 것이다. 박 역관 친구의 행위 역시 이타적 행위의 기본조건을 충족한다. 한편 박 역관은 평소 "궁하고 급박한 사람을 돕느라고 재산이 여러 번 바닥이 났던" 것으로 인해 사람들로부터 칭송을 받았다.[14] 박 역관은 높은 평판을 받고 있었고, 그 평판은 친구의 이타적 행위를 이끌어 내어 그의 생명을 살린 것이었다.

〈당참전〉의 주인공 이조의 서리 이씨는 지방 고을로 가서 당참전 수백 냥을 받아 돌아와 부모를 봉양할 계획이었다. 돌아오는 길에 주막에서 자던 중 곡성을 듣는다. 주막 주인에게 물어보니, 전염병으로 온 가족이 죽고 여자아이 하나만 남아 어쩔 줄 모르고 울고 있다는 것이었다. 이씨는 측은한 마음에 갖고 있는 돈으로 장례를 치러 주고 떠났다. 집에 돌아와 사정을 말하자, 노모는 아들의 등을 쓰다듬으며 "잘했구나!"라고 하였다. 〈당참전〉에는 자기손실과 자기망각, 보상 기대 부재 등 이타-보상담의 서술 원리가 모두 포함되어 있다. 보상을 기대하지 않았지만 보상은 역시 주어진다. 그의 후손이 번창했던 것이다.[15]

그런데 사채나 관채 혹은 환곡을 갚지 못해, 남편이 죽거나 혹은 죽은 남편을 대신해 모욕을 당하거나 사형을 당할 위기에 처한 여성을 돕는다는 설정은 뒤에 언급할 〈임준원林俊元〉, 〈청송 아전 윤흥관尹興寬〉 등 여러 작품에서 두루 발견된다. 동일한 설정이 복수적으로 나타나는 것을, 특정 사건의 발생이 구연되어 전파되며 변형된 것으로만 볼 수는 없다. 후술하겠지만 〈임준원〉과 〈청송 아전 윤흥관〉은 실재했던 인물이며 부여된 구체성이 워낙 상이하기 때문이다. 〈임준원〉과 〈청송 아전 윤흥관〉은 뒤에 다시 검토할 것이기 때문에 여기서는 다른 작품을 추가로 간단히 검토하기로 한다.

《차산필담此山筆談》의 〈음덕〉[16]은 두 가지 이야기로 구성되어 있는데, 두 번째가 이타-보상담에 해당한다. 선비 김번이 워낙 궁핍에 몰리자 부인은 친구인 평안감사를 찾아가 도움을 청하라고 한다. 김번은 부인의 말대로 평안감사를 찾아가 돈 50꿰미와 7,000꿰미 어음을 받아 오다가 임진강에 이르러 젊은 부부가 투신자살하려는 것을 본다. 남편의 동생이 소금 장수로 개성부의 공금을 빌려 쓰고는 7,000꿰미 돈을 갚지 못해 자살했다는 사연이었다. 그 빚은 형에게 고스란히 떠넘겨졌고 역시 갚을 능력이 없어 부부가 자살하려고 한다는 것이었다. 김번은 평안감사에게서 받아 온 7,000꿰미의 어음을 건네고 돌아왔다. 부인에게 자신이 평양에서 받았던 후한 대접과 받은 돈에 대해 이야기하고, 임진강에서 투신하려는 부부를 보았으나 집안 형편 때문에 돕지 못

이타利他와 시여施與 ──●

하고 돌아왔다고 말했다. 김번이 말을 마치고 깜빡 잠에 들었는데 어린애가 나와서 어머니가 죽는다고 하였다. 달려가 보니 부인이 시렁에 목을 매어 죽으려 하는 참이었다. 끈을 풀어 살려 내고 물어보니, 돈 7,000꿰미를 아껴 임진강에서 죽으려 하는 부부를 구제하지 않은 부덕한 사람과는 같이 살 수 없어 죽으려 했다고 말했다. 김번은 부인에게 자신이 도와준 사실을 말하고 오해를 풀었다. 얼마 뒤 김번은 평양 서윤庶尹에 임명된다. 평안감사가 자신이 준 7,000꿰미 어음으로 사람을 살린 것을 알고 왕에게 김번을 추천했던 것이다.

이것은 인물의 설정만 다를 뿐 앞서 검토했던 〈그래야 내 아들이지〉, 〈당참전〉과 사실상 동일한 작품이다. 이상의 이야기들은 모두 순수한 증여를 이타적 행위의 중요한 수단으로 삼고 있다. 동일한 수단을 갖는 이타-보상담이 구체성을 달리하며 다양하게 변주되고 있었던 것이다.

협행, 폭력의 이타행

앞서 검토한 여러 작품에서 김기연과 김신조·이희녕 등의 이타적 행위는 모두 상대방에게 화폐나 화폐에 상응하는 재화를 주는 순수 증여로 이루어졌다. 이것은 박지원이 말한 '고휼'에 해당한다. 박지원은 이타적 행위로서 폭력을 수단으로 하는 '협행'도 지적한 바 있다. 다만 이타적 행위는 '고휼'이 주류를 이루고 '협행'은 상대적으로 희소하다. 아마도 그것은 폭력을 수단으로 하기 때문일 것이다.

이옥李鈺은 〈장복선전張福善傳〉에서 서울에서 유협遊俠으로 소문난 달문達文은 협객이라 볼 수 없고, 장복선이야말로 진정한 유협이라고 말한다. 달문은 '거지'라는 사회 최저층의 인물이었음에도 불구하고 물질적 이해에 초연한 행동과 신용으로 시정에서 신망을 얻었다. 하지만 달문에게서 위기에 빠진 타자를 돕는 이타적 행위의 실천은 찾기 어렵다. 이옥은 달문과 달리 장복선은 이타적 행위의 실천이란 차원에서 유협으로 정의할 수 있다고 주장한다. 다만 유협이 포함하고 있는 '협俠'의 의미를 이옥이 오해하고 있음을 먼저 지적하지 않을 수 없다. 이옥에 의하면 '협'의 정의는 이러하다.

협객에서 귀중하게 여기는 것은 ① 재물을 가벼이 여기고 시여를 무겁게 여기며, ② 의기를 숭상하고 곤경에 빠진 사람을 돕되 보답을 바라지 않는 데 있다. 이런 사람이 아마도 협객일 것이다.[17]

이옥은 곤경에 빠진 타자에게 물질적 시여를 하되 스스로 망각하는 것을 '협행俠行'이라 정의한다. 하지만 이옥은 전통적인 협행의 개념을 놓치고 있다. '협'은 폭력을 포함하는 행위다. 물론 여기서 폭력은 중립적이다. 폭력은 그것이 행사되는 맥락에 따

이타利他와 시여施與 ──●

라, 또는 폭력을 바라보는 사람의 태도에 따라 부정적일 수도 있고 긍정적일 수도 있다. '협俠'의 사전적 정의는 다음과 같다.

과거에 무예가 있고 의로움을 보고 용감하게 행동하며, 자기를 버리고 남을 돕는 사람을 가리켰다.[18]

'자기를 버리고'는 자기손실로, '남을 돕는' 것은 이타적 행위로 옮길 수 있다. 무예는 곧 폭력을 의미하니, '협'은 이타적 행위를 폭력으로 수행하는 것을 의미한다. 정의감에 기초한, 폭력을 수단으로 하는 이타적 행위는 물론 광범위한 지지를 받았다. 그것이 사마천이 《사기》에서 〈유협열전〉을 특설한 이유일 것이다.

한비韓非는 "유가는 문文으로 법을 어지럽히고, ① 유협들은 무력으로 금지된 일을 어긴다"라고 하여 둘 다 비난하였다. 하지만 배움이 있는 선비들은 세상에서 많이 존중을 받는다. 학술로 재상이나 경대부의 자리를 차지하고 당시의 군주를 보좌하여 역사에 공과 이름을 드러낸 사람은 원래 말할 것도 없지만, 계차季次나 원헌原憲은 여항의 사람이었으나, 글을 읽고 홀로 군자의 덕을 실천하여, 뜻이 당시 세상에 맞지 않아 당시 사람들 역시 그를 비웃었다. 그러므로 계차와 원헌은 종신토록 텅 빈 오막살이집에 살고 낡은 베옷과 거친 음식을 입고 먹는 것을 싫어하지 않았다. 그래서 그들이 죽은 지 이미 400년이 지났으나 제자들은 그

들을 기억해마지 않는다.[19]

지금의 유협은 그들의 행위가 정의에 부합하는 것은 아니지만, 그들의 말은 반드시 믿음성이 있고, 그들의 행동은 반드시 과단성이 있으며, 한 번 승낙한 일은 반드시 진심으로 실천하였다. ② 자신의 몸을 아끼지 않고, ③ 남의 고난에 달려가 존망存亡과 사생死生을 같이하였으나, ④ 자신의 능력을 자랑하지 않고, 공덕을 뽐내는 것을 부끄럽게 생각했으니, 대개 또한 높이 평가할 점이 많은 것이다.

①, ②, ③, ④는 폭력, 자기손실, 이타적 행위, 자기망각 등 전술한 이타적 행위의 성격을 기본적으로 충족시킨다. 다만 폭력이란 수단이 시여를 대신하고 있을 뿐이다.

조선에서 협행, 곧 폭력을 수단으로 하는 이타성의 실천은 흔하지 않다. 〈권겸산전權兼山傳〉[20]의 주인공 권옥權鈺이 희귀하지만 적실한 사례일 것이다. 권옥도 당연히 시여, 곧 순수 증여를 좋아하여 넉넉했던 재산이 바닥이 날 때까지 가난한 친척과 친구들에게 나누어 주었다. 다만 시여는 〈권겸산전〉에서 극적으로 부각되지 않는다. 그의 이타적 행위는 폭력을 동원했던 두 사건으로 수렴된다.

호서 지방에 권세를 믿고 남의 땅에 투장한 토호가 있었는데, 묘주는 억울했지만 어쩔 수가 없었다. 사정을 들은 권옥은 사방의 행상과 떠돌이 수천 명을 불러 모아 산에 올라가 무덤을 파헤

친 뒤 관을 빠개고 토호 아버지의 시신을 꺼내어 토호의 집에 던져 놓고 말했다. "너는 모기 같은 힘을 믿고 죽은 아비를 팔아 분수에 넘치는 복을 바라는데, 오늘 네 아비가 지금 어디 있느냐? 네가 돈을 써서 탐관오리의 입에 재갈을 물릴 수야 있겠지만, 나 같은 사람은 어찌할 것이냐?"[21] 토호는 권옥의 힘에 굴복해 항의할 수 없었다.

권옥은 왕자의 묘를 관리하는 홍주의 부자가 사적 원한으로 같은 동리의 선비를 타살한 사건에도 개입했다. 선비의 세 아들은 관에 고소장을 제출했지만 부자는 왕자의 집으로 숨었다. 홍주목사의 요구에 왕자가 부자를 내놓자 목사는 부자를 투옥한다. 이에 권옥은 아들 셋을 찾아가 복수를 권한다. 아들들이 울며 결단하지 못하자, 권옥은 전에 불렀던 상인과 떠돌이를 다시 불러 파옥破獄한 뒤 세 아들에게 복수를 감행하게 한다. 세 아들은 부자를 죽인다.

권옥의 경우 폭력을 동원하여 약자를 도왔다는 점에서 전형적인 협행이라 할 수 있다. 하지만 권옥을 제외하면 유사한 사례를 찾기는 어렵다. 또 권옥의 사례에서 보듯 협행은 국가권력이나 지배계급의 권력에 저항하는 속성을 갖고 있었다. 사마천이 〈유협열전〉의 서두에서 "유협들은 무력으로 금지된 일을 어긴다"는 《한비자》의 한 구절[22]을 인용한 것은 바로 이 속성에 대한 지적이다. 김윤식은 권옥의 폭력적 성향이 갖는 불법성에 대해 "자신을 법도로 단속하는 것을 버리고 방종하기를 즐겨, 불법을 많이 저

지르니, 이웃과 동리의 사람들이 모두 그를 두려워하고 피하였다"[23]라고 밝히고 있다. 협행의 불법성을 암시하는 장면이다. 그 폭력성은 분명 국가권력의 처벌 대상이 된다. 권옥이 위의 두 행위를 감행할 때 행상과 떠돌이 수천 명과 함께했던 것은, 국가권력의 처벌을 의식했기 때문일 것이다. 또한 권옥의 행위는 국가권력의 이완이 급격히 이루어졌던 19세기에 있었기에 성공할 수 있었을 것이다.

물론 협행 자체가 19세기에 와서 비로소 출현했다고 볼 수는 없다. 조선 사회는 실제 폭력이 편만한 사회였다. 폭력을 수단으로 하는 이타적 행위가 광범위하게 존재했다고 보아야 할 것이다. 문제는 기록이다. 곧 그런 행위는 존재했으되 문자화될 기회가 극히 드물었다고 보는 것이 합리적일 것이다.

정래교鄭來僑와 신방申昉이 〈김만최전金萬最傳〉을 써서 그 인간 됨을 기념했던 김만최의 경우, 원래 폭력성을 띤 인물이었다. 자기 정체성을 시인으로 바꾼 뒤에도 김만최가 폭력에 기반한 협행을 수행했던 사실은 〈김만최전〉 전반에 은근하게 암시되어 있다. 신방은 이렇게 말한다.

김만최는 자가 택보澤甫이고 여정인閭井人이다. 젊어서 성깔과 힘을 믿고 술 마시고 노름하는 것을 좋아했다. 어머니가 남의 집에서 더부살이를 했으나 봉양할 생각은 없었고 날마다 무뢰배들과 싸돌아다녔다. 마음에 들지 않은 일이 있으면 두건과 옷을 갈

이타利他와 시여施與 ━●

가리 찢고 저잣거리에서 사람을 치니, 온 저자 사람이 모두 피해 몸을 감추어 종일 다녀도 감히 그와 말을 섞는 사람이 없었다. 동리 이웃은 모두 그의 악행에 피해를 입었다.[24]

폭력적 성향의 인물임이 분명하다. 그는 뒷날 이타적 인간으로 바뀐다. "만최는 평생 남의 급한 일에 달려가 돕기를 좋아하여 환난을 당한 사람을 보면, 반드시 있는 힘을 다해 도왔고, 때로는 기발한 계책을 생각해 내어 해결하기도 하였다. 이 때문에 구제한 사람이 아주 많았다."[25] 김만최는 부유한 인물이 아니었다. 신방과 정래교는 자신들의 작품 어디서도 김만최가 시여를 했다고 밝히지 않았다. 그렇다면 그의 이타적 행위는 폭력, 아니 표현의 수위를 낮춘다면 '위력'에 의한 것일 수밖에 없다. 또한 신방과 정래교는 이타적 행위가 많이 있었다고 했을 뿐, 〈권겸산전〉처럼 구체적인 사례를 치밀하게 서술하지 않았다. 폭력을 수단으로 하는 협행은, 국가권력이나 기존 체제에 대한 저항이나 도전으로 해석될 가능성이 있었으니, 한문을 구사하는 지배계급 혹은 지식계급이 그에 쉽게 동조할 수 없었을 것이다. 이것이 협행을 구체적으로 서술하는 작품이 드문 이유가 아닌가 한다. 아마 이런 이유로 김만최의 경우도 협객보다는 시인으로서의 정체성을 훨씬 더 높이 평가했을 것이다.

이타적 행위로서의 의료

시여와 협행과는 다른 방법으로 이타적 행위를 하는 경우도 여럿
이다. 그중에서 하나의 범주로 묶을 수 있는 것은 의인醫人이다.
의료행위는 신체기관의 기능 장애에서 오는 고통과 신체 소멸의
위기를 해소하는 것을 지향하기에 원천적으로 이타적 속성을 갖
는다. 다만 그것이 그 행위에 대해 반대급부를 요구한다면 그것
은 등가교환일 뿐 이타성은 소거된다. 만약 의료행위를 하되 대
가를 요구하지 않는다면, 혹은 의식하지 않는다면 행위 주체의
자기손실과 자기망각을 포함하므로 이타적 행위가 된다. 이런 의
미에서의 이타적 의인을 전傳이나 서사물로 남긴 경우가 다수 전
한다.

이타적 행위로서의 의료가 있다면, 그 주체는 이타적 심성의
소유자로 기억되고, 그 기억은 '의인전醫人傳' 형태로 구체화된다.
의인전으로 다음과 같은 작품을 들 수 있다.

- 〈침의鍼醫 조광일趙光一〉: 홍양호洪良浩, 〈침은조생광일전鍼隱
  趙生光一傳〉, 《이계집耳溪集》.[26]
- 〈천의賤醫 응립應立〉: 권구權榘, 〈천유록闡幽錄〉, 《병곡집屛谷
  集》.[27]
- 〈종의腫醫 백광현白光炫〉: 정래교, 〈백태의전白太醫傳〉, 《완암
  집浣巖集》.[28]

이타利他와 시여施與 ──●

- 〈홍역의紅疫醫 이헌길李獻吉〉: 정약용, 〈몽수전蒙叟傳〉, 《다산 시문집茶山詩文集》.[29]
- 〈여의病醫 홍익만洪翼曼〉: 유한준俞漢雋, 〈여의홍익만전病醫洪 翼曼傳〉, 《자저自著》.[30]

충청도 태생으로 오로지 태안에서만 살았던 조광일은 다른 문헌에는 전혀 등장하지 않는다. 홍양호(1724~1802)는 1764년 가을 홍주목사로 부임하는데, 홍주 옆 지역이 조광일의 집안이 있는 태안이다. 홍양호가 홍주목사가 되었던 것이 조광일을 알게 된 계기가 되었을 것이다. 조광일 역시 오직 홍양호의 〈침의 조광일〉로 세상에 알려졌다.

조광일은 이타적 의원의 전형이라고 할 수 있다. 〈침의 조광일〉에 의하면, 그는 철저히 민중 속의 의인이었다. 홍양호가 그를 찾았을 때 마침 누더기를 걸친 할미 하나가 조광일을 찾아와 아들이 죽게 되었다면서 살려 달라고 애원했고, 조광일은 "그러시구려. 앞장서면 내 따라가리다"라고 하면서 즉시 노파를 따라나섰다. 그 뒤 홍양호는 다시 조광일을 만났다. 조광일은 비가 쏟아지는 진창길을 바삐 가고 있었다. 그때도 치료를 위해 환자를 찾아가는 참이었다. 홍양호는 조광일이 오직 침으로 사람을 살리는 침의였음을 말하고 왜 빼어난 의술로 신분이 높거나 출세한 사람과 사귀지 않고 시정의 백성과 어울리는지 그 이유를 물었다. 조광일의 답은 이랬다.

장부가 재상이 되지 못하면 차라리 의원이 되어야지요. 재상은 도道로써 백성을 구제하고, 의원은 의술로 사람을 살리지요. 궁하고 현달한 것은 현격하게 다르지만, 그 공功은 같지요. 그러나 재상은 그 때를 만나야 그 도를 행할 수 있는 법이라 행·불행이 있습니다. 남의 밥을 먹고 책임을 떠맡기에 한 번이라도 성공하지 못하면 허물과 벌이 따릅니다.

의원은 그렇지 않습니다. 그 기술을 가지고 자신의 의지대로 실천하므로 성공하지 않을 수 없습니다. 병을 다스릴 수 없으면 그만두고 떠날 뿐이니, 나를 탓하지 않습니다. 이 때문에 나는 달갑게 이 기술에 종사하고 있는 것이지요.

① 내가 이 기술을 펼치는 것은 이익을 바라서가 아니라, 나의 뜻을 실천하고자 하는 것일 뿐입니다. 그러므로 나는 귀천을 가리지 않습니다. 나는 세상 의원들이 자신의 의술을 믿고 사람들에게 교만을 떠는 것이 싫습니다. 문밖에 대령하라는 말이 이어지고, 집에 술과 고기 안주를 차려 놓고 기다리며 서너 번 청을 한 뒤에야 겨우 길을 나서려 듭니다. 또 그가 가는 곳은 귀족가나 권세가가 아니면 부잣집입니다. 가난하고 권세가 없는 집이라면 혹은 병이 낫다는 핑계로 거절하고, 혹은 없다고 숨겨, 백 번 청해도 한 번도 일어나지 않습니다. 이것이 어찌 어진 사람의 마음이겠습니까?

내가 오로지 백성들 사이를 돌아다니고 귀족가나 권세가를 찾지 않는 것은 이런 자들에게 보여 주려는 것이 있기 때문입니다. 저

이타利他와 시여施與 ──●

귀하고 현달한 자들이 어찌 우리를 낮추어 보겠습니까? 불쌍하고 딱한 사람은 단지 여항의 궁한 백성들일 뿐입니다.

② 또 내가 침을 쥐고 사람들 사이에서 노닌 지 10년입니다. 혹 하루에 몇 사람을 치료하고 한 달에 십수 명을 살리기도 했습니다. 온전히 살린 사람 전부를 헤아려 보면 수백 수천 명 아래로 내려가지는 않을 것입니다. 내 올해 나이 마흔 남짓인데, 다시 수십 년이 지나면 만 사람을 살릴 수 있겠지요. 살린 사람이 만에 이르면 내 일도 끝나겠지요.[31]

①과 ②에서 보듯, 조광일은 이익이 아니라 병자의 치료를 목적으로 삼았고, 실제 그대로 실천했다. 조광일은 귀족가나 권세가가 아닌 궁핍한 백성들의 병을 치료하기 위해, 의원으로서 출세할 수 있는 기회를 포기한다. '자기손실'을 감내한 것이다. 조광일에 대해 홍양호는 "조생은 의술이 높았지만 명예를 구하지 않았고 널리 베풀었지만 보답을 바라지 않았다. 남의 급한 일에 달려갔지만 반드시 궁하고 권세 없는 사람에게 먼저 달려갔으니, 그 어짊이 보통 사람보다 훨씬 뛰어난 것이다"라고 평가했다. 명예와 보답을 요구하지 않은 점에서 조광일은 전형적인 이타적 행위자이다.

권구(1672~1749)가 쓴 〈천의 응립〉은 독립된 전傳이 아니라, 〈천유록〉에 실린 여러 편의 간단한 전기傳記 중 한 편이다. '천유'는 알려지지 않은 것 혹은 감춰져 있는 것을 드러내어 알린다는 의미다. 〈천유록〉은 권구가 자신의 향리에서 목도한 12명의 사람과 한 마리 동물(개)의 특이한 행적을 기록한 짧은 산문 모음집이다. 〈천의 응립〉은 그중 한 편이다.

응립은 경상도 예천의 장씨 집안 사노私奴였다. 작품을 보면 상당히 자유롭게 의술을 펼친 것으로 보이는데, 아마도 면천을 받아 양인이 되었던 게 아닌가 한다. 〈천의 응립〉의 전반부는 응립이 스스로 터득한 빼어난 의술이 뚜렷이 드러나는 세 일화로 구성되고, 후반부에서 그의 의술의 이타적 속성에 대해 길게 서술한다. 응립을 찾아 병자들이 몰려들자 그는 병자들이 이웃에 피해를 끼칠까 하여 자신의 집에 모두 들어오게 한다. 이 부분은 직접 읽어 보자.

> 응립이 그들을 모두 자기 집으로 들어오게 하니, 집 안이고 문 밖이고 희한하고 이상한 병을 앓는 병자로 가득 찼다. 신음하고 앓는 소리와 더럽고 악한 기운을 보고 사람들은 견딜 수 없어 했지만, 응립은 싫은 내색 한번 보이지 않았고, 치료하고 간호하고 조리하게 하는 모든 절차에 마음을 다 쏟았다. 때로는 밥 한끼를 먹을 때 열 번이나 일어나는 경우까지 있었으나 끝내 나태했던 적이 없었다.[32]

응립은 이처럼 헌신적이었다. 주목할 것은 응립은 이와 같은 헌신적 의료에 대한 대가를 전혀 받지 않았다는 점이다. 권구는

이타利他와 시여施與 ──●

이렇게 쓰고 있다. "병자들이 그 은혜에 감격하여 간혹 선물로 자기 마음을 표하는 이도 있었다. 하지만 지푸라기라 할지라도 응립은 또한 모질게 거절하였다."[33] 보상을 바라지 않는, 이타행의 '보상 기대 부재'의 원리가 관철되고 있다.

권구는 그 무보상의 원리가 관철되는 일화를 든다. 병을 고친 부자가 감사 표시로 몰래 응립의 아내에게 돈을 보내자, 그 사실을 알게 된 응립은 소를 사서 보내며 이렇게 말한다. "이 길을 열수는 없는 법이지."[34] 곧 치료비를 받는 길을 열 수 없다는 말이다. 부자의 돈을 받는다면, 의료를 돈과 교환한다는 의미로 이해될 것이고, 환자들은 치료 비용을 걱정하기 시작할 것이라는 의미다. 이후 그는 처자식에게 다짐을 받고 무엇이든 받지 못하게 하였다. 응립은 구입할 것이 있어도 낮에는 시장에 가지 않았다. 사람들이 이유를 묻자 이렇게 답했다. "시장은 뭇 사람이 모이는 곳이라오. 우리 집에 내왕하여 얼굴을 익히 아는 사람이 더러 내가 늙었다 하여 다투어 술과 안주를 가지고 맞이하는데, 나는 구복口腹을 채우려고 남을 괴롭히고 싶지 않소이다."[35] 곧 자신을 찾아와 치료를 받았던 사람들이 감사의 뜻으로 술과 음식을 대접하는 것을 그들을 괴롭히는 것으로 인식했던 것이다.

응립의 의료는 전형적인 이타적 행위였다. 그는 보상을 바라지 않았지만, 보상이 없었던 것은 아니었다. 권구는 작품 끝에서 "비록 사대부라 할지라도 그의 집을 찾아가는 사람들은 또한 예를 차려 만났고 천인으로 대우하지 않았다"[36]고 말한다. 응립은 사대부까지 존중하는 사람이 되었던 것이다. 응립에 대한 높은 평판이야말로 천인으로는 더할 수 없는 명예일 수 있었다. 이것이 그에게 주어진 사회적 보상이었다.

백광현은 종기 치료에 탁월한 능력이 있었던, 종의腫醫로 널리 알려진 인물이다. 전통적인 의원 집안 출신이 아니고 시정市井에서 종의로 명성을 얻은 뒤 영의정 이경석의 추천으로 1633년 어의가 되었으니, 민간 의원으로서는 최고의 출세를 한 셈이다. 그의 전기는 정래교의 〈종의 백광현〉을 비롯하여 조현명趙顯命 (1691~1752)의 〈백지사묘표白知事墓表〉,[37] 필자 미상의 〈지사공유사知事公遺事〉[38]가 남아 있는데, 대부분의 내용은 어의로서의 활동에 초점을 맞추고 있다. 하지만 그는 원래 시정의 의원으로 출발했기에 어의가 된 뒤에도 민중의民衆醫로서의 성격을 잃지 않았다.

정래교의 〈종의 백광현〉은 백광현의 민중의로서의 활동을 이렇게 서술하고 있다.

처음에는 침을 쓰는 것이 지나칠 정도로 맹렬해 사람이 죽는 경우도 있었지만, 효험을 보아 살아난 사람이 많았으므로, 병자들이 날마다 집 문 앞에 몰려들었다. 하지만 광현 역시 자신의 의술에 기쁨을 느껴 더욱 노력했고 게으름을 피운 적이 없었다. 이로써 명성을 크게 떨쳐 '신의神醫'라고 불렸다.[39]

백광현은 역시 치료에 헌신적이었다. 이어 그는 어의가 되고 출세를 했지만 과거 시정에서 민중을 치료하던 일을 잊지 않았다.

숙묘肅廟 초에 광현은 어의에 선발되었고, 공이 있을 때마다 품계를 더하여 숭품崇品[40]에 이르렀고, 여러 직임을 거쳐 현감이 되자 동리에서는 그것을 영광으로 여겼다. 하지만 그는 병자를 만나면 귀하고 천하고, 친하고 멀고를 가리지 않았다. 청하면 즉시 갔고 가면 반드시 마음을 다하고 기량을 다 쏟아 병세가 호전된 것을 본 뒤에 손을 거두었다. 나이 들고 귀하게 된 것을 핑계 거리로 삼지 않았던 것이니, 그의 기량이 그렇게 하게 했을 뿐만이 아니라, 대개 천성이 또 그랬던 것이다[41](정래교, 〈종의 백광현〉).

군은 충성스럽고 믿음성이 있었고 효성스러우며 우애가 있었다. 재물을 가볍게 여기고 시여하는 것을 좋아하여 명성이 세상에 무거웠다. 하지만 자신의 의술을 가지고 으스대지 않았다. 거마車馬가 날마다 문을 메웠지만, 귀천을 가지고 선후를 매기지 않았다. 아침에 의관을 차리고 저자를 지날 때 거지와 가난한 이일지라도 병이 있다고 하면, 반드시 말에서 내려 진찰했고 털끝만큼도 괴로워하는 기색이 없었다. 그 덕성이 또한 이와 같았던 것이다[42](조현명, 〈백지사묘표〉).

집안일에 있어서도 달리 요량하는 바가 없어, 오로지 녹봉으로만 살았기에 궁핍한 적이 많았지만 개의치 않고 늘 태연하였다.

아침이면 제자들이 집에 가득하였는데, 아무리 천한 노비라 하
더라도 병이 깊은 사람이라면 반드시 있는 힘을 다 쏟아 치료하
였다. 큰 병을 맞닥뜨려 죽고 사는 것이 판가름이 날 상황이면,
더욱 정신이 또렷하여 저울에 물건을 재듯 털끝만한 착오도 범
하지 않았다. 환자의 집에서 공을 부르려 보낸 사람들이 날마다
문 앞에 들이닥쳤는데, <u>오직 병의 경중만 보고 선후를 정할 뿐,
귀천을 가지고 좌지우지하지 않았다.</u>
<u>항상 조복朝服 차림으로 다녔는데, 걸인이나 어린 동냥아치라 할
지라도 병이 있다고 하면, 그들을 위해 말에서 내려 상황에 따라
침을 놓기도 하고 뜸을 떠 주기도 하였고 조금도 괴로워하는 기
색이 없었다.</u> 이 때문에 온 세상이 그를 의로운 사람으로 여겼고,
공의 덕성을 칭송하는 사람이 많았으니, 비단 그의 의술 때문에
만 그런 것은 아니었던 것이다[43](필자 미상, 〈지사공유사〉).

밑줄 친 부분을 보면, 백광현은 '재물을 가볍게 여기고 시여하
는 것을 좋아'했던 인물이다. '천성이 그랬다'는 것은 그가 이타적
심성의 소유자라는 것을 의미한다. 거지와 빈자도 가리지 않고
자신의 기량을 쏟아 치료했다. 〈지사공유사〉는 그가 오로지 녹봉
만으로 생계를 유지했다고 한다. 걸인이나 어린 동냥아치의 병을
돌본 그가 의료를 돈으로 교환하지 않았음은 충분히 짐작이 간
다. 백광현은 의료를 수단으로 하는 이타적 행위를 했고, 보상을
기대하지 않았다. 〈지사공유사〉는 백광현을 "온 세상이 그를 의로

운 사람으로 여겼고, 공의 덕성을 칭송하는 사람이 많았다"고 한다. 그는 세상으로부터 존경을 받았고, 어의가 되었다. 높은 평판과 관직이 그에게 주어진 보상이었다.

〈홍역의 이헌길〉의 이헌길[44]은 《두진방痘疹方》을 읽고 홍역 치료술을 터득한다. 그는 1775년 홍역 대유행 때 서울에 갔다가 시신을 줄지어 옮기는 것을 목도했지만 상복을 입고 있는 처지였기에 의술을 펼치지 못하다가 문득 생각을 돌린다. "내가 저들을 구할 수 있는 의술이 있는데 예법에 구애되어 속에 감추고 그냥 가는 것은 어질지 못한 일이지."[45] 예법의 구속을 넘는다는 것은, 이 맥락에서 상례를 지키지 않는다는 것이고, 그것은 넓게 보아 사회적 위신을 잃는 일종의 자기손실이다. 하지만 그는 예법의 구속을 넘어 버린다. 이후 이헌길은 자신의 비기秘技를 펼쳤고 수많은 생명을 건진다. 〈홍역의 이헌길〉은 그가 집을 나서면 몰려드는 사람들이 '벌떼가 뭉쳐 가는 것' 같았고, 이르는 곳마다 '누런 먼지'가 하늘을 가렸다면서, 그의 의술에 의지하는 사람들이 얼마나 많았는지를 인상적으로 묘사한다.

이 작품에서 가장 중요한 부분은 그가 악소배惡少輩의 꼬임에 빠져 외진 곳으로 달아난 다음 장면이다.

하루는 악소배의 꼬임에 빠져 외진 곳으로 달려가 문을 걸어 잠그고 종적을 감추었다. 이에 온 도성 사람들이 울부짖으며 그가 있는 곳을 찾기 시작했다. 그곳을 알려 주는 사람이 나오자, 사람들은 떼를 지어 문을 망치로 부수고 몽수를 꺼내었다. 거칠고 사납게 면전에서 욕하는 자가 있는가 하면, 심한 자는 주먹으로 치려고도 하였으나, 몽수는 사람들의 도움으로 풀려날 수 있었다. 그래도 몽수는 모두 따뜻한 말로 사과했고 서둘러 처방을 알려 주었다.

얼마 뒤 몽수는 사람들을 감당할 수가 없어 마진을 치료하는 여러 방법을 불러 주고 사람들이 그 처방을 그대로 써 보게 하였다. 이에 저 벽촌의 궁한 선비들이 다투어 베껴 전하였고, 흡사 육경 六經이라도 되는 것처럼 그 처방을 믿었다. 의술에 깜깜한 사람이라도 그의 말대로만 하면 효험을 보지 못하는 사람이 없었다.[46]

악소배의 꼬임에 빠진 이헌길은 종적을 감춘다. 생명의 위기에 처한 사람들은 그를 찾아냈고 항의했다. 이헌길은 사과하고 치료에 몰두했고 자신의 비방을 공개했다. 정약용은 악소배의 꼬임에 빠졌다고 얼버무렸지만 악소배의 꼬임이란 의술로 돈을 벌자는 제안이었을 것이고, 실제 이헌길은 그 제안을 따랐다고 여겨진다. 구체적인 내용은 알 수 없지만, 그것은 아마도 특정한 장소에서 큰돈을 지불하는 사람만 치료하겠다는 것이 아니었을까? 악소배의 꼬임에 빠진 것은, 이기적 욕망과 이타적 인술 사이의 갈등을 보여 준다고 할 만하다. 결국 이헌길은 갈등에서 벗어나 이타적 의원으로 돌아온다. 돈을 벌 기회를 포기했다는 점에서 자기 손실이 일어난 것이고 순수한 이타적 행위만 남았던 것이다.

이헌길이 홍역 치료 전문의라면 〈여의 홍익만〉의 주인공 홍익만은 장티푸스 전문의다. '여의病醫'의 '여病'는 장티푸스(염병)라고 한다. 홍역과 장티푸스는 조선 후기 질병사에서 수많은 사망자를 낳은 압도적 질병이었다. 이헌길과 홍익만은 곧 가공할 만한 역병의 유행을 반영한 존재이기도 하다. 아버지 홍국신洪國藎이 비변사 서리였던 데서 알 수 있듯, 홍익만은 경아전 가문 출신으로 짐작된다. 당연히 의과를 거친 기술직 중인 출신이 아니다.

유한준은 그가 의술을 발휘하는 장면을 특기하지는 않고 홍익만이 밤에 길을 가던 중에 만난 노인을 따라갔던 이야기를 늘어놓았다. 일흔 남짓 한 노인은 홍익만에게 피곤해 보인다며 술 한잔을 대접하겠으니 따라오라고 말한다. 홍익만이 도착한 집에는 전염병으로 죽은 시신 서넛이 있었다. 시신 중 하나는 방금 자신이 따라왔던 노인이었고, 시렁 위에는 술이 한 병 있었다. 전염병으로 사망한 사람들의 시신을 수습해 준 것이 신비화된 것으로 보인다. 전염병으로 죽은 사람의 시신을 수습한 이야기는 사실성이 떨어지는 것이지만, 홍익만의 이타적 의료를 서술하는 부분은 확연히 다르다.

홍익만은 여의病醫다. 그가 염병을 치료할 때는 예사 약을 즐겨 썼지만 혹 기막히게 병에 맞기도 하였다. ① 익만은 성품이 툭 트이고 너그러워서 남과 나의 경계를 두지 않았다.
남의 급한 상황을 보면 평소 서로 아는 사이가 아닐지라도 자기

힘으로 할 수만 있다면, ② 털끝만큼도 아끼지 않고 그 급한 사정을 해결해 주었다. 그러므로 그가 변홍탁卞弘鐸·전시우田時雨·최린崔潾의 병을 치료할 때는 남이 미칠 수 없는 일이 많았던 것이다.

일찍이 그는 ③ "사람이 남에게 은덕을 베풀고 스스로 공을 세운 체 하는 기색이 있다면, 그 사람은 천한 사내다. 나는 그런 사람을 부끄러워한다" 하였다. 그러므로 임술년(1742)·계해년(1743)의 전염병에 익만이 살린 사람이 많았으나, 그 자리를 떠나 다시는 돌아보지 않았고 어떤 일조차도 자신과 관련짓지 않았다. 세상에서는 이 때문에 익만을 더욱 높이 평가했다. <u>익만의 이름이 마침내 크게 알려지자, 공경대부와 선비들이 그에게 예를 갖추었다.</u>[47]

홍익만 역시 이타적 심성의 인간이었다. 그는 자신의 이타적 행위에 의미를 부여하지 않았고, 1742·1743년의 전염병 때에 살린 사람이 많았으나 '그 자리를 떠나 다시는 돌아보지 않았고, 어떤 일도 자신과 관계 짓지 않았다.' 홍익만은 의도적으로 자기망각을 수행하고 보상을 기대하지 않았던 것이다. 역시 전형적인 이타적 행위다. 그 결과 그는 이름이 크게 알려졌고, 공경대부들과 선비들이 그에게 예를 표하는 존재가 되었다. 높은 평판을 보상으로 받았던 것이다.

이타적 행위로서 의술을 행하는 의인의 존재는 당연히 사람들의 관심을 끌었다. 홍양호의 〈침의 조광일〉은 《청구야담》의 여러 이본에 실렸고,[48] 〈천의 응립〉의 존재 역시 이야기로 퍼져 나갔다. 권구의 〈천유록〉에 실린 것과는 약간 다르게 그의 탁월한 의술에 주목하는 이야기가 《계서야담》과 《청구야담》, 《동야휘집》 등 여러 야담집에 널리 실려 있다.[49] 이런 작품들을 야담집으로 옮겨서 배치하는 것 역시 이타적 행위의 전파를 기대하는 심리의 소산으로 보아야 할 것이다.

기타 이타-보상담

이타-보상의 구조로 읽을 수 있는 작품은 이보다 훨씬 풍성할 것이다. 한 예로 〈주금酒禁〉[50]을 먼저 읽어 보자.

재위 기간 동안 줄곧 금주령을 유지했던 영조는 술을 빚어 파는 일을 들었다면서 선전관 류진항柳鎭恒을 불러 닷새 안에 모두 적발할 것을 명하고, 적발하지 못할 경우 목숨을 대신 내놓아야 할 것이라고 말한다. 집으로 돌아와 고민하던 류진항은 첩의 계책으로 밀주를 빚던 자를 체포한다. 독서하는 젊은 선비의 일흔이 넘은 노모였다. 별다른 생계수단이 없어 술을 빚어 팔았다는 모자의 궁박한 정상을 확인한 류진항은 자신이 차고 있던 호박 장식의 패도를 풀어 주고 나온다.

류진항은 자신의 행위가 가져올 후과, 곧 가혹한 처벌과 관료로 출셋길이 막힌다는, 자기손실을 예상하고 있었다. 그럼에도 그는 모자의 고통에 공감한 나머지 스스로 자기손실을 감내했다. 그는 과연 벼슬이 떨어지고 제주도에 유배된다. 몇 년 뒤 대사령으로 유배에서 풀려난 류진항은 초계草溪군수에 임명되었다. 그는 지방관으로서 백성을 수탈하는 자가 되었고 급기야 암행어사의 감찰에 걸려들게 된다. 그런데 출두한 암행어사는 과거 자신이 도왔던 선비였다. 류진항이 그 사실을 밝히니 암행어사는 영조에게 류진항이 빼어난 치적의 지방관이라고 보고했고, 그것을 믿은 영조는 류진항을 삭주부사에 임명했다. 그는 뒤에 통제사까지 오른다. 류진항(1720~1801)은 실존 인물이다. 하지만 위의 이야기는 사실이 아니다. 통제사가 된 것은 사실이지만 초계군수와 삭주부사가 된 적은 없다. 제주도에 귀양을 가지도 않았다. 대부분이 허구인 것이다.

류진항의 이야기는 여러 맥락에서 읽을 수 있다. 초계군수 류진항의 가렴주구와 암행어사의 거짓 보고는 국가의 공적 시스템을 파괴하는 행위이며, 동시에 그것은 조선 후기 사족체제의 암울한 리얼리티를 보여 주는 것이기도 하다. 하지만 이 작품의 주제는 '이타-보상'의 구조에서 발생한다. 자기손실을 감내하면서 모자의 생명을 살린 이타적 행위가 결국 자신의 생명을 살리고 출세를 가능케 하는 보상으로 돌아왔다는 것이다. 이 역시 이타-보상담의 변주다.

흥미로운 것은 이현기李玄綺의 《기리총화綺里叢話》[51]에도 동일

이타利他와 시여施與 ──●

한 이야기가 실려 있는데, 주인공은 류진항이 아니고 어떤 선전관으로만 되어 있다. 전체 이야기는 동일하지만 뒤에 암행어사 부분이 없다. 술을 빚은 사람을 잡았으나 눈감아 주었다는 이야기로 끝난다. 맨 끝에 술을 빚은 집안의 선비는 이정보李鼎輔(1693~1766)인데 뒷날 판서까지 올라 그 선전관의 출세에 도움을 수었다는 이야기가 찔막하게 덧붙어 있다.[52] 보상은 있었지만 크게 부각된 것은 아니다. 아마도 《기리총화》 이야기가 원형이었을 텐데, 구전 과정을 거치면서 보다 완벽한 이타-보상담이 만들어진 것으로 보인다.

마지막으로 언급할 작품은 〈첫날밤에 해산한 아내〉[53]다. 어느 날 명종은 남산 아래 마을을 미행하다가 선비 세 사람이 독서하는 것을 본다. 한 선비가 "적선을 하면 반드시 경사스런 일이 있다"고 했는데, 자신은 계속 과거에 낙방한다고 하면서 과거 공부가 소용없는 것이라고 한탄한다. 그 적선의 내용을 묻는 동무에게 그 선비는 자신이 결혼하여 첫날밤을 치를 때 신부가 갑자기 출산을 했고, 자신은 놀랐지만 출산의 흔적을 지운 뒤 미역국을 끓여 신부에게 먹이고 아이는 숙모에게 길가에서 주운 아이라고 하여 맡겨 기르게 했다는 것이었다(이후 숙모는 기뻐하며 아이를 받아 길렀고, 선비 부부 역시 자식을 낳아 길렀다). 선행에도 불구하고 아무런 보람이 없었다는 선비의 한탄을 들은 명종은 과거령을 내렸는데, 과제科題가 〈대나무 숲에서 아이를 안아서 숙모에게 드리다抱兒竹林, 獻于叔母〉였다. 그날 밤의 선비들만 그 문제를 풀 수 있었고 모두 합격해 출세의 길을 달렸다.

이 이야기는 세부의 구체성을 조금씩 달리하면서 《계압만록溪鴨漫錄》에도 실려 있고 현재까지도 전승되고 있다.[54] 첫날밤 출산을 한 여성은, 조선시대의 사회적 맥락에서는 '성적으로 오염된 여성'이다. 여성의 출산이 여성의 잘못이 아니라는 것을 말하기 위해 성폭행으로 인한 출산임을 강조하는 텍스트도 있지만, 피해자로서의 여성이라 할지라도 결혼하지 않은 여성의 임신과 출산은 예외 없이 오염으로 인식된다. 곧 출산한 여성은 오염된 여성으로 비난을 받고 추방되고 죽음을 당할 것이다. 이런 점에서 출산한 여성은 생명의 소멸이란 위기에 처한 약자다. 하지만 남편은 아내의 출산을 덮고 아기까지 살린다. 한편 처녀가 아닌 '오염'된 것이 분명한 여성은 아내로서의 결격 사유가 충분했다. 그녀를 정처로 맞는다는 것은 남성으로서는 분명 자기손실에 해당하는 것이었다. 하지만 자기손실을 감내한 남성의 이타적 행위는 결과적으로 과거 합격과 출세라는 보상을 가져다주었다.

이상에서 다룬 이타−보상담은 널리 알려진 작품들이다. 이타적 행위와 이에 상응하는 보상이 있다는 설정은 널리 수용되었던 것이다. 하지만 거의 모든 작품은 이타와 보상 사이의 개연성이 현저히 낮다. 〈비부〉를 읽는 독자는, 오가의 이타적 행위가 산삼이라는 보상으로 돌아왔고 또 그 산삼은 그를 무반직 관료로 출세하게 만들었다고 판단하겠지만, 사실 그것은 우연일 뿐이다.

이타−보상의 관계를 지배하는 것은 거의 우연이다. 보상을 바

이타利他와 시여施與 ───●

라지 않은 이타적 행위와 예상하지 않았던 보상의 결합은 좋게 보아 낭만적 상상력의 산물이다. 리얼리즘의 차원에서 본다면, 이런 서사물들은 리얼리티를 결여한 그야말로 '망작亡作'이다. 하지만 이 낭만적 상상력이야말로, 보상을 바라지 않은 이타적 행위에 합당한 보상이 주어져야 한다는 강렬한 원망願望의 표현이다. 따라서 사건의 차원에서는 개연성이 부족한 낭만성이 관철되지만, 이타적 행위에 마땅히 보상이 주어져야 한다는 심성의 객관적 존재를 알린다는 점에서 이것을 '이타적 심성의 리얼리즘'이라고 부를 수 있을 것이다. 곧 이타성의 실천 주체에 대해서는 보상을 바라지 말 것과 행위의 망각을 강력하게 요구하지만, 이타적 행위의 대상 혹은 그 행위를 인지한 사람들에게는 보상하고, 기억하고, 전파해야 하다는 사고가 전근대인의 심성에 깊이 뿌리박혀 있었다고 말할 수 있을 것이다.

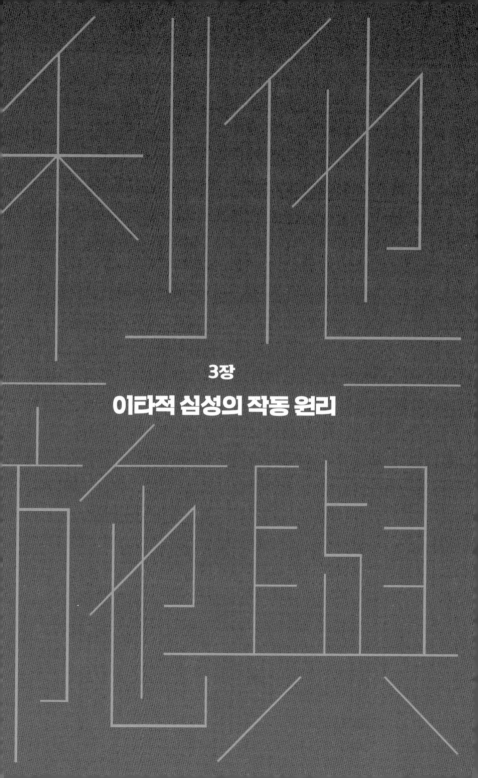

3장

이타적 심성의 작동 원리

앞의 2장에서 살핀 바와 같이 이타적 심성의 작화력은 이타-보상담을 끊임없이 만들어 냈다. 어떤 경우 사실이 변형, 가공되기도 하고 〈베트남에 간 역관〉 같은 경우 기존 작품을 통째 가져가 삽입하기도 한다. 당연히 야담집 소재의 〈거여객점〉에서 〈비부〉에 이르는 다섯 편의 경우, 작품 내부의 사건이 모두 '사실'로서 발생했던 것은 아닐 것이다.

앞서 검토했던 〈그래야 내 아들이지〉는 정현동鄭顯東의 《만오만필》에도 실려 있는데,[1] 주인공은 충청도 제천의 어떤 양반의 세 아들 중 막내로 설정되어 있고, 어머니는 아버지로 설정되어 있다. 또 포흠을 진 아전을 돕는 것이 아니라, 감영의 빚 3,000냥을 갚지 못하고 자살하려는 도붓장수로 설정되어 있다. 하지만 이야기의 구조는 완전히 동일하다. 이것은 구체적으로 발생한 사건이 구비전승되는 과정에서 디테일을 달리하며 이타-보상담으로 축조될 수 있다는 점을 보여 준다. 첨언하자면 실제 발생한 어떤 사건이 이타-보상의 구조와 근접할 경우, 익명의 화자들이 자신들이 선호하는 구체성을 첨가하고 사건을 변형시켜 이타-보상담으로 구성했다는 걸 의미할 것이다.

실제 발생한 사건들이 이타-보상담으로 만들어져 유통, 전파되는 과정에서 익명의 화자들은 각기 다른 세부적 구체성을 이야기에 장착하게 된다. 그 세부적 구체성 역시 사실과 다를 수 있고 어떤 경우 상호 모순이 되는 경우도 발생한다. 하지만 그런 것들은 생각보다 중요하지 않다. 최종적 메시지는 결국 이타-보상이란 구조의 확인에 있을 것이다. 곧 무수한 이타-보상담은 다양한 세부적 구체성에도 불구하고 구조적 차원에서 매우 간단한 이야기의 반복으로 보인다. 다만 단순한 구조 위에서 실제 이야기를 만들 때는 보다 복잡한 원리들이 작동하고 그 원리들이 세부적 구체성과 결합하면서 이야기의 설득력과 흥미를 높이게 된다. 앞 장에서 작품을 다루면서 '자기손실', '자기망각', '보상 기대 부재' 등에 대해 간단히 언급한 바 있는데, 이런 것들은 서술 원리의 하나다. 이제 이것들과 이타적 심성이 이타-보상담을 만들 때 작동하는 세부적 원리에 대해 살펴보자.

이타적 행위의 대상, 타자

위기에 처한 타자

이타−보상담에서 가장 중요한 것은 이타적 행위의 주체와 행위의 대상인 타자다. 먼저 타자를 살펴보자. 대개의 경우 타자는 위기에 처해 있다. 현재 위기에 처하지 않았다 하더라도 주체에 비해 상대적 약자로서 도움 없이는 위기에서 벗어날 수 없다. 위기는 그리 심각하지 않은 경제적 결핍으로 인한 불편함과 같은 낮은 차원의 것도 있지만, 대부분의 경우 생명의 위기와 관계되는 심각한 차원의 것이다. 곧 이타−보상담에서 타자는 빈곤·기아·질병 등으로 인해 생명이 소거되거나 혹은 소거되지는 않는다 하더라도 그에 준하는 위기에 처해 고통을 느끼며 살거나, 사회적으로 의미 없는 존재, 곧 비존재로의 존재, 달리 말해 '헛것'으로 존재해야만 하는 위기 상황에 놓여 있다.

전자를 생물학적 생명 곧 '신체생명'이라고 한다면, 후자는 '사회생명'으로 부를 수 있다. 예컨대 《심청전》에서 심학규는 장님이며, 빈곤하며, 홀아비이다. 그는 사회 안에서 긍정적 존재감이 없다. 신체생명은 있으나 사회생명은 사망에 가까운 상태다. 그의 신체생명 역시 딸 심청과 향촌공동체의 도움으로 가까스로 유지될 뿐이다. 이들의 도움이 없다면 심학규의 신체생명도 소거될 것이 분명하다.

〈역관 박씨〉의 역관 박씨가 호조 문 밖에서 목도한, 울고 있는 여인은 남편이 호조에서 빌린 은 1,000냥을 갚지 못해 자살했고, 자신 역시 호조의 독촉에 몰려 죽을 운명이라고 말한다. 여인은 경제적 결핍으로 인해 신체생명을 상실할 위기에 직면해 있었다. 이처럼 관채든 사채든 빚을 갚지 못해 모욕을 당하거나 자살을 시도하거나 처형당할 위기, 곧 신체생명이 위기에 처해 있는 개인은 〈홍순언(어우)〉, 〈홍순언(국당)〉, 〈홍순언(공사)〉, 〈역관 박씨〉와 5장에서 거론할 예정인 〈임준원〉, 〈청송 아전 윤흥관〉 등 여러 작품에서 두루 발견된다.

심학규의 경우가 그러하듯 중첩된 위기에 처한 타자도 있다. 의인전醫人傳은 오직 그런 타자를 집중적으로 다룬다. 의인전의 타자는 병자다. 병자는 기본적으로 신체생명이 위기에 처한 타자다. 다만 병자도 계급이 있다. 조광일은 결코 권세가와 현달한 사람의 집에는 발길이 닿은 적이 없었다면서 "불쌍하고 딱한 사람은 단지 여항의 궁한 백성들뿐이다"[2]라고 말한다.

'여항의 궁한 백성'은 병자이자 하층민이다. 경제적 결핍과 병을 동시에 앓는, 위기가 중첩된 타자다. 이처럼 이타적 대상은 위기에 처한 존재이되 그 위기가 중첩된 경우가 왕왕 있다. 위기가 중첩된 타자를 도울수록 이타적 행위에 대한 평가는 올라갈 것이다.

타자성의 정도

이타적 행위의 대상이 되는 타자와 주체의 거리는 동일하지 않다. 동일하지 않은 거리를 타자성他者性으로 나타낼 수 있다. 행위의 주체가 타자와 이해관계의 정도가 낮을수록 타자성은 반비례하여 높아진다. 이타적 행위의 대상이 친족집단이거나 지역공동체의 구성원이라면 타자성은 당연히 낮다. 후술하겠지만 이타행의 구체적인 발현 형태로서 대가를 바라지 않고 재화를 일방적으로 증여하는 경우, 시여는 일차적으로 혈연과 지연이 선행한다. 무엇보다 친족집단이 일차적으로 유전자의 공유 정도가 높기 때문일 것이다. 한편 이동성이 낮은 지역공동체에서 생의 대부분을 보내며 갖는 경험의 공유와 친밀성이 시여를 보다 수월하게 만들었을 것이다.

다만 혈연과 지연은 이타적 행위의 손쉬운 출발점일 뿐 이타적 대상이 그것으로 제한될 수는 없다. 곧 혈연과 지연을 중심으로 하는 내집단만으로 이타성이 제한될 수 없다는 것이다. 그것은 이타성의 기본 속성에 위배된다. 이타적 행위의 기본 속성은 내집단에서 외집단으로의 확장성이다. "나의 노인을 노인으로 대우해 남의 노인까지 나아가고, 나의 어린아이를 어린아이답게 대우해 남의 어린아이까지 나아간다면, 천하를 손바닥 위에서 움직일 수 있다"[3]는 맹자의 발언은, 유가儒家가 내재한 이타성의 확장성을 지적한 것으로 여겨진다.

타자성이 낮은 대상에 대한 이타적 행위는 낮은 평가를 받고 타자성이 높은 대상에 대한 이타적 행위는 높은 평가를 받게 마련이다. 곧 이타-보상담에서 이타적 행위의 대상으로서의 타자는 타자성이 낮은 단계에서 높은 단계를 지향하는 속성을 갖는다. 쉽게 말해 혈연·지연을 넘어 순수한 타자에까지 베풀어지는 확장성을 갖는다는 것이다. 〈베트남에 간 역관〉에서의 동수재, 〈거여객점〉의 거지 여인, 〈비부〉에서 주인공 오가의 돈과 헌옷을 받은 사람들, 〈역관 박씨〉에서 역관 박씨로부터 돈을 받은 여인은 모두 이타적 행위의 주체인 변씨·김기연·오가·박 역관과는 어떤 관계도 없는 순수한 타자다. 곧 타자성이 가장 높은 경우다. 따라서 변씨 등의 이타적 행위는 그에 비례하여 높은 평가를 받을 수 있다. 홍익만이 높은 평가를 받았던 것도 그가 도운 타자의 타자성이 높았기 때문이다.

타자는 인간이 아닐 수도 있다. 동물담에서 흔히 인간이 동물에게 이타적 행위를 하는 경우가 발견된다.《흥부전》에서 흥부는 동물인 제비의 부러진 다리를 고쳐 주고 큰 보상을 받는다. 동물은 타자성이 가장 큰 경우이고 흥부는 엄청난 보상을 받았다. 동물담의 이타적 행위와 보상에 대해서는 5장에서 상론하겠다.

이타적 행위의 과정과 속성

공감

이타적 행위는 타자의 위기에 대한 행위 주체의 공감共感에서 일어난다. 다만 이타-보상담에서 공감은 주로 고통과 관련하여 나

이타利他와 시여施與 ──●

타난다. 곧 주체와 타자 사이의 경계가 무너지고 주체는 타자가 보내는 고통의 신호를 수용하며 자신 역시 고통을 느끼게 된다. 달리 말해 주체는 타자의 고통을 자신으로 이전한다.

타자의 고통을 자신의 고통으로 이전하는 능력, 곧 공감력은 개인차가 있다. 클 수도 있고 작을 수도 있고 농밀할 수도 있고 희박할 수도 있다. 드물지만 공감 능력이 부재하는 경우도 있다. 이타-보상담에서 이타적 행위의 주체는 공감력이 크기 때문에 타자의 고통에 쉽게 공감한다.

〈거여객점〉의 거지 여인은 굶주려 부황이 들었고 호된 추위에 헐벗고 있다. 김기연은 돈 2꿰미를 건네며 "얇은 적삼, 낡은 치마라도 한 벌 사서 입으라"고 말한다. 여성이 겪는 추위의 고통이 그에게 이전되었기에 그는 심리적으로 동일한 고통을 겪는다. 여인이 겪는 추위의 고통을 제거해야 자신 역시 고통에서 벗어날 수 있다. 달리 말해 이타적 행위는 자신에게 이전된 고통으로부터 해방되기 위한 행위이기도 하다.

김기연은 객점 주인에게 "어찌 사람이 죽어 가는 것을 보고 구할 줄을 모르는가?"라고 말한다. 당신은 사람인데 왜 타인의 고통에 무관심한가? 이 말은 타인의 고통에 대한 공감은 인간에게 보편적이며, 공감력이 없다면 인간이 아니라는 힐난이다. 김기연의 말은 객점 주인에게 잠재되어 있던 공감력을 일깨운다. 객점 주인은 여인에게. "내 너에게 헌 옷을 한 벌 줄 테니 이걸 입고 우리 부엌에서 쌀 일구고 불 때는 일이나 거들면서 뜨물이나 남은 밥이라도 먹으며 살아가지 않겠느냐?"[4]라고 말한다. 객점 주인 역시 공감의 영역으로 들어온 것이다. 〈베트남에 간 역관〉, 〈홍순언(어우)〉, 〈홍순언(국당)〉, 〈고담〉, 〈귀향〉, 〈그래야 내 아들이지〉 등거의 모든 작품에 보이는 이타적 행위는 타자의 위기와 고통에 대한 깊은 공감에서 출발한다. 곧 이타-보상담을 만들어 내는 이타적 심성이란 주체의 타자에 대한 공감력에 기반하여 작동한다고 말할 수 있다.

자기손실

타자의 고통에 대한 공감을 기반으로 하여 이타적 행위가 이루어질 때 주체에게는 자기손실이 발생한다. 자기손실은 재화가 가장 많은 경우를 차지하지만, 그 외에도 노동력, 기회, 신체, 생명일 수도 있다. 조광일은 귀족가나 권세가가 아닌 궁핍한 백성들의 병을 치료하기 위해, 의원으로서 출세할 수 있는 기회를 포기한다. 종의腫醫 백광현은 "재물을 가볍게 여기고 시여하는 것을 좋아"했고, 거지와 빈자도 가리지 않고 자신의 기량을 쏟아 치료했다. 역시 자신의 탁월한 의술로 보다 많은 이익, 곧 재화와 명성을 얻을 기회를 포기한 것이다. 생명이 자기손실의 수단이 되는 경우도 드물지만 있다. 《심청전》의 심청이 대표적인 경우이고, 5장에서 검토할 이옥의 〈장복선전張福善傳〉의 경우도 사실상 동일하다. 장복선의 이타적 행위는 표면적으로 경제적 위기에 처한 사람들에게 재화를 시여하는 행위로 나타나지만, 그 재화는 그의 소유가 아닌 평양부 은고銀庫의 공금이었다. 장복선은 공금 유용으로 사형에 처해지게 되었으므로 사실 그에게 있어서 자기손실분은 곧 자신의 생명이었다.

타자에게 이전되는 자기손실의 정도가 크고 높은 가치를 지닌 것일수록 이타적 행위에 대한 평가가 높아질 것이다. 하지만 반드시 그런 것만은 아니다. 이전물의 가치는 주체의 상황에 따라 달라질 수 있다. 곧 이타적 행위의 주체가 성공한 주체인가, 실패하고 좌절한 주체인가에 따라 자기손실에 대한 평가는 달라질 수 있다. 〈베트남에 간 역관〉의 주인공 역관 변씨는 중국과의 무역에서 큰 재산을 축적한 부자다. 그는 강남 출신의 상인 오씨가 경제적으로 몰락하자 차용증서 없이 오씨에게 은 5,000냥을 준다. 은 5,000냥은 큰돈이지만, 부요한 상인 변씨에게 그것은 큰돈이 아니었다.

다만 이타-보상담에서 변씨처럼 성공한 주체는 오히려 상대적으로 드물다. 대개의 경우 주체는 실패하고 좌절하거나 무명의 인물들이다. 예컨대 〈거여객점〉의 김기연은 오랜 세월 벼슬을 얻기 위해 분투했지만 가산만 날리고 귀향하는 초라한 신세다. 그런가 하면 〈귀향〉의 최생은 연이은 낙방으로 과거를 접고 좌절한 채 낙향한 처지다. 실패하고 좌절한 주체의 이타적 행위에 따르는 자기손실은 보다 높은 평가를 받을 수 있다. 김기연이 거지 여인에게 준 2꿰미는 변씨가 오씨에게 건넨 5,000냥이나 동수재에게 건넨 1,000냥에 비길 수 없을 정도로 적은 돈이지만, 그가 갖고 있는 돈의 절반에 해당하는 것이었다. 따라서 김기연의 자기 손실은 엄청난 무게를 갖는 것이었다.

〈그래야 내 아들이지〉에서 김신조가 노비 신공을 받기 위해 섬으로 갔던 것은, 집안의 궁핍한 상황을 해결하기 위해서였다. 하지만 그는 자신의 경제적 궁핍에도 불구하고 노비로부터 받은 속전으로 아전의 포흠을 갚아 주고, 자살하려 했던 아전의 부모와 아내를 살린다. 이들 이타행의 주체들은 경제적으로 빈곤한 처지에 있거나 사회적 약자로 전락할 위기에 처해 있다. 이럴 경우 자기손실의 무게는 대단히 큰 것이라고 평가할 수 있다. 요컨대 역관 변씨의 5,000냥은 김기연·김신조가 건넨 돈과 사실상 동일한 무게를 갖는다. '과부의 한 닢'은 생활비 전체에 해당하는 것으로, 부자들의 큰 시여와 그 비중이 같기 때문이다. 즉 자기손실에 대한 평가는 행위 주체의 상황에 따라 달라질 수 있다.

보상 기대 부재

자기손실과 함께 이타성을 구성하는 또 다른 요소는 '보상에 대한 기대의 부재'다. 허생은 무인도에서 군도에게 생업을 마련해 주면서 어떤 보상도 의식하지 않았고, 나가사키의 기민을 구제했을 때도 보상을 기대하지 않았다. 은 100만 냥을 받기는 했지만 그것을 보상이라고 할 수는 없다. 100만 냥이 보상이었다면, 허생은 그것을 사유私有했을 것이다. 하지만 그는 절반인 50만 냥을 바다에 쓸어 넣어 화폐에 대한 경멸을 표시하는가 하면, 40만 냥을 기민 구제에 사용하고, 10만 냥을 변 부자에게 갚는다.

이옥은 〈장복선전〉에서 '보상 기대 부재'에 대해 "의기를 숭상하고 곤경에 빠진 사람을 돕되 보답을 바라지 않는 데 있다. 이런 사람이 아마도 협객일 것이다"[5]라고 말한 바 있다. 곧 이타적 행위의 주체는 자신의 행위에 대한 어떤 보상도 기대하지 않는다는 (혹은 않아야 한다는) '보상 기대 부재'의 원칙을 갖고 있어야 한다는 것이다. 이것은 거의 모든 이타－보상담에 두루 관철된다. 예컨대 〈비부〉에서 오가는 세 차례에 걸쳐 굶주리고 빈궁한 사람들을 도왔다. 하지만 이타적 행위는 그 자체로 완결되었을 뿐이다. 오가는 이타적 행위를 하면서 자신의 행위를 특별히 의식한 적도 없고 또 어떤 보상도 기대한 적이 없었다.

이타－보상담에 묵시적으로 전제되어 있는 보상을 기대해서는 안 된다는 생각은, 일종의 상투적인 표현을 동반하기도 한다. 〈거여객점〉에서 김기연은 객점에서 헐벗고 굶주린 거지 여인에게 돈 2꿰미를 주고 길을 떠난다. 작품은 그 장면을 이렇게 그린다.

여인이 감격해 울며 따라 나왔다.

"나으리께서는 어디에 사시는지요?"

"나는 나으리가 아니고 경주 김선달이라네."

"언제 다시 뵐 수 있을지요?"

"나는 이번에 돌아가면 서울과는 영영 이별이라네. 어찌 다시 볼 수가 있겠나?"

기연은 말에 채찍질을 하고 돌아보지도 않고 떠났다.[6]

김기연은 자신을 경주 김선달이라고만 밝히고, 다시는 만날 일이 없을 것이라고 잘라 말한다. 자기 행위에 대해 특별히 의미를 부여하지도 않았거니와 당연히 거지 여인에게서 어떤 보상도 기대하지 않았다. 여기서 "돌아보지도 않고 떠났다"는 말은 거의 상투적 표현이다. 〈고담〉의 이희녕 역시 충주에서 전염병으로 가족을 잃은 여성을 도운 뒤 그저 원래 가려 했던 서울로 갔을 뿐이었다. 〈그래야 내 아들이지〉에서 아전의 가족들은 자신들을 살린 은혜를 갚아야 할 것이라며 일단 근처 자신들의 집으로 가자고 김신조를 청했지만, 김신조는 노모가 집에서 기다리기에 지체할 수 없다고 말하고, "즉시 말을 재촉해 떠났고 돌아보지 않았다. 사는 곳과 성명을 물어도 역시 답하지 않았다."[7]

"이름도 말하지 않고 떠났다" 혹은 "도움을 준 사람이 누구인지를 묻지도 않고 즉각 그 자리를 떠났다"는 상투적 표현은 여러 곳에서 반복된다. 〈홍순언(어우)〉에서 곽지원은 빚을 갚노라 재산을 쏟아붓고 유리걸식하던 중국인을 만나 은 300냥을 주고 성명도 묻지 않고 떠났다.[8] '보상 기대 부재'의 원리를 직설하는 경우도 있다. 〈침의 조광일〉의 작자 홍양호는 이렇게 말한다. "조생은 의술이 높았지만 명예를 구하지 않았고 널리 베풀었지만 보답을 바라지 않았다."[9]

이제 실제 작품에서 이타적 행위의 주체가 보상을 바라지 않겠다고 말하는 장면을 확인해 보자. 〈베트남에 간 역관〉에서 변씨는 처자식까지 팔게 된 강남 상인 오씨에게 5,000냥을 주며 이렇게 말한다. "이 돈으로 뒷날 돈을 벌어 갚을 만하면 갚고 갚지 않아도 내가 달라고 하지 않겠네."[10] 갚지 않아도 무방하다는 말은, 자기 행위에 대한 보상을 포기한 것이다. 변씨의 태도는 일관된 것이었다. 그는 뒷날 동수재에게 천금을 주면서도 그의 이름조차 묻지 않았다.[11]

이러한 '보상 기대 부재'는 〈천의 응립〉의 경우 거의 극단적인 보상 거부로 나타나기도 한다. 응립이 보상을 기대하기는커녕 적극적으로 거부하고 있었던 것은 다음의 일화로도 입증된다. 응립의 치료로 병이 완쾌된 부자가 응립 몰래 그의 처에게 돈을 보내자 뒤에 그 사실을 안 응립은 소를 사서 보냈다. 그는 또 낮에는 자신을 아는 환자가 있는 시장에 가지 않았다.

응립의 경우, 보상 기대 부재의 정도를 넘어 보상 자체를 극단적으로 회피하고 있다. 이타－보상담에서 이타행의 주체는 보상에 대한 기대가 없으며 보상 자체를 의식적으로 극력 기피하는 경우까지 있었던 것이다. '보상 기대 부재'는 이타－보상담의 핵심적 서술 원칙이다. 만약 보상을 기대하는 행위라면 그것은 이타성 자체를 위반하기 때문이다. 그것은 등가교환이나 상호 이익을 노리는 거래가 된다.

자기망각

보상을 기대하지 않는다는 것은 이타적 행위의 일방성을 의미한다. 보상을 기대한다면 그것은 거래다. 나의 행위가 이익으로 환수될 것을 기대하는 것이며, 이익이 환수되지 않을 경우 이타적 행위를 하지 않겠다는 것을 함축한다. 그것은 원천적으로 자신의 이익을 노린 순수한 이기성에서 출발하며, 타인을 이롭게 하는 행위가 아니기에 이타의 개념에 위배된다. 따라서 이타적 행위의 주체는 자신의 행위가 이타성을 띤다는 것을 의식하지 않거나, 못 하거나, 무시한다. 곧 이타적 행위는 일방적 행위이다. 〈거여객점〉에서 김기연은 자신이 도운 거지 여인에게 다시 볼 수 없을 것이라고 잘라 말하고 돌아보지도 않고 떠난다. 부유한 상인이 된 여인은 은혜를 갚기 위해 백방으로 노력한 끝에 김기연을 만난다. 하지만 김기연은 그 여인을 알아보지 못한다. 그것은 곧 자신이 했던 이타적 행위에 의미를 부여하지도 않았고 결과적으로 그 행위 자체를 잊어버렸던 것이다.

이타적 행위의 주체가 자신이 과거 타인을 일방적으로 돕고 그 사실을 잊는 것을 '자기망각'이라는 말로 요약할 수 있다. 작품에서 실례를 더 찾아보자. 〈홍순언(공사)〉에서 홍순언은 뒷날 석 시랑의 부인이 된 여자를 만나자 누구인지 알지 못한다. 이것은 그가 도왔던 사실을 완전히 잊고 있었다는 것을 의미한다. 〈한원 이야기〉에서도 한원은 옥전현 찰원察院에서 머슴살이를 하던 '빈한한 선비[寒士]'에게 은 30냥을 주어 공부를 돕지만, 뒷날 관인이 된 그를 전혀 알아보지 못한다. 〈베트남에 간 역관〉에서 역관 변씨는 상인 오씨와 동수재를 돕는다. 변씨는 뒷날 베트남으로 가는 길에 과거에 합격해 흥안현 지현이 된 동수재를 만나지만, 그가 자신이 과거 도왔던 사람이라는 것을 전혀 알지 못한다. 〈그래야 내 아들이지〉에서 김신조는 아전 가족을 돕지만 자신은 그 사실조차 잊고 만다.

이처럼 '반드시'라고 말할 수는 없겠지만 거의 망각되며, 망각되는 것이 정당하다는 '자기망각의 원리'는 사회적으로 널리 유포되어 있었다. 예컨대 〈여의 홍익만〉에서 유한준은 홍익만의 말을 이렇게 인용한다. "사람이 남에게 은덕을 베풀고 스스로 공을 세운 체 하는 기색이 있다면, 그 사람은 천한 사내다. 나는 그런 사람을 부끄러워한다."[12] 유한준은 홍익만이 이런 생각을 가졌기에 "임술년(1742)·계해년(1743)의 전염병에 익만이 살린 사람이 많았으나, 그 자리를 떠나 다시는 돌아보지 않았고 어떤 일조차도 자신에게 관련 짓지 않았다"고 말한다.

이타행의 '자기망각'은 종교에서 오랫동안 다루어 온 문제다. 김부식金富軾(1075~1151)은 〈혜음사신창기惠陰寺新創記〉[13]에서 이 문제를 다룬다. 도둑과 악수惡獸로 인해 행인들이 겪는 고통을 제거하기 위해 묘향산의 승려들은 자발적으로 경기도 파주로 가서 혜음사를 짓는다. 혜음사에 승려들이 사는 덕에 도둑과 악수가 사라지기를 바란 것이다. 〈혜음사신창기〉는 이 이타적 행위를 기념하고 후세에 전하기 위해 지은 글이다. 하지만 이타행의 '자기

망각' 원리에 따라 그것을 반드시 칭송하거나 기념할 필요가 없
다는 반론이 제기된다.

> 불교의 보시는 무주상無住相을 귀중하게 여기고, 장주莊周(莊子)
> 역시 "남에게 은혜를 베풀고 잊지 않는다면 천포天布가 아니다"
> 라고 하였으니, 구구한 작은 은혜는 또한 기록할 만한 것이 못 될
> 듯하다.[14]

'무주상'은 특정한 대상에 집착하지 않은 것을 말한다. 보시의
경우, 보시를 했다는 사실에 집착하지 않는 무주상을 강조하여
'무주상 보시'란 말을 쓰기도 한다.

　실행 주체가 이타적 행위를 망각해야 한다는 자기망각의 원리
는 거의 모든 종교와 사상의 공통된 주장이다. 예수가 산상수훈山
上垂訓에서 "자선을 베풀 때에는 오른손이 하는 일을 왼손이 모르
게 하여 그 자선을 숨겨 두어라. 그러면 숨은 일도 보시는 네 아버
지께서 갚아 주실 것이다"[15]라고 한 것 역시 동일한 의미다. 위 인
용문에서 언급했듯 장자 역시 〈열어구列禦寇〉에서 안합顔闔의 이
름을 빌려 공자를 비판하면서 "남에게 은혜를 베풀고 잊지 않는
다면 천포天布(자연이 만물에 베푸는 것과 같은 것)가 아니다"[16]라고 말
한 바 있다. 이타성의 '자기망각'의 원리가 모든 종교의 공통된 주
장이라는 사실은, 그것이 특정한 종교의 가르침에서 유래한 게
아니라, 종교를 초월한 인간성의 심연에 존재하는 본래적인 것임

　　　　　　　　　　　　　　이타利他와 시여施與　──●

을 의미한다.

보편성

이타성은 인간성의 심연에 존재하는 본래적 인간성이기에 그것은 특정한 부류, 신분의 것일 수 없다. 이타적 행위의 주체자는 노비와 중인, 서리, 상인, 사족 등 다양하다. 〈거여객점〉의 김기연, 〈그래야 내 아들이지〉의 김신조, 〈귀향〉의 최생은 사족, 〈베트남에 간 역관〉의 변씨, 〈역관 박씨〉의 박씨는 역관, 〈침의 조광일〉의 조광일과 〈종의 백광현〉의 백광현은 의원, 〈청송 아전 윤흥관〉은 향리, 뒤에 거론할 〈염극태〉의 염극태와 〈동래상인 김성우〉의 김성우는 상인, 〈천의 응립〉의 응립은 사노私奴다. 역시 뒤에 거론할 〈만덕萬德〉의 만덕, 〈두금杜今〉의 두금, 〈은항아리銀甕〉의 과부는 여성이다. 특히 만덕과 두금은 여성 상인이다. 두금은 성균관 노비인 반인泮人일 가능성이 있다.[17] 사회의 최하층인 것이다.

그런가 하면 도둑도 있다. 〈의적〉의 주인공 전씨田氏가 그렇다. 그는 어영청 교련관이었던 아버지가 어영청의 돈 수만 냥을 빚지고 사형에 처해지게 되자, 호조 봉은고封銀庫의 은을 훔쳐 갔다. 그 뒤 그는 서울 시내의 부잣집을 털어 전주에 가서 팔았고, 남원에 집을 지어 결혼까지 하였다. 남원 일대의 인색하게 구는 부잣집도 털었다. 재산이 충분히 쌓이자 그는 남원부를 중심으로 100리 근방 빈민들의 결혼과 장례를 도왔다. 그는 그렇게 수백 집안을 구제하였다. 도둑까지 이타적 행위를 했던 것이다.

이타적 행위의 주체로 주로 등장하는 인물의 압도적 다수는 비사족非士族이다. 이것은 의미 있는 현상이기는 하지만, 비사족이 이타적 행위의 독점자라고 해석할 수는 없다. 이타적 행위자가 여러 신분과 계급에 걸쳐 있다는 것은, 이타적 행위와 이타성이 신분과 성性을 초월하고, 교육 여부에 상관없이 인간성의 심연에 존재하는, 보편적 심성에 기인한 것임을 의미한다.

지속성, 반복성, 넓은 범위

이타적 행위가 일회에 그치는 것이 아니라, 지속적·반복적으로 이루어질수록 높이 평가받는다. 〈비부〉에서 오가는 대추, 목화, 헌옷을 사서 팔고자 하였으나, 추위와 굶주림에 떠는 사람들의 고통을 목도하고 돈과 옷을 그들에게 주고 만다. 그의 이타적 행위는 우연한 것이 아니라, 지속적이었고 반복적이었다. 이 지속적·반복적 행위의 결과로 그는 대량의 산삼을 얻게 된다. 곧 이타적 행위의 지속성·반복성은 높은 평가를 받는다.

또한 이타적 대상의 범위가 클수록 이타성의 평가치는 높아진다. 기민을 구제하는 것이 대표적이다. 조선 후기는 흉년이 3, 4년 간격으로 발생했고 그때마다 기민이 대거 발생했다. 시여는 한두 사람이 아닌 다수의 기민을 대상으로 이루어지는 경우가 많았다. 5장에서 검토할 염극태, 김유련, 성태중, 만덕 등은 모두 다수의 기민을 구제한 경우다. 널리 알려진 만덕의 경우를 들어보자. 만덕의 기민 구제는 1회에 그쳤지만, 그의 시여는 제주도의 불특정한 기민 전체를 대상으로 했기에 높은 평가를 받았다고 말할 수 있다. 이타적 행위의 범위가 넓을수록 높이 평가받는 것은 당연한 것이다.

보상의 의무와 방법

보상의 의무와 주체

이타-보상담에서 이타적 주체는 자신의 행위 자체를 망각하거나 의미를 부여하지 않아야 하지만, 대부분의 경우 행위 대상자에 의해 보상이 주어진다. 다만 그 보상이 필연적인 것은 아니다. 이타적 행위만 있고 보상이 없는 경우도 허다하다. 보은담이 은혜를 갚는 행위에 주목한다면, 이타-보상담은 이타행 자체에 집중하기 때문이다.

예컨대 사마리아 사람이 구해 준 강도 맞은 사람이 뒷날 보상을 했는지 하지 않았는지에 대한 이야기는 전하지 않는다. 착한 사마리아 사람 이야기는 순수한 이타적 행위만을 기술하고 있을 뿐이다. 이타에 대한 보상이 필연적이라면 그것은 거래이자 교환일 가능성이 커진다. 따라서 보상이 반드시 이루어지는 것은 아니다. 원래 대상자는 위기에 처한 약자이며 위기에서 벗어났다 하더라도 실제 보상할 능력이 없을 수 있기 때문이다. 곧 상황에 따라 보상의 의무감은 실현되지 않을 수 있고, 그것은 비난의 대상이 될 수 없다. 다만 이타적 행위의 주체가 망각하는 데 대응하여 이타적 행위의 대상자는 기억과 보상의 의무를 가져야 한다는 관념은 분명히 있었다.

보상이 가능하다면 이타적 행위의 대상자가 보상의 주체가 된다. 〈장복선전〉의 한 장면을 보자. 장복선의 처형이 확정되자 사람들은 장복선이 이타적 행위를 하기 위해 유용했던 은을 대신 갚기 위해 나선다.

부인네들은 귀걸이와 가락지를, 남정네들은 풍잠이며 패옥을 내놓았다. 해 뜰 무렵에 시작하여 정오가 되자 장복상張福相(장복선張福善)[18]이 축낸 수를 다 채워 감영으로 들어가 바치고자 하였다. 관찰사가 아주 이상하게 여겨 불러 앞으로 오게 하고는 물었더니, 모두 말하기를, "소인은 복상의 은혜를 입었는지라, 복상이 곤경을 만나면 구하지 않을 수가 없습니다" 하는 것이었다.[19]

장복상(장복선)의 은혜를 입었으므로 그가 곤경에 빠졌을 때 구하지 않을 수 없다는 말은, 이타행의 대상이었던 사람들에게 보상이 의무감으로 존재한다는 것을 의미한다.

보상에 대한 의무감은 어떤 경우 강박적으로 나타나기도 한다. 〈거여객점〉에서 김기연의 도움을 받았던 거지 여인은 재산을 모으게 되자 접근하는 남자들에게 자신이 다시 살 수 있게 된 것은 김기연 덕분이라며 거절하고 이렇게 말한다. "내 어찌 감히 남의

이타利他와 시여施與 ─●

은혜를 받고 다른 이에게 시집을 갈 수 있겠습니까? 선다님이 오시면 내 그분과 살고, 오지 않으신다면 죽는 것 외에 다른 도리가 없지요."[20]

그녀가 기필코 김기연을 찾으려 한 것은 보상에 대한 강박적 의지의 표현이다. 서울 숭례문 밖으로 집을 옮긴 것 역시 김기연을 만날 수 있을까 해서였다. 결국 그녀는 신임 경주부윤의 부임에 필요한 지장전支杖錢[21] 200꿰미를 변통하는 일로 바빴던 경주부의 이방에게 200꿰미의 돈을 이자 없이 빌려주고 그를 통해 김기연을 수소문한다. 재산을 모으면서 그녀는 김기연을 찾아 보상하려는 일념이었고 과연 보상을 하게 되었던 것이다.

〈고담〉에서 이희녕의 도움을 받아 부모의 장례를 치를 수 있었던 여자는 이희녕을 만나자 그때 어리고 식견이 없어 이희녕의 이름과 주소를 물어보지 못했다면서 "자나 깨나 오직 일념으로 은혜를 갚고자 했지만, 찾을 길이 없어 저버린 일이 실로 많았습니다"[22]라고 말한다. 역시 보상해야 한다는 강박적 의무감을 갖고 있었다. 〈그래야 내 아들이지〉 경우는 보상의 의무감을 좀 더 구체적으로 표현한다. 김신조의 도움을 받아 살게 된 아전의 아내는 이후 밤이면 늘 향을 사르며 "모쪼록 은인을 만나 그 은덕을 갚게 해주옵소서"라고 하늘에 빈다. 그녀와 남편은 거부가 되어 김신조가 어머니 장지로 꼽은 산 아래 마을에 터를 잡고 살게 되었다. 그런데 며느리는 "늘 집에 손이 찾아왔는가 묻고 반드시 문틈으로 엿보았다."[23] 자신이 찾는 사람인가를 확인하려는 것이었다.

많은 경우 이타적 행위의 대상자가 보상의 주체가 된다. 보상 주체가 이타적 행위의 주체에게 직접 보상하는 경우를 '보은報 恩'이라 부를 수 있다.[24] 다만 보상은 보은의 차원에 그치지 않는 다. 이타적 행위를 목격하거나, 동시대에 전해 들은 사람, 혹은 상당한 시간이 흐른 뒤 전해 들은 사람에 의해서도 보상이 이루 어질 수 있다. 예컨대《심청전》에서 심청의 희생에 대한 보상은 심학규에 의해 이루어지는 것이 아니라, 용왕과 황제에 의해 이 루어진다.

때로는 보상의 주체가 뚜렷하지 않은 경우도 있다. 〈비부〉의 경우 오가는 세 차례에 걸쳐 수많은 사람에게 시여로 이타적 행위 를 하지만, 이타적 행위의 대상자들이 직접 오가에게 보상했던 것은 아니었다. 오가는 마지막으로 남은 헌옷가지를 산촌의 노파 에게 건네고 그녀가 밥상에 올린 것이 도라지가 아닌 산삼인 것을 알고 근처 산삼 밭으로 가서 모두 캐 온다. 그 산삼은 오가의 이타 적 행위에 대한 보상이었다. 하지만 노파는 그것이 산삼인지도 모른다. 보상은 '우연'으로 주어졌던 것이다. 하지만 〈비부〉의 독 자는 그것이 오가의 이타적 행위에 대한 보상이라고 생각한다. 이타적 행위자에 대한 보상의 주체가 다양하다는 것은, 곧 보상 이 반드시 이루어져야 한다는 생각이 사회적으로 강력하게 존재 하였음을 의미한다.

이타적 행위의 주체가 보상을 받지 못하면, 그와 연관된 어떤 사람에게 보상이 주어져야 한다는 관념도 있었다. 〈홍순언(공사)〉

이타利他와 시여施與 ──●

에서의 홍순언은 기방에서 여성을 돕는 이타적 행위를 하고 그것을 망각하고 있었는데 뒷날 그 여성의 조력으로 종계변무 문제를 해결한다. 종계변무 문제의 해결이 보상으로 돌아온 것이다. 그것은 조선이란 국가에 대한 보상이었다.

〈홍순언(국당)〉은 임진왜란 때 명의 파병까지 여성의 조력으로 이루어진 것으로 설정히여 보상의 범위를 확대했다. 이처럼 보상은 이타적 행위의 주체를 넘어 보다 넓은 차원에서 이루어질 수도 있다. 조선 사회의 친족제는 유교적 가부장제였기 때문에 이타적 행위자 본인이 아니라면 후손이 보상을 받아야 한다는 관념도 있었다. 홍양호는 〈침의.조광일〉에서 "천 명의 사람을 살리면 반드시 음보陰報가 있다고 들었다"라고 말한다. 음보는 이타적 행위가 의식하지 못하는 보상을 말한다. 즉 조광일이 의식하지 않는 보상이 있을 수 있다는 것이다. 그는 조광일의 후손이 복을 받을 것이라고 말한다. 곧 이타적 행위의 주체가 보상을 받을 수 없다면, 그 후손이라도 보상을 받아야 한다는 것이다.[25]

〈은항아리〉의 끝부분이 "그 후 대대로 자손이 번성하여 혹은 무과에 올라 주부·찰방을 지냈고 혹은 군문에 구근久勤하여 첨사와 만호를 거치기도 하였고 한다. 사람들은 모두 입을 모아 노부인의 혜안을 칭송했다"[26]로 끝나는 것은 과부의 이타적 행위에 대한 보상이 후손에게 주어졌다는 것을 의미한다.

이전물의 가치량과 보상과의 관계

이타행의 자기손실의 결과로서 이전물移轉物의 양과 속성은 경우에 따라 다를 수 있다. 쉽게 말해 손실의 정도는 클 수도 작을 수도 있고, 적을 수도 많을 수도 있다. 심청은 신체 전체(=생명)의 손실을 선택했지만, 흥부는 제비의 다리를 고쳐 준 것에 불과하다. 흥부의 경우 시간과 노동력을 사용했고 그로 인해 자신의 이익을 위해 일할 수 있는 기회의 손실이 일어났지만, 그 손실의 정도는 미미한 것이라 하겠다. 그렇다면 심청과 흥부의 손실의 가치량은 동일한 것인가. 이 문제를 검토해 보자.

이전물의 가치량은 이전물 자체로서 측정될 수 있는 것이 아니다. 그 가치량은 이타적 행위의 대상자(수용자)에 의해 결정된다. 곧 주체가 대상에게 이전한 것의 객관적 가치량이 낮게 평가된다 하더라도 대상자는 그것을 동일한 양으로 수용하지는 않는다는 것이다. 그 수수授受 관계는 등가교환의 관계가 아니다. 예컨대 〈거여객점〉에서 거지 여인은 뒷날 김기연을 만나 1만 꿰미를 그에게 주면서 "2꿰미로 불린 돈이 지금 2만 꿰미가 되었으니, 1만 꿰미는 주인께 드리겠습니다. 주인의 처자는 앞으로 이 돈에 의지해 살 수가 있을 것입니다."[27] 곧 2꿰미는 1만 꿰미와 등가였다. 이것은 이전물의 가치는 수용자에 의해 결정된다는 것을 의미한다. 여인이 2꿰미를 1만 꿰미로 갚았던 것은, 김기연에게는 2꿰미에 불과한 돈이 여인에게는 재생의 수단이었기 때문이다. 곧 여인에게 돈 2꿰미는 생명과 등가였던 것이다.

이전물은 크지만 보상이 축소된 경우도 있을 수 있다. 〈임준원〉의 경우, 임준원이 거액의 빚을 갚아 주었던 여성은 임준원의 장례에 와서 장의葬儀에 필요한 노동을 한다. 이 노동의 가치는 객관적으로 임준원의 빚을 갚기 위해 내놓았던 것에는 훨씬 미치지 못한다. 하지만 가난한 여성의 입장에서는 최선의 일이었다. 곧 그 노동은 '과부의 한 푼'에 해당하는 최선의 것이었기에 동등한 가치량으로 평가될 수 있다. 요약하자면 이전물에의 가치량은 수용자의 처지와 상황에 따라 결정된다. 따라서 주체에 대한 대상의 보상이 있다면, 그 보상의 양과 질은 수용자가 평가한 가치량이어야 한다.

보상의 방식

1-물질적·가시적 보상   보상의 방식은 다양하다. 가장 보편적인 것은 물질적·가시적 보상이다. 〈베트남에 간 역관〉의 한 대목에서 물질적·가시적 보상이 어떻게 이루어지는지를 짐작해 보자. 기녀 모녀에게 속아 돈을 잃은 변씨는 남은 돈으로 장사를 하여 본전을 수습해 귀국한다. 하지만 여양역에서 향마적响馬贼²⁸에게 모두 털리고 빈손으로 귀국한다. 결국 그는 중국에 갈 때 빌렸던 관채를 갚지 못한 나머지 자살하려고 한다. 그러자 평소 그의 이타적 행위로 도움을 받거나 그가 이타적 인간이라고 인지했던 동료 상인들은 변씨에게 은 3만 냥을 추렴해 준다. 이것은 평소 그의 이타적 행위에 대한 보상이다. 하지만 보다 직접적인

보상은 자신이 과거 도왔던 상인 오씨의 소력과 흥안현[29]의 지현으로 부임할 예정인 동수재를 만난 뒤 그의 도움으로 다시 베트남으로 가서 거창한 규모의 무역에 성공함으로써 이루어진다. 그는 자신의 이타적 행위에 대한 보상으로 거대한 부를 소유하게 되었던 것이다.

〈고담〉의 경우도 이희녕은 그가 도왔던 젊은 여인으로부터 물질적인 보상을 받는다. 여인은 그를 위해 "이웃의 집 하나를 사서 가족을 데리고 와서 그곳에서 살게 하였다. 재산과 장획臧獲도 모두 마련해 두었던 것이다."[30] 〈그래야 내 아들이지〉에서 과거 자신이 도왔던 아전을 만난 김신조가 어머니의 무덤을 쓸 땅에 관해 말을 꺼내자, 아전 집안 식구들은 "이 동리의 땅과 집과 노비는 모두 상주喪主의 물건입니다. 당초 치산한 땅입니다. 상주께서 차지하시면 상주의 복이지요"라고 하면서 땅문서를 바친다.[31] 〈귀향〉의 경우도 앞서 말한 바와 같이 자신이 구제한 향리의 사람으로부터 원래 시여한 곡물의 몇 배를 돌려받는다.

이외에도 보상의 양태는 다양하다. 기회(예컨대 과거 합격), 관직, 배우자(아름다운 아내, 첩), 자식(후손)을 얻는 것이 그것이다. 물론 이 중에서도 조선 사회가 관료 사회라는 것을 반영하여 관직으로 보상받는 경우가 가장 많다. 이희녕은 전관銓官인 여인의 남편이 그를 즉시 선전관에 임명했고, 그는 만나는 사람에게 늘 이희녕의 의로움을 칭송했다. 사람들이 서로 끌어 준 결과 이희녕은 아장의 자리에까지 이른다.[32] 〈비부〉에서 오가는 무겸선전관[33]이 되

이타利他와 시여施與 ━●

었고 승진하여 수사水使에 오른다. 〈그래야 내 아들이지〉의 주인 공 김신조는 자손이 번성하고 벼슬이 끊어지지 않았다. 〈은항아 리〉의 주인공 과부의 후손도 대대로 자손이 번성하여 혹은 무과 에 올라 관직을 얻는다. 이처럼 보상의 주류는 물질적인 것이거 나 혹은 관직이다.

2 – 평판으로서의 보상　　　　이상에서 이타적 행위의 주체 에게 보상이 주어진 경우를 들었는데, 그것은 재화와 관직, 기회 같은 물질적이고 가시적 이익이었다. 하지만 모든 이타적 행위가 물질적·가시적 보상을 동반하지는 않았다. 그렇다면 물질적·가 시적 형태를 띠지 않는 보상은 없는 것인가? 〈임준원〉의 경우를 보자. 임준원은 생면부지 여인의 빚을 갚아 주는데, 그는 여인에 게 자신의 신원을 끝내 밝히지 않았다. 그것은 어떤 보상도 기대 하지 않는다는 것이었다. 하지만 보상은 있었다. 임준원이 사망 한 뒤 여인이 그의 장례식에 찾아와 말없이 장의에 관계된 일을 도왔던 것을 보상으로 볼 수도 있을 것이다. 그것은 여인 개인 차 원의 보상이었고 '과부의 한 닢'과 같은 가치를 지니는 것이기도 하다. 하지만 〈거여객점〉에서처럼 재산과 토지 등 확연하게 인지 되는 물질적 차원에서의 보상은 아니다. 임준원의 보상은 다른 곳에 있었다. 〈임준원〉의 작자 정래교는 이렇게 말한다. "이때부 터 자소子昭(임준원의 자字)의 이름이 여염간에 크게 알려졌고, 그의 풍모를 사모해 알고자 하는 사람들의 발길이 그의 집 문 앞에 이

어졌다."[34] 임준원은 그 이타적 행위로 사회적으로 긍정적인 평판을 얻었던 것이다.

인간은 타자와의 관계에서 자기 존재를 확인한다. 타자는 주체의 거울이다. 주체는 권력 행사 곧 가학적 방법으로 타자에게 주체의 존재를 인정하도록 강제할 수 있다. 반면 이타적 행위는 타자로부터 주체의 존재에 대한 인정을 자발적으로 이끌어 낸다. 자발적 인정은 곧 긍정적 평판으로 나타나며, 주체는 그것을 통해 자기 존재의 긍정성을 인식한다. 사회적 인정으로서의 평판은 삶의 무의미성에서 벗어날 근거를 제공한다.

긍정적 평판은 물질적 보상보다 훨씬 강력할 수 있다. 김기연의 경우 한 여성으로부터 물질적 보상을 받았지만, 임준원은 넓은 범위의 사람들로부터 긍정적 평판을 얻었다. 긍정적 평판이 이루어지는 범위가 클수록 긍정성의 값도 증가한다. 예컨대 장복선의 이타적 행위에 대한 평판은 평양의 민중을 넘어 평안도 일대로 확장되었다. 긍정성의 값이 증가할수록 주체의 만족도도 증가할 것이다. 물론 이 긍정적 평판은 재화가 되기도 한다. 〈베트남에 간 역관〉의 변씨는 평소의 이타적 행위로 얻은 긍정적 평판에 근거해 동료 상인들로부터 은 3만 냥을 빌릴 수 있었고, 결국 이 돈이 재기의 발판이 된다.

긍정적 평판이 보상으로 주어진 사례는 광범위하게 발견된다. 〈홍순언(어우)〉에서 홍순언은 우환으로 재산을 날리고 처자식까지 팔게 된 옛 지인에게 은 500냥을 선뜻 주었다. 이 일로 홍순언은 중국에서 이름을 떨쳤고 중국인들은 홍순언을 반드시 '홍노야洪老爺' 곧 '홍 어르신'이라고 부르게 된다.[35] 곽지원 역시 빚으로 유리걸식하게 된 사람에게 은을 주어 돕는다. 중국인들은 곽지원의 이 타행을 기억했고 그의 행위를 긍정적으로 평가했다. 연로에서 마실 것을 들고 맞이하며 "곽 공이 오셨다"[36]라고 말한다. 이와 같은 긍정적 평판이 홍순언과 곽지원의 이타적 행위에 대한 보상이다.

이런 사회적 평판으로서의 보상은 기묘하게도 역관을 주인공으로 하는 작품에서는 약간 상투적으로 보일 정도다. 예컨대 〈베트남에 간 역관〉에서도 동일한 형태를 발견할 수 있다. "이 일로 변씨의 명성이 중국에 가득했고 가는 곳마다 사람들이 눈인사를 하면서 반드시 '변노야卞老爺'라고 일컬었다."[37] 이런 긍정적 평판은 홍순언과 곽지원, 변씨가 '의미 있는 사회적 존재'라는 판단에서 나온 것이고, 이 판단으로 두 사람은 자기 존재에 대한 강력한 심리적 충족감을 갖는다.

어떤 작품은 사회적 평판이 확산되는 과정을 보여 주는데, 〈고담〉이 적실한 사례일 것이다. 이희녕이 도왔던 여성은 뒷날 전관의 아내가 된다. 전관은 이희녕이 자신의 아내를 도운 사람인 것을 알고 사람을 만날 때마다 이희녕에 대해 말한다. 전관이 이희녕에 대한 긍정적인 평판을 확산시켰던 것이다. 그 결과 그는 자신이 바라마지 않던 관직을 얻어 출세를 하게 된다.

긍정적 평판은 여러 형태로 구체화된다. 〈여의 홍익만〉의 홍익만은 그의 이타적 행위가 알려지자 사회적 인정을 받았다. 유한준은 그 평판을 이렇게 요약한다. "세상에서는 이 때문에 익만을 더욱 높이 평가했다. 익만의 이름이 마침내 크게 알려지자, 공경대부와 선비들이 그에게 예를 갖추었다."[38] 홍익만은 서리 신분이었다. 홍익만에 대한 긍정적 평판은 그보다 상위 신분인 공경대부와 선비들이 그에 대해 취하는 '예우'로 나타났다. 서리의 입장에서 이것은 자기 존재를 확인하는 대단히 강력한 보상일 수 있었다.

이타적 행위와 사회적 평판은 호감을 갖는 사람들을 불러 모으기도 한다.

> 변씨는 궁박한 처지의 의지할 데 없는 사람들 역시 반드시 구제하여 식구가 헤어지는 일이 없게 해주었고 이로 인해 <u>사람들은 장을 보러 가는 것처럼 그를 찾아갔으니, 누구라 할 것 없이 모두들 그를 진심으로 좋아했던 것이다</u>[39](《베트남에 간 역관》).

> 준원은 이미 재산이 풍요한 데다 의기를 좋아하고 시여하기를 즐겨, 늘 마치 미치지 못하는 것 같았다. 그의 친척과 오랜 친구로서 가난한 나머지 혼례를 올리지 못하거나 장례를 치르지 못하는 사람이 있으면 반드시 준원을 찾아갔다. 그러므로 <u>평소 왕래하며 안부를 묻고 자제처럼 공손한 태도를 취하는 사람이 또한 수십 명이었다</u>[40](《임준원전》).

변씨와 임준원의 이타적 행위는 그에게 호감을 보이는 사람들

이타利他와 시여施與 ──●

을 불러 모았던 것이다. 이로써 변씨는 자신의 사회적 존재감을 확인하고 자기 생을 긍정하게 된다. 이 역시 강력한 보상이다.

3 – 사회적 기억으로서의 보상　　　　대부분의 이타 – 보상담은 작품 내부에 보상의 주체가 밝혀져 있다. 하지만 작품 내부에서 보상이 이루어지지 않는 경우도 허다하다. 허생은 이완과 대화를 마지막으로 종적을 감춘다. 군도에게 생업수단을 마련해 주고, 나가사키와 국내의 기민을 구제한 그의 이타적 행위에 대한 결정적인 보상은 주어지지 않았다. 변 부자가 그의 최소한의 생계를 지원한 것을 보상으로 볼 수 있겠지만, 그것은 항구적인 것이 아니었다. 허생 이야기를 박지원에게 소상히 말해 준 사람은 윤영이란 인물이다. 박지원은 두 번째 윤영을 만났을 때 윤영이 "자네는 허생을 위해 전을 쓴다더니, 글이 이미 이루어졌겠지?"[41]라고 묻는다. 이 물음은 허구라 할지라도 이타적 행위자를 기억하는 문자가 반드시 있어야 한다는 생각을 전제한다.

　이타적 행위의 주체가 자기 행위를 망각함으로써 보상을 바라지 않아야 한다는 것은 일종의 사회적 규약이었다. 이에 상응하여 이타적 행위의 대상자 혹은 그 행위를 인지한 사람은 그것을 반드시 기록으로 남겨야만 한다는 의무감을 갖게 마련이었다. 이 역시 일종의 사회적 규약이었다. 앞서 인용한 〈혜음사신창기〉의 이타적 행위는 망각되어야 마땅하다는 주장에 대해 김부식은 이렇게 답한다.

또한 사람이 선행을 하고 자신이 잊어버리는 것은 괜찮겠지만, 그것을 전하는 사람이 없다면 무엇으로 선행을 권하겠는가?[42]

　이타적 행위와 그 행위의 주체를 기억하고, 그에게 보상하는 것은, 그 행위와 행위자를 인지한 사람의 도덕적 의무이기도 했던 것이다. 김부식은 곧 '망각 - 무보상'에 대응하여 '기억 - 보상'이란 상호적 관계가 성립해야만, 이타적 행위가 확산될 수 있다고 생각했던 것이다. 이것은 김부식만의 생각이 아니라, '이타적 심성' 자체가 내장한 생각이기도 하였다. 곧 작품 외부에서에라도 기억의 형태로 보상이 주어져야 한다는 관념이 있었다.
　유한준俞漢儁(1732~1811)의 경우를 들어보자. 그는 부자인 성태중成太中이 시여를 소업으로 삼은 것을 칭송할 기회를 찾지 못해 마음을 태우다가 성태중이 병풍 글씨를 부탁한 것을 계기로 〈진시찬振施贊〉[43]을 짓는다. 유한준의 경우를 통해 이타적 행위를 기억하고 보상해야 한다는 도덕적 의무감이 사회적으로 형성되어 있었던 것을 추리할 수 있다. 기억으로서의 보상은 이타적 행위를 보존하고 전파하려는 사회적 노력의 일환이다. 이것은 작품 외부에서 그를 기억하는 행위로서, 다시 말해 사회적 기억으로서의 보상이라고 할 수 있을 것이다.
　조선 사회에서 인물에 대한 기억은 한문학에서 인물을 기념하는 장르인 비문이나 지문誌文 혹은 전傳과 행장 등을 통해 이루어지는 것이 일반적이었다. 그것은 잊히지 않는 기념물을 세우는

　　　　　　　이타利他와 시여施與　──●

행위와 같았다. 신체생명으로서의 존재가 소멸된 뒤에도 존재의 긍정성을 타인 혹은 후세인이 떠올려 기억할 것을 염원하는 장르인 것이다. 다수의 이타－보상담이 이런 장르를 통해 남아 있는 것은 이 때문이다. 또한 이타적 행위를 목격하거나 전해 들은 문인들은 그것을 이런 장르를 통해 기억하는 것을 일종의 의무감으로 가졌다. 곧 이런 방식으로 자신에 대한 기억이 남는다는 것은, 이타적 행위자에게 더할 수 없이 큰 보상이었다.

이상은 문학작품에서 추출한 이타적 심성의 세부 작동 원리들이다. 어쩌면 이 원리들은 현재 한국인에게 내장되어 있는 심성이기도 할 것이다. 다만 이것은 이타적 심성 위에 축조된 문화적 형태의 원리들일 터인데, 한국인의 특수성인지 아니면 아시아적 특수성인지, 모든 문화에 나타나는 보편적인 것인지는 앞으로 검토를 요한다.

4장

이라 - 보상과 동물담

서사의 바다

이타적 행위는 자기손실을 반드시 포함한다. 왜 자신의 재화, 노동력, 시간, 기회를 상대방에게 일방적으로 건네는 것인가? 때로는 혹은 자신의 생명까지도 희생하면서까지 타인을 돕는 것일까? 개인 혹은 사회는 왜 이타적 행위에 대해 반드시 보상해야 한다는 생각을 갖게 되었던 것인가? 혹 보상이 이타적 행위를 한 주체에게 직접 주어지지 않으면, 그 후손에게라도 주어져야만 한다는 의무감을 갖게 된 이유는 무엇인가. 또는 물질과 권력, 기회로 보상이 이루어지지 않는다면, 평판을 통해, 혹은 기억을 통해 반드시 보상이 이루어져야 한다고 생각했던가?

이 물음에 대한 명징한 답을 얻는 것은 쉽지 않다. 생물학이나 게임이론을 통해 답을 얻기 위한 노력은 계속되고 있지만, 반박 불가능한 결정적인 답을 가져다준 것은 아니다.[1] 이 책에서 말할 수 있는 것은, 인간 내부에 이타적 심성이 존재한다는 것과 그것이 조선 후기 이타-보상담에서 현현顯現할 때 앞 장에서 말한 제반 원리가 작동한다는 것뿐이다. 이 책이 할 수 있는 일은 이타적 심성의 기원을 생각해 보되 논의 대상을 좁히자는 것이다. 이 책은 조선시대 문학을 논의 대상으로 하고 있으므로 우선 문학의 역사에서 이타적 행위의 기원을 살펴보고자 한다.

이타적 심성에 근거한 이타적 행위는, 인간이 존재하는 모든 사회에서, 모든 시간을 통해 보편적인 문화로 존재했음은 두말할 필요가 없다. 다만 이타-보상담의 역사적 존재양태는 다를 수 있다. 예컨대 2장과 3장에서 거론한 이타-보상담들은 모두 조선 후기에 생산된 것이다. 또한 이타-보상담은 2, 3장에서 열거한 작품들로 한정되는 것은 아니다. 이타-보상의 구조는 다양한 종류의 서사敍事에서 흔히 발견된다. 다만 한국문학사에서 이타-보상담들이 《국당배어》의 '홍순언 설화'부터 족출하기 시작한다는 것, 또 원사건原事件을 가공하면서 새로운 이야기를 만들어 낸다는 것은 대단히 의미 있는 현상이라고 여겨진다. 이것은 어떤 시대적 변화를 반영하고 있는 것일 터이다.

이 문제는 7장에서 상론하기로 하고, 여기서는 시대를 초월해 존재했던 이타-보상담의 존재를 집중적으로 검토해 보자. 후술하겠지만 조선 후기 이타-보상담의 출현을 가능하게 했던 선행 서사물의 존재를 살펴보면, 그것들의 존재를 '서사의 바다'라고 비유할 수 있다. 동어반복일 수 있겠지만 어떤 시대적 변화를 계기로 하여, 오래전부터 존재했던 '서사의 바다'에서 동시대의 구체성을 장착한 이타-보상담이 수면 위로 올라온 것으로 보인다.

《심청전》을 실마리로 삼아 보자. 《심청전》은 새로운 이야기가 아니다. 그것은 이미 존재하고 있던 이타-보상의 구조 위에 동시대의 다채로운 구체성을 얹어 축조한 이야기다. 딸이 아버지의 목숨을 구한다는 서사는 선행하는 서사물에서 흔히 보이는 것이다. 예컨대 《심청전》 근원설화의 하나로 꼽히는 서사무가敍事巫歌 〈바리공주〉가 그렇다.

일곱 번째 딸로 태어난 바리는 기대했던 아들이 아니라는 이유로 버려지지만, 병든 아버지(왕)의 치유를 위해 약을 구하러 길을 떠난다. 온갖 고난을 겪은 뒤 바리는 약을 구해 돌아와 이미 죽은 왕을 살린다. 바리는 그 공으로 만신의 신이 된다. 이러한 〈바리공주〉의 서사 구조는 이타-보상담의 구조 위에 축조된 것이다. 그것은 위기에 처한 약자(병든 아비)를 딸이 온갖 고난을 무릅쓴 끝에 구하고(이타적 행위), 마침내 만신의 신이 된다(보상)는 이타-보상담이다.

이 지점에서 《심청전》과 〈바리공주〉가 특정한 작자가 창작한 작품이 아니라, 한국인의 심성적 적층積層에서 솟아나온 설화임을 상기해 보자. 그것은 동일한 이타-보상의 구조에서 생성된 것일 터이다. 아마도 《심청전》은 〈바리공주〉를 직접 변형시킨 건 아니지만, 동일한 이타-보상담의 바다에서 건져 올린 이야기일 터이다. 요컨대 《심청전》의 이타-보상의 구조는 19세기에 발명된 것이 아니라, 기원을 따질 수 없을 정도로 오래된 서사의 바다에서 솟아나온 것이라는 말이다.

한 작품을 더 들어 보자. 역시 앞서 검토했던 《흥부전》이다. 흥부는 알려져 있다시피 빈민이다. 이본에 따라 흥부는 벼슬을 하지 못한 양반으로, 가난한 양민의 모습으로도, 안빈낙도를 추구하는 양반으로도 나타난다. 놀부가 양반의 종으로 그려질 때 흥부 역시 양반의 종이 된다. 이 다양한 신분과 처지에 있는 흥부의 공통 속성은 '빈곤한 자'이다.

형 놀부와 극단적으로 대비되는 빈민으로서의 흥부는, 상속제의 변화(균등 상속에서 장자 우대 불균등 상속제로의 변화), 화폐의 유통, 기후변화에 기인한 잦은 흉작, 전염병의 유행, 국가의 가혹한 착취 등 복합적 요인으로 나타난 인물 형상이다. 또한 《흥부전》은 흥부의 맞은편에 있는 부자 놀부에게서 보듯, 부의 극단적인 편중이라는 사회경제적 문제를 주제로 삼고 있다.

여기에 동일하게 빈곤의 문제를 다루고 있는 《심청전》을 겹쳐 보자. 이 두 소설과 판소리에 대한 열광은 곧 빈곤과 부의 극단적 편중이라는 심각한 사회문제에 대한 민중의 집약적 관심을 반영하는 것이기도 하다. 한편 이는 또 다른 문제를 야기했다. 그것은 형제 사이의 윤리, 곧 혈연 간의 윤리를 붕괴시키고 있었다. 사실 《흥부전》이 제기하는 부의 편중문제는 사회경제적 문제이면서 동시에 윤리적 문제이기도 했다.

이 복합적인 난제를 어떻게 해결할 것인가. 해결을 위한 몇 가지 길이 있었다. 첫째, 조선 후기 지식인들이 제안한 수많은 개혁 프로그램을 현실화하는 것, 곧 실천에 옮기는 것이었다. 그것은 정치권력의 행사를 통해 제도의 개혁을 강제하고 기득권을 붕괴시키는 데 있을 것이지만, 궁극적으로 불가능했고 또 현실화되지도 않았다. 개혁책을 제시한 자들이 대부분 기득권에 속했기 때문이었다.

두 번째, 민중의 반란에 의한 체제의 전복이 있을 수 있다. 예컨대 중국 역사에서 종종 확인할 수 있듯, 군도群盜가 규모를 키우고 그것이 민중의 에너지를 모아 혁명세력으로 발전하는 경우다. 조선의 경우 이인좌의 난과 홍경래의 난에 민중의 저항적 에너지가 집결되기는 했지만, 기존 체제의 붕괴를 가져오는 데는 실패하였다.

마지막 방법이 민중적 상상력을 통해 이타성을 회복함으로써 문제를 해결하고자 하는 것이었다. 《흥부전》은 극단적인 빈부격차란 사회문제를 낭만적 방법으로 해결하려는 의식의 산물이다.

《흥부전》은 두 가지 이야기가 병치되어 있다. 하나는 재산을 사이에 둔 형제 간의 갈등에 관한 이야기이고, 또 하나는 흥부가 제비를 돕고 엄청난 재화를 얻는다는 이야기다. 후자는 전형적인 이타-보상담이다. 《흥부전》의 제비는 다리가 부러져 생명을 잃을 위기에 처한 약자다. 흥부는 제비를 치료해 준다. 흥부는 자신이 제비를 치료한 이타적 행위로 어떤 보상이 있을 것이라 기대하지 않았다. 흥부가 제비에게 베푼 이타적 행위는 약간의 시간과 사소한 노동력일 뿐이었다. 하지만 그것의 가치량은 제비에 의해 결정된다. 제비에게 흥부의 간단한 수고는 자신의 생명을 살린 것이었기에 보상 역시 생명의 가치에 해당하는 엄청난 양의 재화로 이루어진다. 이처럼《흥부전》에 실린 흥부와 제비의 관계는 전형적인 이타 - 보상담으로 읽을 수 있다.

요컨대《흥부전》의 작자와 독자는 이타적 행위, 이타성의 실천이 빈부의 극단적 편중과 윤리의 문제를 해결할 수 있다고 믿었다. 그것은 달리 말해 인간에게 내재하고 있는 이타적 심성의 존재를 환기하는 것이었다고 말할 수 있다. 한걸음 더 나아간다면, 빈부의 극단적 편재와 윤리의 붕괴를 목도한 민중들은 문제 해결의 방법으로 자신들에게 내재하던 이타적 심성과 행위를 다시 떠올렸다고 할 수 있다. 그리고 그들은 서사의 바다에서 특정한 이야기를 길어 올리고 그것에 다양한 구체성을 장착하여 새로운 이타 - 보상담을 만들어 나갔다고 하겠다.

동물담과 이타적 심성

《흥부전》이야기를 약간 더 연장해 보자. 흥미로운 지점은 생명을 잃을 위험에 놓인 동물을 살려서 보상을 받는다는 서사가《흥부전》의 고유 서사만은 아니라는 사실이다. 널리 알려진 바와 같이 《흥부전》의 이타 - 보상담은 몽골의 〈박타는 처녀〉와 동일하다.

〈박타는 처녀〉에서도 처녀가 부러진 제비의 다리를 동여매 살렸더니, 제비가 이듬해 박씨를 물고 왔고 그 박에서 금은보화가 나왔다. 《흥부전》과 같다. 다만 《흥부전》의 놀부가 〈박타는 처녀〉에서는 이웃집의 심술궂은 처녀로 바뀌어 있을 뿐이다. 《흥부전》과 〈박타는 처녀〉는 또 일본의 〈참새가 은혜를 갚은 이야기雀報恩の事〉[2]와 구도가 동일하다. 제비가 참새로 바뀌었을 뿐이다. 비슷한 예를 더 찾아보자면, '참새와 박씨'를 핵심 제재로 하는 동일한 구조의 서사물은 인도네시아에서는 〈황금수박Semangka Emas〉, 말레이시아에서는 〈와자와 위라 이야기Waja dan Wir〉란 제목으로 전하고 있다.[3]

한 마디로, 생명의 위기에 처한 새를 치료해 주자 그 새가 엄청난 재화로 보상한다는 이야기는 아시아 전 지역에 분포하는 셈이다. 초점이 약간 어긋나기는 하지만, 몽골의 〈박타는 처녀〉는 한국 고유의 이야기가 고려 때 원元으로 이식된 것이라는 주장이 있다. 그게 사실이라면 이 역시 '제비와 박씨'를 제재로 하는 이타-보상담이 고려 때에 이미 존재했다는 증거가 될 수 있다. 물론 이것을 증거로 삼지 않더라도 동일한 구조의 이야기가 초시간적·초지역적으로 존재했다는 것은 두말할 필요가 없다. 이런 초지역적·초시간적으로 동일한 구조와 제재를 갖는 이야기의 존재는 이타적 심성과 그에 기초한 이타적 행위가 존재하며, 그것에 반드시 보상이 주어져야 한다는 관념이 인간에게 보편적으로 존재했음을 의미한다.

《흥부전》의 '제비와 박씨' 이야기는 동물담動物談이다. 동물담의 여러 갈래 중 이타-보상의 구조를 갖는 동물보은담은 흔하다. 예컨대 널리 알려져 있는 〈종을 울려 보은한 새 설화〉[4]는 다음과 같은 이타-보상의 구조로 되어 있다. 산길을 가던 남자(포수, 선비)가 구렁이에게 잡아먹힐 위기에 처한 까치를 구해 준다(이타적 행위). 구렁이의 암컷이 선비를 죽이려 하는데, 까치가 종을 세 번 쳐서 선비를 살린다(보상).

동일한 구조의 다른 작품을 보자. 〈지네장터〉에서 가난한 처녀가 자기 밥을 떼어 두꺼비 새끼를 먹여 살린 것은, 곧 약자의 생명을 살리는 이타적 행위다.[5] 뒤에 두꺼비가 지네와 싸워 지네에게 제물로 바쳐진 처녀를 구한 것은 그 이타적 행위에 대한 보상으로 해석된다. 물론 이타적 행위의 대상자였던 두꺼비가 개별적 차원에서 처녀에게 직접 보상했기에 그것은 '보은'이라고 부를 수 있다. 한편 두꺼비의 보상으로 인해 처녀를 지네에게 바치는 인신공희人身供犧의 관습이 없어지게 된다. 처녀의 이타적 행위는 결국 향리공동체에 이익이 되기도 했던 것이다.

동일한 구조를 갖는 동물보은담은 많은 수가 전해진다. 이타적 행위의 대상이 된, 다시 말해 위기에 빠진 동물은 개, 쥐, 올챙이, 사슴, 구렁이, 호랑이 등 매우 다양하다. 이런 동물들이 인간의 이타적 행위의 대상으로 설정된 것은 자연계의 먹이사슬 위계를 일정하게 반영한다. 하지만 그것은 '일정하게'만이다. 예컨대 〈종을 울려 보은한 새 설화〉 속 뱀과 까치의 관계에서 뱀이 포식자(강자)

이고 까치는 피포식자(약자)라는 것은 먹이사슬의 위계를 반영한 결과다.

하지만 설화의 주인공으로 등장하는, 위기에 빠진 동물 혹은 약자로서의 동물은 먹이사슬 위계의 전적인 반영은 아니다. 〈지네장터〉에서 두꺼비는 처녀의 돌봄으로 살아가는 약자로 설정되고, 지네는 인간을 포식하려는 강자 혹은 악한 존재로 그려진다. 그러나 이와 반대의 경우도 있다. 〈지네 덕으로 부자 된 이야기〉에서는 지네가 가난을 견디지 못해 자살하려는 남자를 살리고 결국 부자로 만들어 주는 존재가 된다.[6] 중국에 전래되는 〈지네보은 蜈蚣報恩〉 유형의 설화에서는 은혜를 입은 지네(약자)가 뱀(강자)을 물리치고 주인을 구한다.[7] 〈종소리〉와 〈지네보은〉에서 악한 존재였던 뱀은 현재 전승되고 있는 〈구렁이를 구해 주고 성공한 사람〉에서는 사람에게 잡혀 장터에서 팔리는 약한 존재일 뿐이다.[8] 호랑이는 먹이사슬의 정점에 있고 인간에게 위협적인 동물이지만, 〈호랑이가 잡은 모자〉에서는 비녀가 목에 박혀 생명의 위기에 놓인 약자다.

이처럼 동물담에서 이타적 대상이 되는 동물은 자연의 먹이사슬 혹은 인간의 호오를 온전히 반영하지는 않는다. 한 종류의 동물이 어떤 경우 강자로 설정되는가 하면, 어떤 경우 위기에 처하여 도움을 바라는 존재로 설정된다. 이 가변성은 주목할 만한 가치가 있다. 그것은 동물담의 관심이 동물 자체에 있지 않고 동물이 처한 위기에 있다는 것을 의미한다. 확대하자면, 동물보은담은 동물 자체가 아니라, 이타-보상의 구조를, 나아가 이타적 심성의 존재와 그것에 근거한 이타적 행위의 실천을 유도하는 데 궁극적으로 관심을 둔다는 것이다. 동물보은담은 2장에서 검토한 이타-보상담처럼 동물을 달리하고 위기의 성격을 달리하면서 다양하게 변주되었으나, 이타-보상의 구조 자체는 완전히 동일하다고 말할 수 있다.

동물보은담의 광범위한 유포

동물보은담은 세계 각지에 광범위하게 유포되어 있다. 또 발생 시각을 추리할 수 없을 정도로 오랜 것이기도 하다. 현재까지 전해지고 있는 〈은혜 갚은 호랑이〉를 예로 들어 보자.[9] 어떤 총각이 나무하러 산에 갔다가 목에 비녀가 박힌 호랑이를 만나 비녀를 뽑아 준다. 호랑이는 명당을 일러 주고 부잣집으로 인도한다. 총각은 신부를 얻고 처갓집 재산으로 부자가 된다. 또 명당에다 조상묘를 써서 더욱 풍족스럽게 살게 된다. 호랑이가 자신을 살린 총각에게 물질적 보상을 한 것이다.

동일한 이야기는 《어우야담》에 〈문화 류씨文化柳氏 시조담〉으로 실려 있다. 문화의 장교 류씨는 산길을 가다가 호랑이를 만난다. 호랑이가 길을 비켜 주지 않고 버티기에 한참을 있다가 달빛에 호랑이 입 안을 보니 비녀가 꽂혀 있었다. 류씨가 그것을 빼내

이타利他와 시여施與 ━●

주니 호랑이가 감사해하며 떠났다. 뒤에 류씨가 아버지의 무덤을 정할 때 호랑이가 명당을 찾아 주었다. 류씨는 뒤에 류차달柳車達을 낳았는데 승상이 되었다. 류차달은 문화 류씨의 시조다.[10] 위기에 빠진 호랑이를 사람이 돕고(이타적 행위), 그 결과 호랑이로부터 보상을 받는다는 전형적인 이타-보상담이다. 《어우야담》은 17세기 전반에 저술된 것이니,[11] 〈은혜 갚은 호랑이〉는 17세기 이전부터 전승되어 오던 것이 분명하다.

이 이야기는 한반도에만 있는 것이 아니고, 아시아 지역에 광범위하게 분포되어 있으며 또 오랜 전승의 역사를 가지고 있는 것이기도 하다. 현재 중국 헤이룽장성과 네이멍구 자치구에 분포하는 다우르족達斡爾族의 〈투와친의 위험 탈출圖瓦沁脫險〉과 어룬춘족鄂倫春族의 〈호랑이가 잡은 모자虎抓帽子〉 3편은 〈은혜 갚은 호랑이〉와 구조가 동일하다.[12] 다우르족의 설화 〈투와친의 위험 탈출〉의 내용은 다음과 같다.

사냥꾼들이 사냥을 하는데 호랑이가 나타나 어쩔 수 없이 장막 밖으로 모자를 던져 호랑이가 모자를 무는 사람이 남기로 한다. 각자 모자를 던지자 호랑이는 투와친의 모자를 물고 갔다. 나무 위로 피신한 투와친이 호랑이를 보자 호랑이가 무언가를 부탁하는 것 같아서 보니, 호랑이 앞발에 가시가 박혀 있었다. 투와친이 사냥용 칼로 가시를 뽑아 주었다. 호랑이는 그날 밤 다시 와서 모피를 가져다주었고, 이어 며칠간 야물野物(야생동물)을 가져다준다.

투와친은 위기에 빠진 호랑이를 돕는다. 호랑이는 투와친을 죽일 수도 있는 맹수다. 투와친은 자신의 생명이 위험해지는 것을 알면서도 호랑이를 도운 것이다. 생명의 위험을 부담하는 것은 '자기손실'에 해당한다. 또한 그가 호랑이의 가시를 뽑을 때 호랑이에게 어떤 보상을 기대한 것도 아니었디(보상 기대 부재). 하지만 호랑이는 투와친에게 모피와 야생동물을 사냥하여 갖다줌으로써 투와친의 이타적 행위에 대해 보상한다(보상의 의무). 〈투와친의 위험 탈출〉 역시 이타 - 보상담이다.

어룬춘족의 이야기도 크게 다르지 않다. 모두 3편이 채록되어 있는데 줄이면 다음과 같다.

(1) 사냥꾼들이 한 어린아이와 사냥을 갔다가 밤에 노숙을 한다. 호랑이가 와서 기회를 노리자, 한 사람이 모자를 던져 호랑이가 선택한 모자의 주인이 남자고 제안한다. 호랑이는 어린아이의 모자를 선택한다. 아이가 무서워 나무에 올라갔더니, 호랑이가 찾아와 앞발을 내민다. 앞발에는 가시가 박혀 있었다. 아이가 가시를 뽑아 주자 호랑이는 아이를 도와 짐승을 많이 잡아 주고 아이를 등에 태워 집까지 데려다준다.

(2) 소년 사냥꾼이 산에서 호랑이를 만나 나무 위로 피한다. 호랑이는 소년을 잡아먹으려다가 앞다리가 나무에 끼어 꼼짝도 하지 못한다. 소년이 나무를 베어 호랑이를 구해 주자, 호랑이는 짐승을 많이 사냥해 가져다주고 소년을 집까지 데려다준다.

(3) 어른 7, 8명이 어린아이 1명과 노루 사냥을 갔다가 호랑이를 만난다. 우두머리는 '가죽장갑'을 던져 호랑이가 선택하는 사람이 남자고 제안한다. 호랑이는 어린아이의 장갑을 선택한다. 아이가 오던 길로 되돌아오다가 호랑이가 나타나자 나무 위로 올라간다. 호랑이가 나무로 뛰어오르다가 앞다리가 나무에 끼어 꼼짝도 하지 못하자, 아이가 나무를 당겨 빼 준다. 호랑이가 다음 날부터 멧돼지를 잡아오고 집으로 돌아갈 때 태워 준다. 이후 호랑이는 돼지, 노루를 잡아왔다.

(1)은 〈투와친의 위험 탈출〉과 사실상 동일하다. (2)는 앞부분 모자를 던지는 부분이 생략되어 있고 호랑이가 나무에 끼이는 것이 위기로 설정되어 있다. (3)은 모자가 아니라 가죽장갑을 벗어 던진다는 점이 다르고 후반부는 (2)와 동일하다. (2)는 모자 혹은 장갑을 던지는 부분이 생략되었을 것이다. 말하자면 어룬춘족의 세 이야기는 부분적인 변개는 있지만, 다우르족의 이야기와 다를 바 없다. 요약하자면 그것은 호랑이가 나타나자 모자(혹은 장갑, 기타 그 사람을 대신하는 물건)를 던져 한 사람을 남기고, 그 사람이 위기에 빠진 호랑이를 구하고, 호랑이는 자신을 살린 사람에게 사냥물로 보상한다는 것이다. 이것은 앞서 이야기했던, 현재까지 전승되는 〈은혜 갚은 호랑이〉와 동일한 것이다.

송대宋代에 편집된 《태평광기太平廣記》의 〈곽문郭文〉에도 동일한 이야기가 실려 있다. 호랑이가 천주산天柱山에서 도교 수련에 열중하고 있던 곽문을 찾아와 입을 벌려 목에 박힌 뼈를 보이며 고통을 하소연한다. 곽문이 그것을 뽑아 주자 호랑이는 사슴 한 마리를 물어다주었고, 이후 그를 따라다니며 서책과 나무 등의 물건도 등에 지고 다녔다.[13] 앞의 다우르족과 어룬춘족 이야기의 후반부에 해당하는 것이다. 우리는 왜 동일한 이야기가 이렇게 광범위하게 전승되었는지 이유를 알지 못한다(아마도 영원히 알 수 없을 것이다!). 하지만 중요한 것은 동일한 구조, 동일한 주제의 이야기가 한국과 만주, 중국 등 매우 넓은 지역에서 오랜 기간 전승되고 있다는 점이다.

다우르족의 〈투와친의 위험 탈출〉과 어룬춘족의 〈호랑이가 잡은 모자〉의 (1)과 (3)은 각각 호랑이가 모자(가죽장갑)를 선택한 사람을 살려 준다는 전반부와 그 사람이 호랑이를 돕고 다시 호랑이로부터 보상을 받는다는 후반부로 나뉜다. 전반부는 김관의金寬毅의 《편년통록編年通錄》에 실린 왕건의 6대조 호경虎景의 이야기와 일치한다. 《고려사》 〈고려세계高麗世系〉에 인용되어 실린 이야기를 줄이면 다음과 같다. 성골장군聖骨將軍 호경은 마을 사람 9명과 함께 평나산으로 사냥을 나갔다가 날이 저물자 동굴에서 하룻밤을 지내려 한다. 하지만 호랑이 한 마리가 굴 입구에서 울부짖었다. 사람들이 관冠을 던져 호랑이가 선택하는 사람이 호랑이와 맞서자고 해 관을 던졌더니 호랑이가 호경의 관을 선택했다. 호경이 나가서 싸우려 하는데 호랑이는 보이지 않고 굴이 무너져 9명이 죽고 말았다. 호경은 뒤에 9명의 장례를 치르기 전에 먼저 산

이타利他와 시여施與 ━●

신에게 제사를 올린다. 산신은 자신이 과부라며 호경과 결혼해 산을 같이 다스리기를 원한다고 했다. 산신과 결혼한 호경은 원래의 아내를 잊을 수 없었다. 밤마다 찾아와 교합하여 아들 강충康忠을 낳는다. 강충의 4대손이 고려 태조 왕건이다.

《고려사》에 인용된 《편년통록》의 저자 김관의는 의종毅宗 (1146~1170) 때 인물이니 호경 이야기는 적어도 12세기 후반에 유포되어 있었음을 알 수 있다. 호경 이야기는 건국 영웅의 내력이 비범함을 보여 주는 것인데, 이것은 청淸 건국 시조인 누르하치의 이야기에서도 동일하게 반복된다.[14] 문제는 〈투와친의 위험 탈출〉 이야기가 둘로 나뉘어 전승되었다는 사실이다. 전자 곧 〈호랑이 가 잡은 모자〉는 《편년통록》에 남아 있으므로 이야기의 존재 상한 선을 12세기 후반까지 끌어올릴 수 있지만, 후자 곧 호랑이를 구해 주고 보상을 받는다는 이야기는 문헌에 남지 않았다. 하지만 〈호랑이가 잡은 모자〉에서 원래 어룬춘족의 투와친이 평민이라는 점, 또 어룬춘족의 세 이야기가 모두 어린아이로 설정되어 있음을 근거로 원래 이 이야기의 주인공은 어린아이였으나 국가 건국과 관련하여 영웅으로 각색되었다고 이해할 수 있다. 그러니까 원래 《편년통록》의 저작 시기인 12세기 후반 〈투와친의 위험 탈출〉 같은 형태의 이야기가 전해지다가 필요에 따라 분리되어 각각 전승되기도 했던 것으로 보인다. 곧 후반부 이타-보상담의 존재 역시 오래된 것으로 볼 수밖에 없다.

호랑이를 위기에서 구해 주고 호랑이로부터 보상을 받는 이야기를 이렇게 장황하게 언급하는 것은, 이 이야기가 만주와 중국, 한반도에 걸쳐 있으며, 시간적으로는 중국의 경우 《태평광기》가 편집된 977년에, 한국의 경우 《편년통록》이 저작된 12세기 후반에 이미 존재했음을 강조하고 싶어서이다. 즉 동물을 이타적 행위의 대상으로 삼고, 동물이 보상의 주체가 된 이타-보상담이 광범위한 지역에서 오랫동안 전승되고 있었다는 사실을 확인하려는 것이다.

생명의 공유

이타-보상담으로서 동물담이 성립하기 위한 최초의 조건은 위기와 그로부터 발생하는 고통을 경험하는 주체가 인간이 아니라 동물이라는 점이다. 그런데 인간은 위기에 처한 동물의 고통에 공감한다. 그 고통은 위기, 곧 생명의 위기에서 오는 것이다. 목에 뼈가 박히거나 발에 가시가 박힌 호랑이는 결국 죽을 수밖에 없다. 인간은 동물의 고통에서 생명의 위기를 보았다. 생명이 소거될 위기에 처한 동물을 돕고, 그 동물이 다시 사람에게 보상한다는 동물담이 오랜 기간에 걸쳐 광범위하게 전승된 것은, 인간 스스로 자신의 존재적 상황을 드러낸 것일 터이다. 곧 생명의 차원에서 인간은 동물과 격절隔絶된 존재가 아니라 연속적인 존재라는 것이다. 그것은 인간과 동물이 경험적으로 구분되는 존재이기는 하지만, 생명의 차원에서 연속적 존재라는 점을 전제한다.

이런 이유로 설화의 세계에서는 인간과 동물이 구분되지 않는다. 양자는 상호 변환變換의 관계에 놓인다. 오비디우스의《변신이야기》,《수신기搜神記》,《태평광기》,《요재지이聊齋志異》의 설화에서 인간은 동물이 되고 동물은 인간이 된다. 여우와 뱀은 인간이 되기를 꿈꾸고 실제 인간이 된다. 인간과 동물은 결혼하여 자식을 낳는다. 단군신화에서 곰과 호랑이는 인간이 되려고 했고, 결국 곰은 여자가 되어 사람의 자식을 낳는다. 〈김현감호〉에서 김현은 처녀로 변신한 호랑이와 사랑을 나눈다.《어우야담》에서도 인제군의 한 백성은 암곰과 동거하며 부부관계를 맺고, 그 암곰은 인간의 말을 이해한다.[15] 이와 반대로 인간은 염소가 되어 그들과 결혼하기도 한다.[16] 이 생명적 연속성이 동물의 고통에 공감하는 근거다.

인간과 동물은 상호 변신이 가능한 생명적 연속성을 갖지만, 현실에서 인간과 동물은 직관적으로 구분되는 존재다. 이 모순을 어떻게 이해할 것인가. 이 책이 논의 대상으로 삼고 있는 조선 후기맥락에서 이 문제를 검토해 보자. 성호 이익의 글을 출발지로 삼는다. 성호는《성호사설》의 〈식육食肉〉이란 글에서 이렇게 말한다.

① 백성은 나의 동포이고 만물은 나와 동류다.
② 초목은 지각이 없어 혈육을 가진 동물과 구별되기에 사람은 그것을 살아갈 수단으로 삼는다. 그러나 날짐승·길짐승은 살기

를 좋아하고 죽기를 싫어하는 의지를 갖는다는 점에서 사람과 동일하다. 어떻게 차마 해칠 수가 있단 말인가?

③ 동물 중에서 사람을 해치는 동물은 이치상 마땅히 잡아 죽일 수 있다.

④ 또 사람에 의해 길러지는 가축들은 사람에게 그 생명을 내줄 수도 있다.

⑤ 하지만 저 산에서, 물에서 절로 나고 절로 자란 것들이 모두 사냥과 고기잡이의 대상이 되는 것은 또 무슨 이유에서인가?

⑥ 어떤 사람은 이렇게 말한다. "만물은 사람을 위해 생겨난 것이다. 따라서 당연히 사람에게 잡아먹히는 것이다." 이 말에 정자程子는 이렇게 답했다. "좋다. 이는 사람의 피를 빨아 먹고 산다. 그렇다면 사람이 이를 위해 생겨났다는 말이냐?" 정자의 변론 또한 분명하다.[17]

현실에서 '백성'과 '나'는 피지배계급과 지배계급이다. 곧 상호 간 위계가 있다. 하지만 성호는 사족과 민民은 위계 없는 동일한 존재라고 말한다. 양자는 인간이라는 동일한 존재 곧 동포同胞라는 속성을 갖기 때문이다. 이어 '만물은 나와 동류'라고 했을 때 만물과 나는 동일한 속성을 갖는 존재다. 만물은 식물과 동물을 합친 생물이다. 곧 만물은 생명을 갖는 존재다. 생명의 차원에서 동물과 식물은 인간과 같은 속성을 가진 동일한 존재다.

그럼에도 성호에 의하면 동물과 식물은 일정하게 구분된다. 식

이타利他와 시여施與 ──●

물은 지각이 없어 혈육을 갖는 동물과 구분된다. 인간은 직관적으로 식물이 세계를 인지하지 못하고 그 인지를 근거로 세계에 대해 반응하지 않는다는 것을 안다. 나무는 자신의 생명을 소거하는 나무꾼의 벌목에 고통과 회피의 반응을 보이지 않는다. 성호에 따르면 그것은 혈육, 곧 피와 살로 구성되는 감각기관의 부재 때문이다. 동물은 피와 살로 구성된 감각기관에 근거하여 지각능력을 갖는다. 동물은 자신의 생명을 인지하고 살려는 의지, 곧 생명의지를 갖는다. 생명의지는 죽음을 회피하는 시그널에서 뚜렷하게 확인할 수 있다. 몸짓, 눈빛, 비명 등 신체 시그널을 통해 죽음의 고통을 드러낼 수 있다. 그것은 역으로 강렬한 생명의지의 표현이다. 인간 역시 생명의지를 가지고 죽음을 회피하는 시그널을 내보내는 신체를 가졌기에 동물의 시그널을 고통으로 해석할 수 있다. 곧 인간과 동물은 고통을 매개로 하여 연속된 생명이다.

다만 성호가 지적했듯 동물은 인간에게 포식 대상으로 존재한다. 죽음을 당하는 동물의 고통에 공감하면서 동물에게 고통을 가하고 생명을 소거한 뒤 그 살을 먹는 행위는 당연히 모순을 조성한다. 성호가 인용하는 "만물이 모두 인간을 위해 생겨났기 때문에 인간에게 잡아먹히는 것이 마땅하다"는 인간중심주의는 그 논리를 돌파하기 위해 고안한 것일 터이나, 이 논리는 정자에 의해 반박된다. 정자는 "이는 사람을 무는데(곧 피를 빨아 먹고 산다는 뜻), 그렇다면 사람이 이를 위해 태어났다는 말인가?"[18]라고 반박한다. 성호는 나아가 "만물이 사람을 위해 만들어졌다"는 서양인

의 인간중심주의를 황당한 논리라고 변파한다.[19]

성호는 스스로 인간중심주의의 논리를 변파함으로써 모순을 해결하기는커녕 해결 불가능성을 강화했다. 동물을 자신과 동일한 신체를 가지고 있는, 생에 대한 의지를 가지고 있는 존재라고 인정한다면, 또한 동물이 죽음에서 겪는 고통에 공감한다면 인간은 어떤 논리로도 동물을 죽여 그 살을 먹을 수 없다는 결론에 도달한다. 이것이 유가로서는 드물게 성호가 불교가 자비에 집중하는 것이 옳다고, 다시 말해 불교의 불살생不殺生과 육식 금지의 교리가 옳다고 판단하는 이유일 것이다.[20] 하지만 인간의 육식은 불가피한 현실적 문화다. 그는 이미 식육의 문화는 성인聖人도 바꾸지 못할 대동大同의 풍속이 되어 있어 성인도 그것을 바꾸지 못할 현실을 인정한다. 그는 육식의 자연성을《예기禮記》의 "아직 화식하지 않았기 때문에 초목의 열매와 새와 짐승의 고기를 먹고, 그 피를 마시고 그 털을 옷으로 입었다"[21]는 구절을 인용함으로써 인정한다.

하지만 그는 여전히 육식이 금지된 세상을 꿈꾼다. 만약 유가의 전설처럼 성인이 제도를 만들었다면, 그래서 그 성인이 오곡五穀·상마桑麻(뽕나무와 삼, 곧 직물의 재료)의 세상에 태어나 고기를 먹는 풍속을 없앴더라면, 지금처럼 많은 살생을 하지는 않았을 것이라고 주장한다.[22] 결국 성호는 육식이 부득이하다면 그것을 최소한으로 받아들여야 할 것이라는 결론에 도달한다. 식욕을 한정없이 충족하려고 살생을 거리낌 없이 자행한다면 약육강식으로 귀결되고 만다는 것이었다.[23] 육식을 최소한으로 제한해야 한다는 결론은, 인간과 동물이 피와 살로 상징되는 신체와 지각을 갖는, 생명의지를 갖는 연속적 존재라는 것, 이로 인해 인간은 죽음을 직면한 동물의 고통에 공감하는 존재라는 사실로부터 도출된 것이었다.

육식이 갖는 모순을 해결하는 데 성호가 난처했음은 물론이다. 이 문제는 중요하지만 여기서 더 다룰 주제는 아니다. 문제는 성호가 동물의 고통에 공감하는 존재로서 인간을 설정하고 있다는 것이다. 그렇다면 이것은 성호 개인의 사유일 뿐인가. 우리는 경험적으로 그 공감이 거의 보편적이라는 것을 알고 있다. 성호는 인간이 공유하고 있던 사유를 정제된 언어와 문자로 표현했을 뿐이다. 다시 성호가 인용하는 이야기를 들어 보자. 성호는 선조의 일곱 번째 아들인 인성군仁城君 이공李珙이 참형을 앞두고 한 말을 끌고 온다.

나는 평생에 큰 잘못을 저지른 적이 없다. 다만 궁을 나올 때 상上(임금)의 급박한 명을 받들어, 더운 여름날 집을 짓는 공사를 벌여 옛집을 철거했는데, 기왓장 아래 참새 새끼 수천 마리가 모두 죽고 말았으므로 늘 차마 해서는 안 될 짓을 했다는 생각이 머리를 떠나지 않았다. 나의 죽음은 그 앙화를 입은 것인가?[24]

이공은 이복형인 광해군이 인목대비를 폐하고자 했던 폐모론에 어쩔 수 없이 동참했는데, 이것은 당연히 인조반정 이후 문제가 되었다. 복잡한 곡절을 겪은 끝에, 마침내 인조는 자살을 명한다. 인성군은 죽기 직전 자기 죽음의 이유를 찾지만 자신이 죽어야만 할 그 어떤 이유도 찾지 못한다. 다만 의도한 것은 아니지만, 자신의 행위로 인해 죽은 참새 새끼 수천 마리가 떠올랐다. 참새 새끼의 죽음과 이공의 죽음은 성호가 지적하고 있듯, 둘 사이에 어떤 연관도 있을 수 없다. 하지만 이공은 자신이 기와를 벗겼을 때 뙤약볕에 죽어 가던 참새 새끼의 고통을 강렬하게 소환한다. 살고자 하는 동물의 생명의지를 꺾고 죽인 것은 그에게도 엄청난 내적 고통을 야기했을 것이다. 그는 일종의 죄의식을 갖게 된 것이고, 참새의 고통과 죽음이 자신의 죽음을 야기했다고 생각한다. 여기서 주목해야 할 것은 인간과 동물의 생명적 연속성, 곧 인간의 생명과 동물의 생명이 연결되어 있다는 생각 그 자체다. 그것은 인간과 동물이 생명이란 차원에서 동일한 존재라는 사유다.

이공의 이야기에 이어 성호는 조선 전기의 명재상 상진尙震의 일화를 인용한다. 상진은 외아들이 죽자 흐느끼며 이렇게 말한다. "나는 해물害物하려는 마음을 품은 적이 없었다. 다만 평안감사로 있을 때 백성들에게 매일 파리를 잡으라고 시켰더니, 시장에서 파리를 파는 자까지 나타났다. 아들이 죽은 것은, 그 일의 응보인가?" 파리의 죽음과 자식의 죽음은 상호 독립적이다.[25] 하지만 상진은 양자의 연속성을 떠올린다.

성호와, 이공·상진의 생각을 음미해 보면, 생명은 역설적이게도 죽음으로 그 존재를 예민하게 드러낸다. 고통은 죽음 곧 생명 소멸의 시그널이다. 따라서 고통에 대한 인지 역시 역설적으로 생명의 존재를 예민하게 의식한다. 그런데 나와 동물은 생명 차원에서 동일한 존재다. 따라서 죽음을 인지한 동물의 고통은 곧 나의 고통이 된다. 고통에 공감하게 되는 것이다.

《맹자》〈양혜왕상梁惠王上〉의 한 부분은 그 공감의 구체적 양태를 보여 준다. 제齊의 선왕宣王은 어떤 사람이 소를 끌고 지나가는 것을 보고 어디로 데려가는가 묻는다. 흔종釁鍾(종을 주조할 때 종의 표면에 살아 있는 소의 피를 뒤집어 씌우는 의식)에 사용할 피를 얻기 위해 죽이려고 끌고 가는 중이라고 답하자, 선왕은 "그 소가 벌벌 떨며 죄 없이 죽을 곳으로 가는 것을 차마 볼 수 없다[不忍其觳觫若無罪而就死地]"고 말하고 양으로 바꾸라 지시한다. 선왕은 평소와는 다른 소의 신체 시그널(벌벌 떠는 것)을 보고 이상함을 느껴 소가 끌려 가는 곳을 물었던 것이다. 흔종에 필요한 피를 얻기 위해 도살장으로 간다는 말을 듣자, 선왕은 그 시그널을 죽음에 대한 고통과 공포로 치환한다. 생명을 갖는 인간 선왕은 소의 고통에 공감한다. 정서적 직관에 의한 고통의 공감으로 동물의 고통은 인간에게 이전된다. 고통의 질과 양이 동일하게 복제되고 이전되는 것이라고 말할 수는 없지만, 그것은 인간에게 심각한 심리적 고통을 야기한다. 선왕이 소를 죽음에서 구하고 양으로 바꿀 것을 명령한 행위는 그 심리적 고통에서 벗어나려는 것이다.

맹자는 선왕에게서 정서적 직관에 의해 타자의 고통에 공감하는 능력을 보았던 것이고, 그것을 민民을 대상으로 발휘할 것을 요구했다. 그의 목적은 정치권력을 독점한 제왕을 설득하는 데 있었기 때문에 선왕과의 대화에서 소와 양의 상위 범주인 동물의 죽음과 고통에 대해서는 더 이상 언급하지 않았다.[26] 하지만 문제는 남는다. 동물의 살코기를 먹는 인간의 식문화는 동물을 죽일 수밖에 없다. 맹자는 이 난감한 문제를 이렇게 처리했다. "군자는 금수에 대해 살아 있는 것을 보고 차마 그 죽은 것을 보지 못하고, 그 소리를 들으면 차마 그 고기를 먹지 못한다. 이런 이유로 군자는 푸줏간을 멀리 둔다."[27] 육식을 포기하지 않는다면, 인간은 동물을 죽이지 않을 수 없다. 다만 인간은 동물의 죽음을 직시하고 동물의 살을 먹을 수 없다. 그것은 동일하게 생명을 공유한 존재가 다시 물질화하면서 겪는 고통을 환기하기 때문이다. 군자는 짐승을 도살하는 장소를 자신으로부터 멀리 떼어 놓음으로써 고통의 환기에서 벗어나고자 한다. 불교와 현대의 채식주의자들은 이 문제를 끝까지 밀고 나가서 육식을 단념하지만, 유가의 경우는 문제를 회피하고자 했다. 하지만 회피에도 불구하고 타자의 고통에 대한 불편한 감정은 고스란히 남아 있다.

동물과 육식의 문제를 최종적인 상태까지 밀어붙이지는 않았지만, 그 문제의 내부에 포함된 '타자의 고통에 대한 공감'이란 주제는 사실 《맹자》 전체를 관통하는 것이다. 맹자는 제 선왕의 소에 대한 태도에서 이타적 심성의 발현을 확인하고 그것을 민民에 옮겨 실현할 것을 요구했다. 생명의 고통에 대한 공감은 이제 인

이타利他와 시여施與 ─●

간의 문제로 이동한다. 전술한 동물보은담과 관련하자면, 동물보은담은 사실 인간의 이타적 심성의 문제를 다룬 것이었다.

맹자는 "사람은 모두 남의 고통을 차마 그냥 두고 보지 못하는 마음이 있다"[28]라고 말한다. 곧 타자의 고통에 대한 공감력은 '생득적生得的'인 것이다. 맹자는 그것을 '측은지심惻隱之心'이라고 요약한다. 맹자는 어린아이가 우물에 빠지는 것을 목도한 사람의 예를 든다. 그 사람은 즉각 아이를 구하려 할 것이다. 그 행위는 '사려' 혹은 계산에 앞서는 즉각적인 것이다. 아이의 부모와 친교가 있거나, 지역 사회나 친구들로부터 명예를 구하기 위해서나, 그 아이가 내지르는 소리를 듣기 싫어서가 아니다.[29] 타자가 처한 위기와 고통에 대한 인지와 공감은 즉각적으로 일어난다. 맹자는 이어 "측은지심이 없으면 사람이 아니다"라고 말한다. 맹자의 말은 타인에 대한 인간의 공감능력은 생득적으로 존재하는 것이라는 주장이다.

주자朱子는 이 부분을 이렇게 해석한다. "천지는 만물을 살리는 것을 마음으로 삼았다. 삶을 얻게 된 만물은 이 때문에 각각 천지의 살리는 마음을 얻어 그것을 자신의 마음으로 삼는다. 그래서 사람들은 모두 남의 고통을 차마 그냥 두고 보지 못하는 마음을 갖게 된 것이다."[30] 측은지심은 곧 이타적 심성이다. 그는 이타적 심성이 자연에 근거한, 본래적인 것이며, 동시에 그것이 없으면 사람이 아니라는 말[31]로 그 당위적 보편성을 선언한다. 맹자는 이 이타적 심성–측은지심을 인仁의 단서[32]로 규정하여, 그 위에 유가의 윤리를 구축한다.

　맹자가 '측은지심'으로 요약한 이타적 심성은 종교에 두루 보이는 것이다. 예컨대 《신약성서》는 사마리아 사람의 이야기를 전한다. 강도를 맞아 쓰러져 죽게 된 사람을 유대 사회에서 배제된 사마리아 사람이 구제하고 떠난다. 제사장과 레위인이 돌아보지 않고 지나친 그를 사마리아 사람은 상처에 기름과 포도주를 붓고 싸매어 주고 자기 나귀에 태워 여관으로 데려가서 간호해 준다. 그는 떠날 때 자기 돈 2데나리온을 꺼내 여관 주인에게 주면서 그 사람을 돌보아 달라고 부탁하고 돈이 모자라면 돌아올 때 갚겠다고 약속한다.[33] 죽음 앞에 선 약자의 생명을 다시 살린다는 점에서 전형적인 이타적 행위다. 이런 이타적 심성은 불교에서는 자비심으로, 이슬람에서는 자카트Zakat로 나타난다.

　맹자에 의하면 이타적 심성은 생득적이고 보편적이다. 하지만 앞서 간단히 지적한 것처럼 맹자는 이타적 심성이 보편적으로 존재해야 한다고 주장했을 뿐이다. 이타적 심성은 존재하지만 그것이 보편적으로 존재하는 것은 아니다. 즉 인간에게 타자의 고통에 공감하는 이타적 심성의 존재와 그것의 발현은 객관적으로 관찰할 수 있지만, 이로써 이타적 심성의 보편성을 주장할 수는 없다는 것이다. 우리는 경험적으로 타인의 고통에 전혀 공감하지 못하는 인간, 즉 공감능력이 결여된 인간도 존재하며, 혹은 타인의 고통을 자기 이익의 실현에 이용하는 인간도 있음을 안다. 이타적 심성은 개인에게 높은 밀도로 존재하기도 하고, 낮은 밀도

　　　　　　　　이타利他와 시여施與　——●

로 존재하기도 한다. 이타적 심성은 인간 개체의 내부에 또 인간 전체에 어떤 비율로서 존재할 것이다.

선한 사마리아 사람의 존재는, "네 이웃을 네 몸같이 사랑하라"는 율법서의 이웃이 누구인가를 묻는 율법 교사에게 답하는 예수의 답변에서 드러난 것이다. 율법 교사에게 이타적 심성의 존재와 그것의 실현, 곧 실천은 괴리되어 있다. 제 선왕 역시 소의 고통에 동조하여 양으로 바꿀 것을 명한 자신의 행위가 이타적 심성에 기초하고 있다는 사실을 명료하게 인식하지 못하고 있으며, 아울러 그것을 민民에게 확대하여 적용하지 못한다. 이것이 이타적 심성이 비율적으로 존재한다는 의미다. 이타적 심성의 발현물인 이타-보상담은 이제까지 누차 언급한 바와 같이 생명 있는 것들의 고통에 대한 공감에서 시작된 것이다. 그것은 바로 공생共生의 사유의 발현이기도 한 것이다.

5장

이타적 심성의 현실적 발현, 시여

시여의 역사와 시여문화

앞 장에서 언급한 바와 같이 이타-보상담은 이타적 심성의 존재를 확인하고 그것을 환기하려는 의도를 내장하고 있었다. 그 의도는 분명 사회 현실을 반영한 것이지만, 작품 자체의 서술에는 현실성을 결여한 부분이 허다하였다. 예컨대 1, 2장에서 거론한, 널리 전파되고 유통되었던 이타-보상담에서 이타적 행위에 대한 서술은 현실적일 수 있으나 보상이 이루어지는 부분에서는 개연성이 확연히 떨어진다.

예컨대 〈거여객점〉에서 김기연이 거지 여인에게 돈 2꿰미를 주는 장면은 개연성이 충분하다. 하지만 보상이 이루어지는 부분은 개연성이 거의 없다. 특히 거지 여인이 돈 2꿰미로 거대한 부를 축적하는 부분은 현실성이 낮다고 보아야 할 것이다. 〈비부〉에서 오가에게 주어진 보상, 곧 산삼은 우연으로 얻은 것이었다. 〈그래야 내 아들이지〉에서 김신조가 자신이 구해 주었던 아전 집안 사람들을 만난다는 설정, 〈고담〉에서 이희녕이 무작정 들어간 전관의 집에서 자신이 도왔던 여인인 전관의 아내를 만나 그녀와 전관으로부터 보상을 받았다는 부분 역시 개연성이 떨어진다. 하지만 역으로 이런 희박한 개연성이 작품의 흥미를 높이는 것도 부정할수 없다. 요컨대 이타-보상담들은 원래 어떤 구체적인 사건을 바탕으로 삼고 또 그것은 나름대로 일정하게 현실을 반영하는 것이기도 하지만, 사실적으로 반영하는 것은 아니다. 그렇다면 이처럼 개연성이 떨어지는 허구와 달리 이타적 심성은 실제 사회에서 어떻게 발현되었던 것인가. 이 문제를 검토해 보자.

여기서 주목하는 작품은 일련의 인물전人物傳과 비지문자碑誌文字 혹은 묘도문자墓道文字이다. 즉 이타적 심성의 발현을 생生의 목적으로 삼았던 사람, 또는 특이한 이타적 행위를 실천했던 인물을 입전立傳한 경우가 조선 후기 문헌에 상당수 보인다는 것인데, 이 장에서는 주로 이 작품들을 집중적으로 다루어 보자(물론 그 외의 작품들도 일부 다룰 것이다).

먼저 한 가지 말해 둘 것이 있다. 전술한 이타-보상담에서 이타적 행위는 다양하였다. 폭력을 수단으로 하는 협행이 될 수도, 의료행위가 될 수도, 혹은 〈주금酒禁〉에서처럼 불법을 묵인할 수도, 혹은 〈첫날밤에 해산한 아내〉에서처럼 첫날밤 아내의 출산을 용납하고 감추어 주는 것일 수도 있다. 그러나 가장 압도적으로 많은 경우는 자신의 재화를 위기에 처한 약자에게 대가를 바라지

않고 증여하는 것이었다. 재화의 증여가 이타행의 주류가 될 수
밖에 없었던 것은, 인간의 생물학적 존속을 위해 필요한 기본 조
건이 물질적 형태로서의 재화이기 때문이다.

다음에서 다룰 이타적 인물전과 비지문자 혹은 묘도문자의 경
우에도 재화의 증여가 집중적으로 나타난다. 보상을 기대하지 않
는 일방적인 순수 증여를 전근대에는 '시여施與'라고 불렀다. 먼
저 '시여'의 역사와 시여하는 문화에 대해 간단히 정리해 보자.

시여란 어휘는 오래전에 출현한 것이다.

① 대저 빈곤한 사람에게 '시여'한다면 공이 없는 사람도 상을 받
을 것이고, 죄 있는 자를 과감하게 처벌하지 않으면 난폭한 짓을
하는 자가 그치지 않을 것이다(《한비자》).[1]
② 그러므로 사람들이 '시여'를 행하고 일삼되, 남을 이롭게 하
기로 마음을 먹는다면, 월越나라 사람도 쉽게 화합할 것이고, 남
을 해치기로 마음을 먹는다면, 아비와 자식도 헤어지고 원망할
것이다(《한비자》).[2]

보다시피 자신의 재화로 궁핍한 타자를 자발적으로 돕는 행위
를 지칭하는 말로서 '시여'는 《한비자》에 기원을 두고 있다. 이후
역사서에 시여란 명사는 종종 사용된다.

① 3월 임술일 삭일 일식 때문에 조서를 내렸다. 이르기를, "……

'시여'와 금령禁令이 민심에 맞지 않았다."[3]

② 항상 자신의 녹봉을 나누고 덜어, 종친을 넉넉하게 돌보았는데, 비록 그것이 바닥이 나는 지경에 이르러도 '시여'에 게으르지 않았다(〈장분전張奮傳〉, 《후한서》).[4]

①은 한의 원제元帝가 일식의 원인이 시여가 적고 금법이 가혹한 데 있다고 지적한 대목이다. 즉 국가 차원에서 백성들에게 베푸는 시여가 공평하지 않거나 모자랐던 것을 지적한 것이다.[5] 보다 중요한 것은 ②에서 보듯, 시여가 개인의 인품을 긍정적으로 평가하는 행위를 가리키는 말로 사용되었다는 것이다. 같은 예로 손권孫權의 사위 주거朱據에 대해서도 "재물을 가볍게 여기고 '시여'하는 것을 좋아해, 녹사祿賜가 풍부했지만 쓰기에 늘 부족했다"고 평가했다.[6]

당·송대에 와서 시여란 어휘는 역사서가 아닌 문인의 비지묘도 문자에 본격적으로 쓰이기 시작했다.

① 공은 '시여'를 좋아하여 집에 남은 재산이 없었다(한유韓愈, 〈당고강서관찰사위공묘지명唐故江西觀察使韋公墓誌銘〉).[7]
② 너의 아버지가 관리였을 때 청렴하고 '시여'를 좋아하셨고, 손님을 반가워하여 녹봉이 박했지만 남은 것이 없게 하셨다(구양수歐陽修, 〈농강천표瀧岡阡表〉).[8]

이타利他와 시여施與　●

①은 한유가 쓴, 지방 행정에 탁월한 업적을 남겨 존경을 받았던 위단韋丹의 묘지이고, ②는 구양수가 쓴 아버지의 묘표다. '시여'는 고인이 이타적인 인물이었음을 드러내고자 할 때 사용하는 어휘가 되기 시작하였던 것이다. 한유와 구양수의 산문은 후대에 고전의 지위에 올랐고 그들의 비지묘도 문자는 전범이 되어 끊임없이 복제되었다. 법가인 《한비자》에 기원을 둔 이 말은 마치 유가에서 발명한 관념이자 언어처럼 널리 사용되었던 것이다.

시여라는 행위와 관념의 또 다른 기원을 지적할 수도 있다. 곧 불교다. 열반에 이르기 위해 대승불교의 보살이 실천해야 할 여섯 가지 덕목을 육바라밀六波羅蜜이라 하는 바, 구체적으로 열기하자면, 보시布施·지계持戒·인욕忍辱·정진精進·선정禪定·지혜다. 이 중 보시dāna는 재시財施·법시法施·무외시無畏施로 구성된다. 이 셋 중 '재시'가 전술한 시여에 상응한다. 신라와 고려는 불교국가였기 때문에 보시는 당연히 광범위하게 이루어졌을 것이다. 예컨대 최승로崔承老(927~989)가 〈상시무서上時務書〉에서 성종成宗의 낭비에 가까운 시여를 맹렬히 비판한 것을 그 증거로 꼽을 수 있다.[9]

만약 정식으로 불교의 보시관에 입각한 시여의 행위를 대충 나열한다고 해도, 상당한 지면을 요할 것이다. 다만 여기서는 시여의 불교적 기원을 상정할 수 있다는 것과 조선 전기 불교적 보시의 잔영을 입증하는 사례를 한 가지 드는 것으로 그치고자 한다.

장원심長願心이란 중은 본래 천예賤隸였다. 일부러 미친 체하는 사람이었는데, 굶고 추위에 떠는 사람을 보면 반드시 밥을 빌려 먹이고 옷을 벗어 입혀 주었다. 병을 앓는 사람을 보면 반드시 있는 힘을 다 쏟아 구휼하였다. 죽어도 아무 연고가 없는 사람은 반드시 묻어 주었다. 길을 닦는가 하면, 다리를 고치기도 하는 등 그가 하지 않는 일이 없었다. 시정의 아이들까지도 모두 그의 이름을 알았다.[10]

장원심의 삶은 이타행으로 일관하였다. 특히 밑줄 친 부분은 시여와 다름없다. 성종 대의 자비慈悲라는 승려 역시 장원심과 동일한 성격의 이타적 삶을 살았으니,[11] 적어도 조선 전기까지는 불교적 이타행과 시여가 사회에 두드러지게 존재했던 것이다.

조선조에 들어와 행장이나 묘지, 비지묘도 등 사람의 일생을 재구하고 평가하는 산문 장르에서 '시여'는 흔히 쓰는 문자가 되었다. '시여' 행위의 존재 여부가 형상화하고자 하는 인물이 이타성을 갖춘 인물임을 입증하는 중요한 준거가 되고 있었던 것이다. '시여'를 포함하는 비지묘도 작품이 워낙 많으므로 여기서는 조선 전기의 몇몇 사례를 들어보자.

① **정부인貞夫人 류씨柳氏**[12]: 무릇 의복과 음식은 검소하였고 '시여'를 좋아하여 집에 저축해 둔 것이 없었다. 제사를 지낼 때면 반드시 손수 제수를 정결하게 마련하고 그 정성을 다하였다.[13]
② **박기朴基**: 벗들 사이에 궁박하고 의지할 데가 없는 사람이 있

으면 마치 친척처럼 '시여'했는데, 모두 사람들이 쉽게 할 수 없는 일이었다.[14]

③ 의인宜人 신씨申氏[15]: 시여할 일이 있으면 그들을 위해 즐겨 그 일을 했고, 집안은 가난했지만 내[朴誾]가 모르게 하였다.[16]

④ 김생해金生海: 돈목敦睦의 행실이 남보다 훨씬 더하였으므로 넉넉하지 않은 친구들 중에는 공의 시여에 의지하여 의식을 해결하는 사람들이 또한 많이 있었다.[17]

⑤ 숙인淑人 김씨[18]: 이웃에서 군색한 사정을 알리면 어려워하는 기색 없이 '시여'하였다.[19]

⑦ 송인宋寅: 또 시여하는 것을 좋아하여 궁핍한 사람들을 구휼하는 데 여력을 남기지 않았다. 이 때문에 많은 사람들이 그를 찾았다.[20]

⑧ 김석옥金錫沃: 선한 일을 하는 것을 즐거워하고 시여를 좋아하는 성품이라, 종족을 구휼하고 빈객을 잘 접대하여 모두 그들의 환심을 얻었으나, 그 일을 하는 데 싫증을 내지 않았다.[21]

⑨ 하숙河淑: 벗들과 지내면서 시여에 인색하지 않아 고인古人의 풍모가 있었다.[22]

⑩ 정유침鄭惟沈: 염정恬靜한 성품이었고 권세와 이익을 좇지 않았으며, 염치를 높이 평가하고 탐오貪汚한 것을 천하게 여겼다. 집안 재산을 경영하지 않았고, 시여에 아낌이 없었다.[23]

열기한 자료에서 재물로 궁박한 타인을 돕는 행위가 한 인간을 평가하는 중요한 지표가 되어 있음을 알 수 있다. 시여는 재화에 대한 집착이 없어야 하는데, 그것을 특별히 강조하여 '재물을 가볍게 여기고 시여를 좋아하였다[輕財好施]'란 말로 표현하기도 하였다.

⑪ **한충韓忠**: 한송재韓松齋는 성품이 재물을 가벼이 여기고 시여를 좋아하였다[輕財好施]. 집에 수백 곡斛 곡식이 있었는데, 공이 아버지께 조용히 말씀드리기를, "사군자士君子는 마땅히 재산을 늘려서는 안 될 것입니다" 하자, 아버지는 "네 말이 옳다. 네가 처리하거라" 하였다. 공이 즉시 빈궁한 친척들과 향리의 가난한 사람을 불러 모아 죄다 나누어 주니, 모두 감탄하였다.[24]

⑫ **이준경李浚慶의 부인**: 친척들을 안과 밖을 가리지 않고 대우했고, 무릇 주식酒食이 있으면 끊임없이 나누어 보냈다. 재물을 가벼이 여기고 시여를 좋아하여 싫어하는 법이 없었다.[25]

⑬ **조식曺植**: 집안이 가난하였으나 재물을 가벼이 여기고 시여를 좋아하였으며, 형제자매들과 우애가 아주 두터웠다. 가산을 나눌 때 선생은 제사를 이어 받든다는 이유로 서울 장의동藏義洞 집을 받았다. 바닷가에서 살게 되자 그 집을 자부姊夫 이공량李公亮에게 주었다. 이공량은 참되다며 되돌려 주었고, 선생은 집을 받자 가난한 여러 동생들에게 나누어 주었고 털끝만큼도 자신은 취하지 않았다. 또 토동兎洞의 전답과 재산을 모두 동생 환桓에게 주었다. 바닷가에서 돌아오자 송곳 꽂을 땅도 없어 의식을 형

이타利他와 시여施與 ─●

제와 누이에게 의지하였으니, 또한 전혀 개의치 않았다.[26]

⑭ **이지함**李之菡: 아산현감 이지함이 졸하였다. 이지함은 젊어서 부터 욕심이 적었고 외물外物에 집착하는 법이 없었다.……타고 난 성품이 효성스럽고 우애가 있어, 형제들 사이에 재물을 돌려 썼고 혼자 차지하는 법이 없었다. 재물을 가벼이 여기고 시여를 좋아하였으며, 남의 다급한 상황을 구제해 주었다.[27]

⑮ **정호선**丁好善: 재물을 가벼이 여기고 시여를 좋아하여, 빈궁한 사람이 있으면 자신이 가지고 있는 것을 쾌척하여 조금도 아까워하는 기색이 없었다. 이것은 측은지심에서 나온 것이었고 억지로 한 것은 아니었다.[28]

⑯ **남복시**南復始: 재물을 가벼이 여기고 시여를 좋아하여, 누가 상을 당했다는 소식을 들으면 조문과 부의賻儀를 반드시 남보다 앞서 하였다.[29]

⑰ **이안인**李安訒: 종족宗族과 향당鄕黨에 후하여, 가난한 사람은 반드시 도와주고, 상이 나면 부의를 하였다. 재물을 가벼이 여기고 시여를 좋아하여, 남의 급한 사정을 구제해 주었으니, 대개 그 천성이 그랬던 것이다.[30]

⑱ **김변**金抃: 재물을 가벼이 여기고 시여를 좋아하여, 남의 급하고 어려운 일을 도왔으며 재물이 있고 없고를 따진 적이 없었다.[31]

이상의 예에서 '경재시여輕財施與'는 한 인물의 인격이 존중할 만한 것임을 입증하는 관습적인 표현이 된다. 이것은 조선 후기에도 그대로 관철되었다.

시여는 남성들의 독점물도 아니었다. ① 정부인 류씨, ③ 의인 신씨, ⑤ 숙인 김씨, ⑫ 이준경의 부인 등의 예에서 확인할 수 있 듯, 사족 여성들 역시 시여의 중요한 주체였다. 아마도 조선 전기 는 균분 상속으로 인해 여성들의 재산권이 보다 강력했기에 시여 역시 보다 자유로웠던 것이 아닌가 한다. 그렇다고 해서 조선 후 기 여성의 시여가 위축되었다고 하는 것은 아니다. 도리어 여성 이 과도하게 시여하는 것에 대해 비판이 있을 정도였다.

이덕무는 《사소절士小節》〈부의婦儀〉에서 그 점을 지적했다. "부 인이 남에게 베풀어 주기를 즐긴다는 것은 좋은 소식이 아니다. 그렇다고 인색하라는 말은 아니다. 베풀어 주기를 즐기는 것은 비 록 남에게 칭찬을 받는 일이기는 하지만, 가장이 맡긴 재물을 마 구 없애서는 안 되는 것이다. 만일 종족이나 이웃 마을에 곤궁한 사람이 있거든, 반드시 가장에게 알리고 도와주는 것이 옳다."[32] 곧 여성은 실제 가정경제에서 재화의 소비를 맡고 있어 남을 쉽게 도울 수 있기에 과도한 시여가 이루어질 수 있으므로, 가내 남성 의 허락을 받으라는 주문이다. 이덕무의 발언은 부처제夫處制의 성 립으로 유교적 가부장제가 완성된 상황을 반영하고 있는 것일 터 이다. 또 하나 곱씹어 보아야 할 것은, '베풀어 주기를 즐기는 것 은 남에게 칭찬을 받는 일'이라는 판단이다. 즉 시여는 사족 사회 에서 존중받는 미덕이 되어 있었던 것이다. 그것은 일종의 문화 로 존재했다고 보아도 무방할 것이다.

이타利他와 시여施與 ━●

현재까지 남아 전하는 문헌 자료는 한문으로 쓰인 것이고 또 대부분 사족의 문집에 한정되는 것이기에 시여가 사족 특유의 가치와 문화로 형성된 것이라고 오해할 수 있다. 하지만 시여는 원래 인간의 이타적 심성에서 발현하는 것이다. 따라서 사족 문헌에 나타나는 시여 역시 인간의 심성과 사회 전체에 형성되어 있는 '이타적 심성'에 의한, 대가를 바라지 않는 증여문화를 반영하고 있는 것이라고 보아야 한다. 그것이 그 행위를 기록할 수 있는 능력을 보유한 사족의 문자행위에 남았을 뿐이다. 곧 조선 후기 시여를 자기 정체성으로 삼았던 인물이 족출하는 것은 넓게 보아 이런 증여문화를 배후에 두고 있는 것이라고 할 수 있다.

이타적 행위자로서의 시여인

시여를 자기 정체성으로 삼기 위해서는 당연히 경제적 여유가 있어야만 했다. 과부의 동전 한 닢도 가치 있는 시여이지만, 효과는 부유한 자의 시여를 넘을 수 없었다. 당연히 시여를 자기 정체성으로 갖는, 혹은 정체성이 부여되는 인물은 부자일 수밖에 없었다. 또 그런 인물은 저명한 사족이 아닌 경우가 대부분이었다. 먼저 조귀명趙龜命(1693~1737)이 쓴 〈김유련전金流連傳〉[33]의 주인공 김유련의 경우를 보자.

조귀명에 따르면 김유련은 '금성金城 민가民家' 출신이다.[34] '민

177

가'란 표현과 김유련 스스로는 자신을 '천한 사람賤人'이라고 부르는 것으로 보아, 그는 분명 사족이 아니다. 김유련의 이타적 행위는 걸개인乞丐人 곧 농토에서 축출되어 떠돌며 걸식하는 자들을 먹이는 것이었다. 그는 "거지가 찾아와 구걸을 하면, 사람 수가 많건 적건 따지지 않고 밥을 차려 먹이고 필요한 것들을 넉넉히 챙겨 보냈다."[35] 소문은 걸인들을 통해 퍼져 나갔고 보다 많은 유민을 끌어들였다. 김유련은 유민들을 위해 마을 하나를 통째 비웠고, 넓은 집과 행랑을 따로 지어 멀리서 찾아오는 사람들을 머무르게 하였다.

인상적인 것은 김유련이 자신의 시여를 의도적으로 내세우지 않았던 점이다. 자기망각의 원리를 실천했던 것이다. 그는 유민들 사이에 끼어 그들이 먹는 것과 똑같은 밥을 먹었다. 유민을 낮추어 보지 않고 동등한 인격으로 대했던 것이다. 어떤 보상도 바라지 않았다. 금성 관아에서 진휼이 있을 때 공명첩을 보내며 곡식을 실어 보낼 것을 요구하자, 그는 "기민에게는 저 스스로 곡식을 주겠습니다. 저는 천인이니, 자급資級은 저에 어울리는 일이 아닙니다"[36]라고 답했다. 공명첩을 거부하는 그를 잡아다 매를 쳤지만 끝내 받지 않았다. 또 금성의 향청에서 부유한 백성에게 재물을 거두고 군역과 공세公稅를 면제하고 녹안錄案하는 관례를 따라 김유련을 불러 녹안하려고 하자, 김유련은 "저는 천한 사람입니다. 감히 그 명부를 욕되게 할 수 있겠습니까?"라는 말로 사양하였다. 스스로 '일반 백성보다 훨씬 존중받는, 부자들이 모두 이

이타利他와 시여施與 ──●

롭게 여기는'[37] 대우를 거절했던 것이다. 금화현감으로 부임한 권일경權一經이 말을 보내 예우했지만 굳이 소를 타고 갔고, 강원도 관찰사가 감영의 비장裨將에 임명하고 역마를 타고 감영으로 오게 했지만 굳이 거절하고 가지 않았다. 이상할 정도로 김유련은 국가권력의 평가를 거부했다. 이타행의 기본 속성인 '보상 기대 부재'를 실천했던 것이다.

보상이 없었던 것은 결코 아니었다. 그를 '이상한 물건[異物]'이라고 비난하는 자들이 있었지만,[38] 수많은 사람들이 목비木碑를 세워 그를 칭송하였다.[39] 훌륭한 평판이란 사회적 보상이 있었던 것이다. 다음 일화는 그에 대한 사회적 보상의 구체적인 한 형태를 드러낸다. 40~50명의 군도를 거느린 두목이 김유련의 집을 털려고 하자, 부하들은 "유련은 부자지만 어진 사람입니다. 우리들이 구렁과 골짝에 뒹구는 신세가 되지 않는 데에는 이분의 힘이 많았습지요. 이분을 배신하는 것은 상서롭지 않습니다"[40]라며 반대한다. 두목은 실상을 파악한 뒤 약탈을 그만둔다. 군도가 약탈을 포기하는 것이야말로 김유련이 얻은 현실적 보상이라고 말할수 있다.

조귀명은 최종적으로 김유련을 이렇게 평가했다. "사적 목적이 있어서 어떤 일을 하는 것을 이利라 하고, 사적인 목적이 없는데도하는 것을 의義라고 한다.[41] 의는 군자도 실천하는 것을 어렵게 여기거늘, 하물며 향리의 천한 백성이야 말해 무엇하겠는가."[42] 김유련이야말로 사적인 이익, 곧 보상을 바라지 않는 순수한 이타적

행위자라는 것이다.[43]

김유련이 어떻게 치부했는지 조귀명은 밝히지 않는다. 다만 유민들을 위해 '한 마을을 비웠다'는 표현에서 희미하게나마 그가 한 마을을 실질적으로 지배하는 지주였음을 짐작할 수 있다. 넓은 토지의 소유자는 가장 흔한 형태의 부자였을 것이다. 하지만 〈허생전〉의 변승업의 경우에서 보는 바와 같이 중국-일본을 잇는 중개무역, 혹은 대중국·대일본 무역으로, 혹은 국내 상업으로 치부한 사람들이 출현하기 시작했다. 화폐 곧 상평통보의 유통도 부를 축적하는 데 유리한 조건으로 작용했다. 이제 상인으로서 시여를 자기 정체성으로 삼았던 몇 예를 검토해 보자.

성해응成海應이 전傳[44]을 써서 기념한 염극태廉極台는 함경도 홍원현洪原縣 사람이다. 함경도는 재화가 풍부하고 '거적居積'에 유리하여, 그는 재간을 발휘해 수만금의 재산을 모은다. '거적'은 물화를 대량으로 사 두었다가 값이 오를 때 팔아 큰 이익을 취하는 방법을 말한다. 이것은 계절·지역·작황의 차이를 이용한, 전근대 상업의 전형적인 영리 방식이다. 그런데 성해응은 염극태가 그 수만금의 재산을 '흩어 버릴 수 있었기에 아무도 원망하는 사람이 없었다'[45]고 말한다. 그는 지키기 위해서가 아니라 흩어 버리기 위해, 곧 시여를 하기 위해 재산을 모았던 것이다. 홍원에 기근이 들자 그는 곡식 수천 곡斛(1곡은 10말)을 희사했고 몇만 냥을 내어 백성들이 사역을 당하는 일을 막았다. 기근 때 빌려 먹은 환곡을 갚으라는 조정의 명령에 홍원 사람들이 대책을 찾지 못하고 당

　　　이타利他와 시여施興　━●

황해하자 염극태는 2,000석의 곡식을 대신 갚는다.[46] 홍원현의 큰 화재로 수만 냥의 재산을 잃었지만, 그는 도리어 자기 창고의 곡식을 내어 같이 화재를 당한 48호를 도왔다. 1797년에는 홍원현감으로 좌천되어 온 이명연李明淵의 권유로 함경도의 젊은이를 가르치는 학교를 짓기도 하였다. 이렇게 자기 재산으로 빈곤한 타인을 돕는 것이 그가 부를 축적한 이유였다. 전형적인 이타적 행위자였던 것이다.

그렇다고 자신의 이타적 행위를 내세우는 법도 없었다. 예컨대 홍원의 환곡을 대신 갚아 주었을 때 홍원현감이 불러 감사의 뜻을 표했지만, 그는 자신이 한 일을 남에게 은덕을 베푼 것으로 생각하지도 않았다.[47] 1800년 홍원의 화재에 돈과 곡식을 희사한 공으로 경복궁 위장衛將에 임명되었으나 그는 실제 서울로 올라가지 않았다. 아마도 그에 대한 보상은 당시의 평판으로 이루어졌을 것이고, 그 긍정적 평판에 근거하여 성해응이 염극태의 전을 쓴 것일 터이다.

이영익李令翊(1738~1780)이 쓴 〈평양도군묘표平壤都君墓表〉[48]의 주인공 도정주都廷柱는 황해도 재령 사람으로 대대로 궁핍한 집안 출신이었다. 그는 가난을 면하고자 하는 일념으로 평양에 가서 부를 이룬다. 작품은 그의 치부 과정에 대해서는 말하지 않고 있지만, 도회지 평양에 가서 치부했다는 것은 상인이 되었다는 말로 이해해도 무방할 것이다. 부자가 된 도정주가 한 일은 무엇이었던가. "만년에는 더욱 부유하게 되었는데, 대개 부자들은 인색하게 마련이나 군은 재물을 쓸 줄을 알아, 친족을 자기 집안 식구처럼 돌보아 혼례나 장례 비용을 대어 준 것이 10여 집이나 되었고, 가난한 친구와 먼 친족들이 관포官逋[49]를 지고 있으면 모두 갚아 주었다. 사방에서 그를 찾아온 손님들은 알건 모르건 그를 의지처로 삼았다."[50] 그는 자신 주변의 궁핍한 친족들에게 시여했던 것이고, 그 시여의 범위가 확대되어 그를 알거나 모르거나 찾아온 사람들은 그를 의지처로 삼았다는 것이다. 도정주 역시 전형적인 시여인이다.

김헌기金憲基(1774~1842)가 전한 백사일白思日 역시 도정주와 같은 성격의 인물로 보인다. '개성 사람' 백사일은 아버지 백유검白維儉 때부터 축적한 부가 그의 대에 와서 크게 불어났다고 한다. 그가 개성 사람이라는 것은 곧 상인임을 의미한다. 백사일은 축적된 부로 시여에 나선다.

① 공은 동추공[아버지 백유검]의 유의遺意를 받들어 재물을 지키는 데 골몰하지 않고, 오직 땅과 밭을 넓혀 정의로 돌봐 주어야 할 사람이 있으면 망설이지 않고 주어, 그 사람이 거기서 넉넉히 취해 충분히 먹고살 수 있게 해주었다.

② 이에 공을 의지하여 먹고살 수 있게 된 빈궁한 집안이 거의 100여 집안이나 되었고 그 수는 해마다 늘어났다. 그 은택은 점차 먼 곳까지 미쳐 여전히 그치지 않고 있다.

③ 어떤 사람이 공이 재산을 흩기만 하고 자손을 위해 쌓지 않는

이타利他와 시여施與 ——●

것을 걱정하자, 공은 웃으며 "나를 의지해 먹고살게 해준 사람이 많으니, 그중에 반드시 나의 뒷날 땅이 될 사람이 있을걸세" 하였다.[51]

상업으로 부를 일군 사람들이 흔히 그렇듯 백사일 역시 땅을 사들여 지주가 되었던 것으로 보인다. 물론 ①과 ②는 지주−소작인의 관계를 분식粉飾한 것으로 볼 수도 있다. 하지만 단순히 지주−소작인의 관계라면 ③의 진술이 나올 수 없다. 그는 사람들이 걱정할 정도로 자기 재산을 흩기만 하고 자손을 위해 축적하지 않았던 것이다. 그렇다면 ①의 자신의 '사들인 땅과 밭을 줄 만한 사람에게 주었다'는 것은 소작을 맡긴 것이 아니라 증여한 것으로 보아야 한다. 백사일은 자신에 의지하여 먹고살게 된 사람이 곧 자신의 땅이 될 사람이라고 말한 것은, 실제 땅의 증여가 이루어졌다는 것을 암시한다. 김택영金澤榮(1850~1927)은 개성에서 가장 저명한 시여인이었던 최순성崔舜星을 기념하는 전傳의 말미에서 최순성 이후 "별제別提 백사일이란 사람이 있어 또한 베풀고 나누어 주기를 좋아하고, 재물을 쓰기를 좋아했는데, 그가 한 일은 순성의 몇 갑절이나 되었다고 한다"[52]고 말한 바 있다. 그가 행한 시여의 규모가 대단히 컸던 것이니, 백사일이 대가 없이 땅을 분배했다고 보아도 무방하지 않을까?

도정주와 백유겸의 시여는 〈평양도군묘표〉와 〈별제백공묘지명別提白公墓誌銘〉에 실린 것이다. 묘표와 묘지명은 후손의 요청으로 쓰는 것이고, 또 기본 자료를 제공받기 때문에 작자로서는 당연히 대상 인물에 대해 긍정적인 서술로 일관할 수밖에 없다. 따라서 도정주와 백유검의 시여에 대한 높은 평가를 긍정하지 않을 수도 있다. 그럼에도 빈한한 자에 대한 경제적 차원의 이타적 행위, 곧 적극적인 시여를 높이 평가하지 않을 수는 없을 것이다.

〈평양도군묘표〉과 〈별제백공묘지명〉은 죽은 이의 일생을 서술하는 장르의 속성상 시여가 작품의 중추를 이루지는 않는다. 그것은 가문의 내력과 그의 평생 이력 중 인상적인 일부에 불과한 것이다. 하지만 인물의 한두 가지 특정한 행위를 집중적으로 형상화하는 전傳이라면 내용은 당연히 그 행위를 다양하게 서술하게 마련이다. 예컨대 동래상인 김성우金聲遇를 기념한 한운성韓運聖(1802~1863)의 〈김성우전〉[53]과 노상직盧相稷(1855~1931)의 〈김처사전金處士傳〉[54]은 모두 시여를 중심으로 그들의 생애를 재구성한다. 작품을 보자.

김성우는 울산 사람으로 부모를 여읜 뒤 가난에 시달린다. 그는 여러 사람에게 소액을 빌려 모아 생계수단을 마련하라는 친지의 충고를 따르지만, 어떤 사람도 그에게 돈을 주지 않았다. 그는 "측은지심이 없으면 사람이 아니리라. 어찌 차마 돈 한푼에 목숨이 매인 것처럼 딱한 사람을 돕지 않는단 말인가?"[55]라며 절망한다. 김성우는 빈곤에서 벗어나기 위해 동래로 가서 일본과의 무역에 뛰어들었고 거대한 부를 축적한다. 흥미로운 것은 〈김성우전〉과 〈김처사전〉은 어디에도 그들이 부를 축적한 과정에 대해서

이타利他와 시여施與 ──●

는 서술하지 않는다는 점이다. 부를 축적하는 과정은 작자의 관심 대상이 아니었던 것이다.

재산을 모으자 집안 사람들은 농토와 집을 마련하라고 권했다. 안전한 토지자산을 확보하라는 제안이었지만, 김성우는 단호하게 거부했다. 거부의 이유는 다음과 같았다. "예전에 내가 사람들에게 도와 달라고 했을 때 그들은 내켜하지 않았고, 나는 그게 가슴이 아팠다. 그런데 이제 내가 재산을 가지고도 베풀지 않는다면, 그건 내 마음을 저버리는 일이지."[56] 과거 궁핍으로 인한 고통을 체감했던 것이 빈곤한 자의 고통을 공감하게 만들었던 것이다. 그 공감에 근거해 김성우는 빈자를 돕는 이타행에 나선다. 〈김성우전〉은 그의 이타행을 이렇게 서술한다.

김성우는 관시關市[57]에 발을 붙인 지 몇 년이 되지 않아 과연 수천 만금의 재화를 쓸어 담았다. ① 하지만 겨우 끼니를 때우고 몸만 가렸을 뿐, 한뼘 땅뙈기를 일구지도, 한자 집도 짓지도 않으니, 집안은 횅뎅그렁하여 변변한 물건이라고는 아무것도 없었다. ② 그는 오직 궁한 사람을 구제하고 급한 사람을 돕는 것만 일삼았을 뿐이었다. 자신이 이목이 미치는 한, 혼기를 놓치거나 장례를 치르지 못하는 사람, 밥 짓는 연기가 끊어졌다 이어졌다 하는 사람, 병들어 길을 가지 못하고 양식이 바닥난 나그네가 있으면, 친하거나 소원하거나를 따지지 않았고 ③ 또한 도와주었노라 생색을 내는 법도 없었다.[58]

그는 자신의 부를 자신을 위해 사용하지 않았다(①). 부의 대부분은 경제적 위기에 처한 사람을 돕는 데 사용했다(②). 자신의 이타적 행위를 내세우지 않았다(③). '자기망각'이다. 〈김성우전〉은 그의 이타행을 이렇게 개괄하고 인상적인 일화를 추가한다. 어느 날 '창해국滄海國 사람'(아마도 왜관에 머무르는 일본인일 것이다)이 병이 들어 그를 찾아와 "고향 집으로 돌아가기 전에 병이 들어 죽게 되었습니다. 그대의 고의高義를 듣고 감히 이렇게 찾아왔나이다"[59]라고 하자, 김성우는 즉시 거처를 마련해 주고 치료해 주었다. 해를 넘겨 병이 완쾌되자 그 사람은 감동해 울면서 떠났다. 그의 이타행은 사람을 가리는 법이 없었던 것이다.

상인으로서 그는 여느 동래상인들과는 달리 법을 어기면서 이익을 추구하는 법이 없었고 성실함과 신의로 사람들을 감동시켰다. 보상은 평판이었다.

아무리 교활한 거간이라 하더라도 또한 그를 사랑하고 공경하고 달가운 마음으로 따랐고, 속이거나 배신하려 들지 않았다. 자신의 입으로 뱉은 약속을 무겁게 여겨 때로 혹 돈궤에 한푼 돈이 남아 있지 않을 때라도 쥐었다 놓았다 하며 융통하고 돌리는 것이 여전히 여유가 있었으므로, 명성이 자자하여 귀하거나 천하거나 아낙이나 어린아이거나 할 것 없이 '명서明瑞'란 그의 자로 부르고 이름을 부르지 않았다.[60]

이타利他와 시여施與 ─●

김성우의 이타행에 대해 사회는 긍정적인 평판으로 보상했던 것이다. 〈김성우전〉과 〈김처사전〉은 그가 얻은 사회적 보상이 얼마나 컸는지 보여 주기 위해 다음 일화를 덧붙였다. 동래부사가 문객의 청을 듣고 김성우를 족보 위조범으로 몬 뒤 뇌물을 바칠 것을 요구하자,[61] 동래상인 전체가 들고 일어나 항의했다. "저 자가 대관절 뉘기에 명서를 무고한단 말이냐? 지금 명서가 무고를 당했는데 우리가 밝히지 않는 것이 옳겠는가?"[62] 동래상인의 압박을 견디지 못한 문객이 달아나자 문제는 해결되었다. 곧 김성우는 재화로서의 보상은 아니지만, 충분한 사회적 보상을 받았던 것이다.

상인으로서 시여를 자신의 정체성으로 삼은 대표적인 인물은 아마도 최순성일 것이다. 최순성에 관한 전기 자료는 3종이 전한다. 박지원의 〈치암최옹묘갈명癡庵崔翁墓碣銘〉과 이가환의 〈치당최공행장癡堂崔公行狀〉,[63] 김택영의 〈최순성전〉[64]이 있다.[65] 1778년 박지원이 홍국영을 피해 가족을 데리고 개성 연암협으로 거처를 옮겼을 때 찾아와 문생이 된 최진관崔鎭觀은 최순성의 넷째 아들이었다. 이런 인연으로 최진관은 1789년 최순성의 묘갈을 부탁했고, 박지원은 그에 응해 〈치암최옹묘갈명〉을 썼다.[66] 이가환은 1792년 9월에 개성유수에 임명되어 1794년 1월에 파면될 때까지 1년 4개월가량 개성유수로 재직했다. 아마도 그때 최순성 집안의 부탁으로 최순성의 행장을 지어 준 것이 아닌가 한다. 김택영은 자신의 출신지인 개성의 인물을 찾아 입전立傳하는 데 정력을 쏟

앉으니, 최순성은 당연히 선택의 대상이 될 수밖에 없다.

세 작품은 모두 최순성의 이타행, 곧 시여를 주제로 삼고 있다. 〈최순성전〉에 의하면 그는 '대대로 물려받은 재산이 수만에 달하는 부자'[67]였다. 그 역시 개성상인의 집안에서 태어난 상인이었을 것이다. 어느 날 그는 이렇게 말한다. "나는 정말 가난이 부만 못하다는 것을 안다. 다만 재산을 흩는 것이 쌓아 두는 것보다 나은 일인 줄은 몰랐다."[68] 어떤 일이 계기가 되었는지는 알 수 없으나, 그는 생의 어느 순간 재산의 축적보다 시여가 훨씬 가치 있는 줄 알게 되었다는 것이다. 추측컨대 어떤 시여가 계기가 되어 얻은 평판과 존중이 그를 다시 시여로 이끌었을 것이다.

인상적인 것은 그의 시여의 방법과 태도다. 〈최순성전〉은 그가 시여를 하기 위해 설치한 '급인전急人錢'에 대해 이렇게 말한다.

그는 재산을 모두 계산해 보고, 한 해의 제사와 손님 접대, 의복에 드는 비용을 제하고 수만금을 따로 갈라 두고 '급인전'이라고 불렀다. 가까이로는 친척과 친구로부터 멀리로는 다른 군읍郡邑의 아는 사람, 모르는 사람까지 만약 곤궁한 자라면 급인전을 내어 도와주었다.

초상과 장례에 부의를 하니 의금衣衾과 관각棺槨을 갖추게 되었고, 탈것을 빌려주니 말을 탈 수 있었고, 기명器皿과 의복을 돌려쓰니 심의深衣와 단령團領을 입을 수 있게 되었으며, 톱과 도끼, 가래와 호미 같은 것까지도 그렇게 하였다. 흉년을 만나면 곳간

이타利他와 시여施與 ──●

을 남김없이 털어 진휼을 하였다.[69]

수만 냥에 달하는 '급인전' 곧 시여 기금을 마련해 두고 친척과 친구는 물론 다른 지방의 친지, 또 생면부지의 사람까지 곤궁한 자라면 모두 그 돈으로 절박한 사정을 해결해 주었던 것이다. 내 집단에서 외집단으로 향하는 전형적인 시여 범위의 확대다. 돈으로 해결할 수 없는 물품들도 갖추었으니, 최순성의 시여는 민간의 '구제기관'을 설립하는 형태로 나타났던 것이다.

박지원은 그의 시여에 대한 태도를 이렇게 요약했다.

치암 최옹 같은 사람은 남을 돕는 데 급하였으니, 곧 의로운 일을 하는 데 스스로 급했던 사람이다. 남에게 우환이나 상사喪事가 있으면, 며칠 굶은 사람이 기가 빠져 아침도 넘길 수 없는 것처럼 마음속으로 견딜 수 없어 하면서 흡사 눈에 가시라도 든 양 하였다. 되레 자신이 무슨 잘못이라도 저지른 것이 아닌가 급히 돌아보았다.

"이 사람이 어찌하여 내게 알리지 않았을까? 내가 혹시라도 그 사람에게 비루한 사람 취급을 당한 것은 아닐까?"

하지만 아무리 자신을 돌아보아도 그런 일이 없으면 기뻐하면서 "내 지금 다행하게도 먼저 들었구나!" 하고는 허둥지둥 달려가는 것이 나그네가 해가 저물기 전에 발길을 재촉하는 것 같았다.[70]

곧 최순성은 '시여하는 인간'을 자신의 정체성으로 삼았던 것이다. 그의 시여에 대한 몰입은 '어리석은 짓'으로 알려질 정도였고, 그의 호 '치당癡堂'은 그렇게 해서 만들어진 것이었다.

세 작품은 최순성이 특정한 인물에게 베풀었던 시여 몇 가지를 열기한다. 그는 자신의 친구 고경항高敬恒이 죽자 그의 어진 인품을 묻히게 할 수 없다며 돌을 사서 비석을 만들어 무덤에 세워 주었고, 임창택林昌澤의 조카 임두林㞳가 방정·개결한 인품에도 가난으로 자살하려는 것을 구제하기도 하였다. 그런가 하면 전염병에 걸린 친척을 직접 간호하기까지 했고 가족들이 감염이 두려워 달아나 사람을 죽게 만드는 것을 비난했다. 그는 실제 감염병 환자가 있으면 직접 약을 쓰고 간호하여 살렸다.

이가환은 최순성의 도움으로 생계를 잇는 사람이 수십, 수백 명에 이르렀고, 그를 의지하여 혼인과 장례를 치른 사람이 수백 명이었으며, 기근에 굶어죽지 않은 사람, 경제적으로 급한 사정을 알리고 도움을 받은 사람, 또 그가 스스로 찾아내어 도움을 베푼 사람을 이루 다 셀 수가 없을 정도라고 하였다.[71] 엄청난 규모의 시여가 이루어진 것인데, 박지원은 그가 죽었을 때 거만의 재산이 한 냥도 남아 있지 않았다고 한다[72]는 말로 그 시여의 규모를 요약했다.

이가환은 최순성의 시여는 '화살이 시위를 떠난 것처럼 반드시 가기만 하고 돌아오지 않았'고, 그를 찾아 도움을 바라는 사람들은 '바퀴살이 바퀴통을 향해 몰려드는 것' 같았다고 하였다. 그렇다고 그가 존중받지 못한 사람은 아니었다. 그의 장례에는 조문객이 성을 가득 메웠고 비가 와서 장례 날짜를 바꾸었지만 그래도 사람들이 몰려들었다.[73] 그를 어리석은 사람이라고 비웃는 자들이 있었지만, 기실 그는 당연히 뭇 사람들로부터 존경을 받았고, 그것이 곧 그에 대한 최고의 사회적 보상이었다.

최순성 같은 시여는 흔하지는 않지만 드문 일도 결코 아니었다. 시여는 성性과 신분을 가리지 않고 널리 발견되기 때문이다. 여성의 경우를 들어보자. 먼저 널리 알려진 만덕萬德이 있다. 만덕은 상인으로 "물건의 시세가 오르내리는 것을 보고 비싸게 팔기도 하고 싸게 사들여 두기도 하는" 전형적인 상인의 방법을 따라 재산을 모았다. 1795년 제주도에 기근이 들었을 때 만덕은 거금으로 쌀을 사들여 기민을 구제한다. 기민을 구제하는 사람은 다수 있었지만, 제주란 지역의 여성 상인이라는 희소한 조건이 만덕의 존재가 왕인 정조에게까지 알려지는 결정적인 계기가 되었다. 정조가 알아준 만덕은 당대 저명 사족의 산문과 시에 이름을 남기게 된다.[74] 왕과 저명 사족들의 인정이 보상이었던 것이다.

여성이 시여에 적극 나선 경우는 만덕 외에도 더러 보인다. 김양근金養根(1734~1799)은 〈두금구전杜今嫗傳〉[75]이란 짧은 전傳에서 두금이란 여성의 이타적 행위를 높이 평가한다. 그에 의하면 두금은 평생을 치산治産하여 큰 부를 일군 여성이다.[76] 그녀는 죽기 직전 이렇게 말한다. "남자라면 재물로 출세를 하겠지만, 나는 여인이라 할 수 있는 일이 없구나. 내가 죽거든 반드시 전답문서를 모두 성균관에 주어라. 만약 나를 가련하게 여기는 사람이 있다면 해마다 대향大享[77] 뒤 나에게 한 그릇 서직黍稷[78]만 보내 주면 족할 것이다."[79]

그녀가 재산 전부를 성균관에 기증한 것은 성균관의 교육기관으로서의 공공성을 의식했기 때문일 것이다. 곧 공공의 이익을 위해 시여한다는 의식이 있었던 것이다. 만덕과 달리 두금의 이름은 김양근의 〈두금구전〉 외에 어떤 문헌에도 보이지 않는다. 하지만 김양근에 의하면 그녀는 기억되고 있었다. 봄과 가을 석전제釋奠祭가 끝나면 성균관 노복들이 성균관 대성전 동무東廡의 북쪽 가까운 곳에 있는 두금의 사당에 제사를 올렸던 것이다. 두금의 생존 시에 그녀의 말을 들었던 성균관 노복들은 사후에 그의 말을 그대로 따랐다.[80] 사후의 제사가 그녀의 시여에 대한 보상이었던 셈이다.

3장에서 잠깐 언급한 바 있는 〈은항아리〉는 보다 섬세한 감각에서 나온 시여의 사례를 보여 준다. 아들 둘을 키우는 서리 집안의 젊은 과부는 집 뒤편 뜰을 채마밭으로 일구다가 은이 가득 든 단지를 발견하고 황급히 묻는다. 이후 그녀는 가난했지만 아들 둘을 반듯하게 키워 낸다. 문필이 넉넉한 아들 둘은 모두 재상가의 겸종으로 들어갔다가 선혜청과 호조의 서리가 된다. 두 관청의 서리는 치부할 수 있는 자리였다. 가세가 부요해져 걱정이 없게 되자, 과부는 아들들을 불러 30년 전의 은을 캐내게 한다. 은을 보고 놀란 자식들이 왜 가난한 시절 은을 파내어 쓰지 않았냐

이타利他와 시여施與 ──●

고 묻자, 과부는 그 은이 가져올 넉넉하고 사치스런 생활이 자식들을 망칠 것 같아 묻고 고생을 자청했고, 이제 그럴 가능성이 없기에 은을 파내게 한 것이라고 대답했다. 과부의 집안은 은을 팔아 거부가 되었다.

과부는 그 부를 독점하지 않았고 시여에 나섰다.

노부인은 적선하기를 좋아해 주린 자는 먹이고 떠는 자는 입혔다. 궁하여 혼인, 장례를 치르지 못하는 친척이 있으면 모두 후하게 도와주었다.

또 겨울에는 반드시 버선 수십 켤레를 지어 가지고 가마를 타고 다니면서 발을 벗은 걸인을 보면 반드시 나눠 주었다. 대개 추위로 인한 고통 중 가장 견디기 어려운 게 발이 어는 것이었기 때문이다.

또 빈궁한 친지들을 두루 찾아다니며 도와주었다. 지붕을 덮지 못하는 초가는 이엉을 올리게 해주었고, 기울어진 기와집은 다시 고치게 해주었는데, 각각 비용을 셈해 주었다. 노부인은 나이 여든이 넘어 병 없이 세상을 떠났다.[81]

과부는 빈곤한 이들을 적극 도왔다. 빛나는 부분은 겨울에 버선을 지어 발 벗은 걸인들에게 나눠 주는 장면이다. 겨울에 발이 어는 걸인들의 고통을 자신의 고통처럼 느꼈던 것이다.

〈은항아리〉에서 과부의 집안이 서리 가문이었다는 사실에 주목해 보자. 사실 중앙관서의 서리는 대개 국가권력에 기생하여 민民의 생산물을 수탈하는 자들이었다. 하지만 이 과부의 이야기는 이들 중에서도 이타적 행위를 하는 문화가 존재했음을 알린다.

정래교의 〈임준원전〉[82]은 그 이타적 문화의 증거가 됨 직하다. 임준원은 왕의 사유재산을 관리하는 내수사 서리가 되어 거대한 재산을 모은다. 원래 내수사 서리는 내수사 수입의 일부를 착복하는 것이 관행이었다.[83] 서리직에서 물러난 임준원은 재산을 시여에 쓰기 시작했다. 정래교는 그의 시여를 이렇게 표현했다. "준원은 이미 재산이 풍요한데다 의기를 좋아하고 시여하기를 즐겨, 늘 마치 미치지 못하는 것 같았다. 그의 친척과 오랜 친구로서 가난한 나머지 혼례를 올리지 못하거나 장례를 치르지 못하는 사람이 있으면 반드시 준원을 찾아갔다."[84] 임준원은 이타적 행위로 사회적으로 존중받는 인물이 되었다. 그것은 이미 충분한 부를 소유하고 있는 사람에게 보다 강력한 사회적 보상일 수 있었다.

윤흥관尹興寬은 임준원과는 달리 지방의 서리, 곧 경상도 청송의 향리다. 향리의 사회적 성격은 지방 관료조직의 하부를 이루며 민에 대한 수탈을 담당하는 존재로 규정되지만, 유정문柳鼎文(1782~1839)이 〈청송 아전 윤흥관〉에서 형상화한 윤흥관은 그와는 판이한 성격을 보인다. 십대 초에 지인知印으로 출발해 유능한 향리로 성장한 윤흥관은 이타적 행위로 일관한 사람이었다. 〈청송 아전 윤흥관〉[85]은 그의 이타행을 다음 일화로 선명하게 보인다.

그가 환곡을 담당하는 아전으로 있을 때 우연히 못가에서 애절

이타利他와 시여施與 ── ●

하게 우는 여성을 본다. 사정을 물어보니 남편은 이미 죽었고 수십 곡의 환곡을 갚으라는 독촉을 견디다 못해 물에 빠져 죽으려 못을 찾아왔다는 것이었다. 윤홍관은 여자를 위로하고 달랬다. "나는 창리倉吏라오. 내게 방법이 있으니, 그만 울고 집으로 갑시다." 여자가 울기를 그치지 않자 윤홍관은 불을 밝힌 뒤 종이를 꺼내어 환곡을 받지 않겠다는 내용의 문서를 써 주고 자리를 떴다.[86] 앞서 검토한 〈역관 박씨〉와 〈임준원전〉에서 이미 동일한 구조와 의미를 갖는 일화에서 확인했듯, 위기에 처한 타자를 돕되 보상을 바라지 않는다는 점에서 이것은 전형적인 이타적 행위다.

〈청송 아전 윤홍관〉은 이어 그의 이타적 행위를 열거한다. 조금 길지만 직접 인용해 본다.

토지를 점검할 때도 이런 일이 있으면 광호자(윤홍관)는 즉시 스스로 떠맡았다. 그 해의 허세虛稅가 70여 부負였는데 돌아가 관에 고하고 영원히 감해 주기도 하였다. 산골짜기를 다니면서 화전세를 깡그리 받아 내는 관행이 있었는데, 광호자는 자기 몫으로 떨어지는, 규정을 훨씬 넘어 부과된 4~5결을 장부에서 모두 삭제해 버렸다. 후임자는 마음속으로 불쾌했지만 그래도 나무랄 수는 없었다.

광호자는 젊어서 가난에 시달렸는데, 몸을 바지런히 놀려 집안을 건사할 수 있었다. 집안을 건사하자 또 자신의 개인적인 욕망은 억누르고 의리를 실천하였다. 의지가지없는 궁박한 사람을 보면 반드시 거두어 와서 보살피는 것이 더할 수 없이 은혜로웠고 심지어 시집 장가를 보내 주는 경우도 있었다. 추위에 떨고 배를 곯고 있는 머슴이나 거지를 보면 처지를 헤아려 보살펴 주는 것이 인색하지 않았다.

포흠逋欠을 징수하는 경우, 언제나 먼저 더 많이 떠맡겠다고 나서는 통에 좌중 사람들이 감히 인색하게 굴며 남에게 미룰 핑계를 찾을 수 없는 것을 싫어한 나머지 "아무개 어른께서 이 자리에 계시지 않았으면 좋겠네"라는 말까지 할 정도였다. 친척들 중에 생업을 잃어버린 사람이 있으면 밭을 사서 도와주었고, 어린 노비가 재주와 지혜가 있으면, 한푼의 돈도 받지 않고 노비문서에서 이름을 지워 주었으니, 그가 무언가 성취하는 것을 보려고 한 것이었다.[87]

평생을 시여로 일관한 윤흥관에게 당연히 보상이 있었다. 조정에 알려져 1832년 경복궁 위장이 되었던 것이다. 하지만 보다 중요한 의미를 갖는 보상은 역시 사회적 평판이었다. 곧 류정문의 〈청송 아전 윤흥관〉은 그 사회적 기억으로서의 보상이라고 말할 수 있다.

이옥이 진정한 유협이라고 주장했던 장복선도 지방 아전과 다를 바 없는 신분이었다. 그는 원래 품을 팔던 가난한 처지였는데, 장성해 평양부의 노적, 곧 노비문서에 이름을 올렸고 관례에 따라 감영의 천류고泉流庫를 맡아 보는 고직庫直이 된다.[88] 천류고는

이타利他와 시여施與 ─●

중국 사신의 접대와 연행사의 여비 지급을 위해 설치한 은을 저장해 둔 곳이었다. 장복선은 천류고의 은을 유용했다. 채제공이 평안감사로 부임하자 유용 사실이 알려졌고 장복선은 감수자도율監守自盜律에 처해지게 되었다. 이후의 인상적인 이야기는 충분히 알려져 있다. 평양과 관서 지방 민중들이 다투어 찾아와 은붙이를 내며 유용한 은을 채우며 장복선을 살려 달라고 애원한 끝에 장복선은 죽음을 면할 수 있었던 것이다.

장복선이 은을 유용한 것은 범죄지만, 그것을 사용私用한 것은 아니었다. 그는 이렇게 말한다.

내가 죽는 것이야 아까워할 것도 없지만, 죽은 뒤 혹 내가 관의 돈을 훔쳐 나 한몸 살찌운 것이라고 의심할까 두렵네. 그렇다면 또한 대장부의 수치가 아닌가. 나는 기록을 남겨 증거로 삼고자 하네.

말을 마치고 그는 은을 쓴 내력을 차례차례 썼다.

아무개의 상에 가난하여 염도 못하는 것을 내가 은 몇 냥을 주었고, 아무개의 장사에 은 몇 냥을 주었다. 나는 아무개 처녀를 시집보내고, 아무개의 관례에 은 몇 냥을 썼다. 아무개의 환자와 아무개 아전이 포흠逋欠진 것을 갚는 데 모두 내가 은 몇 냥을 썼다. 다 쓰고 난 뒤 모아 보니 2,000냥 남짓이었다.[89]

그의 공금 유용은 사실 이타적 행위로서 경제적 위기에 빠진 사람을 재화로 돕는 시여였다. 또한 여기에는 스스로 범죄를 저지름으로 인해 자신의 생명을 희생하는, 자기손실의 감수라는 이타-보상담의 원리가 작동하고 있었다. 또한 그는 시여를 통해 보상을 바라지 않았지만, 사회적 보상은 분명히 주어졌다. 평양과 관서 지방 민중들이 다투어 은을 내고 장복선을 살려 주기를 바란 것은, 그가 이타적 행위로 평소 사회적 존중을 받고 있었음을 의미한다. 그는 곧 사회적 보상을 받고 있었고, 그것은 결정적인 순간에 그를 죽음에서 건져 내는 것으로 구체화되었던 것이다.

장복선을 살리기 위해 평양과 관서의 무수한 민중이 나섰다는 사실은 시여가 사회적 가치로서 공유되고 있었음을 의미한다. 시여는 특정한 신분이나 계급, 성性이 담당하는 것이 아니라, 거의 보편적으로 수용되는 가치였던 것이다. 달리 말해 시여는 상황에 따라 누구도 할 수 있는, 해야 하는 가치 있는 행위로 인지되고 있었던 것이다. 예를 하나 더 들어 보자. 성해응이 남긴 〈기도記盜〉[90]라는 짧은 산문에 실린 도둑의 경우다.

배오개의 이궁離宮에서 잠자던 도둑이 잡힌다. 그는 어영청 교련관으로 어영청의 돈 수만 냥을 갚지 못하고 사형에 처해질 예정이었던 아버지를 구하기 위해 호조의 봉은고封銀庫 지붕을 뚫고 들어가 은을 훔친다. 그는 훔친 은으로 아버지의 빚을 갚는다. 이후 그는 자신의 절도 기술을 버리지 않고 서울 시내의 부잣집을 털기 시작했다. 문제는 이후 그의 행각이다. 성해응의 말을 직접

이타利他와 시여施與 ──●

들어 보는 것이 좋을 것이다.

> 훔친 물건은 전주 시장으로 가서 팔았고, 남원에는 집을 지어 장
> 가까지 들어 살았다. 남원 부근의 부호로서 인색하게 구는 자가
> 있으면 즉시 털었고 물건은 서울에 가서 돈으로 바꾸었다.
> 재산이 충분히 쌓이자 남원부를 중심으로 100리 근방의 가난하
> 여 혼례를 치를 수 없는 사람들은 모두 그의 도움을 받았고, 상이
> 났을 때도 그렇게 하였으니, 그가 구제한 사람이 수백 집안에 이
> 르렀다.[91]

도둑은 남원에 집을 지어 결혼까지 하였고 절도는 정식 직업이
되었다. '인색하게 구는' 부호를 털었던 것은 절도의 정당성을 확
보하는 일이었다. 그리고 절도한 것을 사유하지 않았고 남원부
인근의 빈자들에게 시여하였다. 수백 집안의 사람들은 그의 시여
로 경제적 위기를 넘을 수 있었다.

이궁에서 체포된 이 도둑은 당시 포도대장의 배려로 목숨을 잃
지 않고 포도청에서 도둑을 잡는 일에 앞장서 성과를 올렸다.
포도대장이 죽고 후임 대장이 부임하자 그는 죽임을 당한다. 그의
시신을 버려 두었더니 두 사람이 수레에 싣고 달아나기에 쫓았지
만 따라잡을 수가 없었다. 성해응이 암시하는 바는 그의 시신을
거두어 줌으로써 그에게 보상하려는 사람이 있었다는 것이다. 곧
이 작품 역시 이타-보상의 구조로 이루어져 있다. 물론 이 작품의

구조를 지적하는 것보다 중요한 것은, 도둑조차 이타행으로서의 시여를 실천하고 있다는 사실 자체이다.

이타-보상담은 이타적 심성에서 발현하는 것이고, 그것은 나름의 작동 원리를 갖추고 있었다. 이런 이야기의 광범위한 유포는 인간의 내부에 잠재되어 있는 이타적 심성의 발현을 강력하게 설득하고 요청하는 것이기도 했다. 이 장에서 다룬 비지전장碑誌傳狀류 산문의 주인공, 곧 이타적 행위자로서 시여인의 존재는, 실제 그런 이타적 행위가 현실 속에서 광범위하게 실천되고 있던 상황을 알리고 있다. 곧 이타-보상담의 이타적 행위와 보상은 현실에서 확인할 수 있는 사회적 현상이기도 했다.

6장

이타 - 보상담 출현의 역사적 이유

흉작, 기민, 전염병

이타적 행위의 기본 속성은 위기에 처한 약자를 구하는 것이다. 조선 후기에 다수의 허구적 이타-보상담과 시여인의 전기물이 족출한 것은, 그 위기가 특정 개인이 우연히 맞이한 것이 아니라, 사회적으로 공히 경험하는 보편적인 것이었음을 의미한다. 다시 말해 서사의 바다가 이타-보상의 구조에 동시대적 구체성을 장착하여 이타-보상담을 수면 위로 밀어올리고, 한편에서 이타적 행위를 자기 정체성으로 삼는 사람들이 족출했다는 것은, 역으로 위기에 처한 사람들이 폭증하기 시작했음을 의미할 터이다. 다시 말해 사람들이 생명의 위기를 일상적으로 체험하는 사회가 도래한 것이다. 그렇다면 그 위기의 계기가 된 사건들은 구체적으로 어떤 것들이었을까?

앞서 검토했던 이타-보상담에서 이타적 행위의 대상이 되었던 인물들은 빈곤과 질병, 그리고 가족의 해체라는 위기에 처하고 있었다. 작품에서 이런 위기는 개인이 당면한 것이었지만, 그것은 동시에 시대적인 의미가 있다. 이 부분을 차례로 검토해 보자.

전기물의 주인공인 시여인 염극태와 김유련의 이타적 행위는 굶주리는 백성, 곧 기민飢民의 구휼이었다. 기민 구휼의 이면에는 당연히 흉작이 있다. 그런데 흉작은 우연한 예외적 현상이 아니었다. 조선은 16세기 중반부터 19세기 중반에 이르는 3세기에 걸쳐 소빙기가 지속되자 기후변화가 일어났고 이로 인해 혹심한 흉작과 기근이 빈발하였다.[1] 여기에 1592년 임진왜란부터 1636년 병자호란까지 거의 반세기에 이르는 파괴적인 전쟁을 겪었다. 전쟁과 흉작, 기근은 엄청난 사망자와 대량의 유민流民으로 현상화하였고, 때로는 군도의 형태로 드러나기도 하였다. 예컨대 조선시대 최다 사망자를 낳았던 1670~1671년의 경신대기근 때의 사망자와 사망률은 140만 명 내외와 11~14퍼센트 내외, 1695~1696년의 을병대기근 때는 400여만 명과 25~33퍼센트였을 것으로 추정된다.[2]

물론 이것은 매우 극단적인 상황이지만, 그렇다고 해서 기근 자체가 예외적으로 드물게 발생했던 것은 아니었다. 대개 17세기 중엽부터 18세기 중엽까지 약 200년 동안 비교적 규모가 큰 기근이 52회에 걸쳐 일어났으며, 이는 평균 3.6년에 1회 꼴로 전국적인 대규모의 기근이나 일부 지역에 제한된 기근이 발생한 것으로 파악된다.[3] 기근으로 유민과 아사자가 속출했던 것[4]은 두말할 필요가 없다. 흉작과 기아, 유민은 조선 후기에 거의 일상적으로 발생하고 있었다. 예컨대 1733년(영조 9) 경상도의 기근으로 진휼장에 나아간 기민은 17만 9,865명, 떠도는 거지는 1만 1,685명, 사망자는 무려 1,326명이었다.[5] 이런 구체적인 예는 얼마든지 열거할 수 있다.[6]

이 책에서 다룬 작품들은 당연히 이런 상황을 반영한 것이다. 예컨대 〈거여객점〉의 거지 여인은 유민의 개별적인 형상이며,《흥부전》에서 놀부의 재산을 털어 가는 자들은 대부분 삶의 근거를 박탈당한 갖가지 유형의 유민 형상으로 보아야 할 것이다. 유민과 군도는 모두 생명 소거의 위험에 처한 약자들이었다. 유민은 물론이고 군도 역시 이타적 행위의 대상이었다. 〈허생전〉에서 허생은 "도둑이란 더러운 이름을 가지고 체포당할 생의 위기"[7]에 처한 군도를 도왔다.

기근과 함께 생명을 위협한 것은 질병이었다. 조선 후기는 질병, 특히 전염병의 시대였다. 소빙기의 기후변화로 인해 흉작이 들어 기근이 발생하면 사람들의 영양 상태가 부실해지고 면역 기능이 저하되어 쉽게 전염병에 걸렸다.[8] 질병사 연구에 의하면, 17~18세기에는 평균 2년에 1회 이상 발진티푸스, 두창과 홍역, 장티푸스, 이질 등 여러 전염병이 동시에 발생했다. 또한 19세기 전염병 발생 빈도수가 상대적으로 낮아졌다고는 하지만,[9] 피해 정도가 덜한 것은 결코 아니었다. 전에 없던 괴질(콜레라)이 유행하여 인명피해가 막대했다.[10] 당연히 엄청난 사망자가 잇달았다.

1699년 1월 경기 지방에서 시작된 전염병의 유행으로 인한 사망자를 보자. 1696년에 시작한 호구 장적帳籍을 완성했을 때 호수戶數는 129만 3,083호, 구수口數는 577만 2,300구로, 1693년에 비하여 25만 3,391호, 141만 6,274구의 감소라는 엄청난 피해를 보았다.[11] 그런가 하면 1750년에는 전해부터 이어오는 여역으로 각 도의 사망자가 12만 명에 가까웠고, 1786년 4월부터 6월까지 계속된 역병은 의약이 소용없을 만큼 대단하여, 정부에서 전국에 걸쳐 노출된 해골을 매장하도록 명하고 그 숫자를 파악하였는데 거의 37만 명에 가까웠다고 한다.[12] 1821~1822년 콜레라로 죽은 사람은 문헌상으로는 '수십 만 명', 거의 100만 명에 이를 것으로 추정되며, 1859~1860년에는 40만, 1895년에는 30만 명 정도의 사상자가 있었다고 한다.[13]

이것은 대표적인 경우만 예시한 것일 뿐 실제 전염병은 늘 유행 중이었고 사망자는 항시 나오고 있었다고 해도 무방할 것이다. 전염병과 사망은 거의 일상이 되었던 것이다. 〈홍순언(공사)〉에 나오는 기방 여인이나, 〈이조 서리 이씨〉의 이씨와 〈고담〉의 주인공 이희녕이 도왔던 여성은 모두 전염병으로 부모와 가족을 잃은 경우였다. 또한 홍익만과 이헌길은 각각 장티푸스와 홍역 환자를 치료한 전문의였다. 모두 전염병을 배경에 두고 있는 것이다. 사회 빈곤층은 질병의 위기에 거의 무방비로 노출되어 있었다. 이타적 의료에 적극 나선 조광일과 백광현은 질병의 광범위한 확산을 배경으로 출현한 인물이었다.

흉작과 기근, 전염병은 특히 경제적 약자의 생명을 위협하는 한편 경제적 약자를 새로 양산하기도 하였다. 이타적 행위의 대상자는 절대다수가 경제적 약자였다. 〈홍순언(어우)〉에서 홍순언과 곽지원이 도와준 중국인 역시 경제적으로 몰락한 사람이었고, 여러 '홍순언 설화' 속 기방의 여인 역시 부모의 장례비가 없는 상태거나 아버지의 관채를 갚을 능력이 전혀 없는 사람이었다. 〈한원〉에서 한원이 은을 주어 도왔던 중국 선비, 〈베트남에 간 역관〉에서 변씨가 도왔던 중국 상인 오씨와 동수재, 〈거여객점〉의 거지 여인 역시 모두 경제적으로 몰락한 상황에 놓여 있었다. 《흥부전》과 《심청전》의 흥부와 심학규는 빈민이었고, 김성우·도정주·백사일·최순성·장복선이 도왔던 무수한 사람들은 모두 빈곤한 처지의 사람들이었다. 물론 가장 많은 대상은 기민이었다. 〈비부〉에서 오가가 두 차례에 걸쳐 장사 자금으로 도왔던 사람들, 〈귀향〉의 최생이 도왔던 500여 호 1,300명 역시 흉작으로 아사 직전인 사람들이었다. 염극태·만덕·성태중·김유련이 베푼 이타적 행위의 대상자역시 수많은 기민이었다. 이런 예들은 경제적으로 빈곤에 내몰린자들이 광범위하게 발생했던 조선 후기의 상황을 직간접적으로 반영한 것이다.

사족-관료체제의 수탈

빈곤은 기후변화, 흉작, 전염병과 같은 자연적 조건으로만 발생한 것이 아니었다. 그것은 사족체제의 강화된 수탈이 초래한 것이기도 하였다. 18세기 조선 사회의 치밀한 관찰자 이익은 〈유민환집流民還集〉이란 글에서 이렇게 말한다.

맹자가 논한 왕도王道는 보민保民 한 구절에 지나지 않는다. 이른바 보민이란 곧 좋아하는 바를 주고 모이게 하며, 싫어하는 바를 베풀지 않는 것일 뿐이다. 집집마다 찾아다니며 날마다 더 보태주는 것이 아니다.

① 사람은 각자 슬기와 힘이 있다. 밭을 갈아 밥을 먹고, 우물을 파서 물을 마시면서 자기 삶을 넉넉히 살아 나갈 방도를 마련하는 것이다. ② 비록 2, 3년 홍수가 나고 가뭄이 든다 하더라도 본디 먼 앞날을 생각하고 먹을 것을 쌓아 놓았기 때문에 그것에 의지해 살아갈 방도가 있는 것이다. 어떻게 살던 곳을 떠나 골짜기에 뒹구는 시신이 되기까지야 하겠는가? 맹자는 또 "왕께서 흉년을 탓하지 않는다면 천하의 백성이 돌아올 것"이라고 하였다.

③ 내가 시골에서 의식衣食이 넉넉한 사람을 보았더니, 때를 잃지 않고 농사를 지었고, 이득을 보기 위한 계획이 아주 치밀하여 흉년도 그를 해칠 수 없었다. 이른바 "백성의 목숨은 부지런함에 매였고, 부지런하면 의식이 부족하지 않다"는 경우였다. 이치가

이타利他와 시여施與 ─●

이런데도 죽음을 면하지 못하는 것은, 모두 학정에 시달린 나머지 살 수가 없게 되었기 때문이다.

④ 설령 물난리와 가뭄이 있더라도 나라에서 창고를 열고 풍년 든 곳의 곡식을 흉년이 든 곳으로 옮긴다면, 충분히 구제할 수 있을 것이다. 유민이 되어 떠도는 것은 흉년 탓이 아니니, 백성들이 어찌 불쌍하지 않으리오?[14]

성호 이익은 소빙기의 흉작과 기근을 경험한 사람이다. 하지만 그는 유민의 발생은 제어될 수 있다고 말한다. 흉작과 기근은 이미 상수로 존재한다. 그것은 예측 가능한, 대비할 수 있는 것이다. 성호 이익은 인간은 위기를 예견하고 그것을 해결할 능력을 갖고 있다고 말한다(①). 당연히 흉년과 기근을 예견하고 식량을 축적해서 위기를 극복할 수 있다(②). 상수가 된 흉년과 기근을 예견하고 극복하는 부지런한 농민이 실재한다(③). 국가 역시 흉작과 기근을 예견하고 대비하는 시스템을 마련할 수 있다(④).

상수로 존재하는 기후변화와 흉작에 능동적으로 대응할 능력이 있음에도 불구하고 기근으로 인한 유민이 발생할 수밖에 없는 이유로 이익은 '학정虐政'을 지적한다. '포학한 정사'로 번역되는 학정은 국가권력에 의한 과잉수탈을 의미할 것이다. 그런데 이익은 학정을 금하려면 먼저 장법臟法을 엄격히 적용해야 한다고 주장한다.[15] '장법'의 '장臟'은 '뇌물', '뇌물을 주는 행위와 받는 행위', 나아가 절도, 탐오貪汚 등 불법적 방법으로 재물을 획득하는 행위를 말한다.[16] 즉 '장'은 국가권력의 사유화에 입각한 사적 수탈로 정의할 수 있다. '장'은 이렇게 정의할 수 있지만, 현실에서 공적 수탈과 사적 수탈은 거의 구분되지 않았다.

기민이 발생하면 국가는 당연히 대응했지만[17] 그것은 대부분 대증요법이었을 뿐 근본적 대책일 수는 없었다. 왜냐하면 진휼정책을 시행하는 주체인 관료의 절대다수가 국가권력을 이용한 수탈로 자신의 경제적 토대를 구축했기 때문이었다. 예컨대 환곡은 춘궁기의 농민 혹은 흉작으로 인해 발생한 기민을 구제하기 위한 선의의 제도였지만, 그것의 순기능은 극히 일부에 지나지 않았다. 환곡의 자연 손실분을 보충한다는 뜻으로 거두던 모곡耗穀은 17세기 후반부터 본격적으로 정부의 재정으로 사용되기 시작하였고[18] 급기야 재정 수입의 36퍼센트에 이르렀다.[19] 환곡의 배분과 수납은 사실상 국가가 주체가 된 대금업이었다. 실제 국가는 환곡이 필요치 않은 농민에게도, 흉년이 아닌 평년에도 환곡을 강제로 분배하고 이자를 수탈했으며, 최후에는 환곡을 분배하지 않고 모곡을 수탈하는 지경에 이르렀다.[20] 〈청송 아전 윤흥관〉에서 환곡을 갚지 못해 남편이 죽은 뒤 자살하려 했던 여인은 역시 이런 배경에서 나온 것이다.

환곡의 예가 명료하게 보여 주듯 국가는 사실상 대금업자이기도 했다. 이를테면 역관은 북경에 파견될 때 호조의 은을 2할의 이자로 갚기로 하고 빌리는 것이 관행이었다.[21] 〈베트남에 간 역관〉에서 역관 변씨가 평안감영에서 돈 5만 냥을 빌린 것과 〈역관

　　　　　　　　　　이타利他와 시여施與　　──●

박씨〉에서 역관 박씨가 도와준 여인의 남편이 호조에서 빌린 은 1,000냥을 갚지 못해 자살한 것, 박씨 역시 뒷날 군문으로부터 빌린 은 10만 냥을 갚지 못해 사형의 위기에 처했던 것은, 현실의 정확한 반영이다. 국가기관이 개인에게 돈을 빌려 주고 이자를 받는 대금업을 했다는 것은 별로 이상할 것도 없는 상식에 해당한다. 국문소설《이춘풍전》의 주인공 이춘풍 역시 유흥으로 탕진하기는 했지만, 애초에는 평안감영에서 돈을 빌려 장사에 나서지 않았던가?

이상의 예에서 보듯 임병 양란 이후 국가는 거대한 수탈권력이었고 그것을 운영하는 사족−관료들은 수탈의 집행자였다. 결코 과장이 아니다. 예컨대 앞에서 검토한 바 있는 이타−보상담에서 포흠의 문제를 들어보자.

〈그래야 내 아들이지〉에서 위기에 처한 사람은 포흠을 다음 날까지 갚지 않으면 사형에 처해질 운명의 아전이었다.[22] 김신조는 노비를 속량하고 받은 돈으로 그 아전을 구제한다. 여기에 등장하는 아전의 포흠은 이타−보상담 여러 곳에서 발견된다. 예컨대 도정주는 가난한 친구와 먼 친족들이 관포官逋를 지고 있으면 모두 갚아 주었고,[23] 장복선 역시 아전 친지의 포흠을 갚아 주었던 것이다.[24] 포흠은 지방 행정단위에서 만성적으로 발생하는 것이었다.

김윤식金允植(1835~1922)은 포흠을 관포官逋·이포吏逋·민포民逋로 구분한다. 관포는 지방 행정관료(수령)가 예산을 초과하여 지출하는 것을 말하는데, 이것은 모두 수리首吏에게 부채처럼 부담을 지운다. 결국 관포는 수리가 마련해 내어야 한다. 민포는 백성이 환곡 같은 것을 갚지 못하는 경우인데, 채찍과 곤장으로 받아 내고야 마니 우려할 것이 못 된다. 문제는 아전의 포흠, 곧 이포다. 이포는 신연新延·지공支供·가하加下·상납上納·저채邸債·임뢰任賂 등 여섯 종류의 포흠이 있다. 여섯 가지 이포는 국가와 사족－관료들의 무책임으로 인해 발생하는 것이고 아전은 불가피하게 포흠을 지게 된다.[25]

김윤식에 의하면, 포흠이 우환거리가 아닌 고을이 없고,[26] 아전은 자기 이익을 챙기기는커녕 자기가 '해먹지도 않은 포흠'을 책임져야만 했다.[27] 아전과 백성 모두 경제적으로 곤궁해져 서로 흘겨보며 원망하지만 하소연할 수 있는 곳도 없다.[28] 조선 후기 향리는 대개 민을 수탈하는 존재로 그려지지만, 사실은 이들 역시 국가와 사족－관료들이 벌인 무책임한 수탈의 피해자였다. 이타－보상담에서 포흠을 갚지 못해 죽음의 위기에 처한 아전,[29] 또는 갚아야 할 포흠을 아전들이 나눠 맡는 장면[30]은 이런 이유로 나타나게 된 것이다.

조선 후기에 국가와 사족－관료가 수탈을 강화했던 것은 움직일 수 없는 사실이다. 기후변화와 흉작, 기근, 전염병의 유행으로 민중은 빈곤의 나락에 빠지고 있었으나 국가와 사족－관료는 이익의 말처럼 수탈을 강화했던 것이다. 이로 인해 민중의 생명은 위기에 처하게 되었다.

화폐의 유통

기후변화, 흉작, 기근, 전염병과 국가와 사족－관료의 강화된 수탈은 민중의 생명을 위기에 처하게 하였다. 그런데 수탈의 강화에 새로운 수단이 동원되었다. 〈허생전〉에서 허생이 변산반도의 수천 명 군도를 찾아가서 대화를 나누는 장면을 보자.

허생은 군도의 소굴로 들어가 우두머리를 설득했다.

"천 명이 천금을 빼앗아 나누면 한 사람이 얼마나 갖느냐?"

"한 사람 당 한 냥이면 그만이지요."

"아내는 있느냐?"

"없소이다."

"밭은 있느냐?"

군도들은 웃었다.

"밭이 있고 마누라가 있다면 무엇하러 괴롭게 도둑질을 한단 말이요?"

"그래, 그렇다면 어찌하여 아내를 얻고 집을 짓고, 소를 사고 밭을 갈며 살지 않는단 말이냐? 그럼 살아서는 도둑놈이란 이름은 없고 집에서 부부의 즐거움도 있을 터이지. 집을 나와 다닐 때도 쫓기거나 잡힐 걱정이 없고 길이 입고 먹고 하는 즐거움을 누릴 수 있을 것인데."

"그런 거야 어찌 원하는 게 아니겠습니까만, 돈이 없을 뿐이지

도둑들은 1명 당 100냥의 돈을 가지고 떠나 소와 농기구를 구입해 아내와 함께 돌아온다. 여기서 중요한 것은 화폐다. 군도로 하여금 농민으로서의 삶을 포기하게 하고 도둑으로 만든 것은 돈이 없기 때문이다. 돈 100냥은 군도를 다시 농민으로 만든다. 여기서 화폐 특히 '냥' 단위로 계산되는 금속화폐가 군도 발생의 원인이면서 동시에 그들을 농민으로 복귀시키는 수단이 되고 있다는 사실에 주목할 필요가 있다.

일반적으로 1678년(숙종 4)부터 유통된 상평통보의 보급으로 인해 조선 사회에 실물경제에서 '화폐경제로의 전환'이 일어났다고 판단한다. 곧 화폐의 유통에 대단히 큰 의미를 부여하는 것이다. 이 판단은 화폐경제로의 전환이 역사적 발전이라는 생각을 내포한다. 여기서 '발전'이란 최종적으로 사회 구성원의 삶에 긍정적인 결과를 가져오는 것을 의미할 터이다. 하지만 화폐의 통용은 조선 사회 구성원의 삶에 긍정적인 결과만을 가져왔던 것은 아니었다. 도리어 부정적일 수 있었다. 시각을 바꿀 필요가 있다. 곧 화폐의 도입을 역사적 발전의 중요한 증거로 해석하기보다는 당대인의 삶 속에서 그것이 갖는 의미를 읽어 낼 필요가 있다는 말이다.

화폐 발행론자들은 화폐를 수단으로 물가를 조절할 수 있고 백성들의 물화 교환에서의 편리성을 내세웠지만,[32] 전자는 화폐 발행 이후 도리어 불가능해졌고, 후자의 경우 백성들은 일상의 교환에 금속화폐가 그다지 필요하지 않았다. 곧 인구의 대부분을 차지하는 농민의 자급자족적 일상에서 재화의 교환은 일상적 경험이 아니었다. 또한 여행할 때 실물화폐는 소지하기 불편하다는 이유도 있었지만, 농민의 경우 토지에 긴박되어 있으므로 여행의 필요성을 그다지 강하게 느끼지 못했다. 곧 국가가 여러 차례 발행한 금속화폐의 유통이 계속 실패로 돌아간 것은, 농민의 무지와 불합리한 일상습관 때문이 아니라 그들의 생활 자체에 금속화폐가 별로 비집고 들어갈 여지가 없었기 때문이다.

박지원이 지적했듯 동전 외에 실물화폐는 포화布貨(布木)와 저화楮貨(종이), 은화銀貨 세 가지가 있었다.

역대 조정에서 화폐의 가치가 떨어질 것을 염려하여 이전에 엽전을 주조했으나 그나마 잠시 시행하다 이내 중지되었다. 진실로 포화와 저화는 비록 싸지만 다시 비싼 은화가 있어서 비싸고 싼 것 사이에 절충할 수 있었다. 무릇 위의 세 가지 화폐는 모두 백성의 손에서 나오는 것이므로 빨리만 만들어 내면 넉넉히 돌아갈 수 있는 것이다.

반면에 엽전은 사사로이 만드는 화폐가 아니고 관의 공급에 의존하고 있다. 당시 만든 양이 많지 않았을 뿐 아니라 민간에 보급된 것도 미처 두루 퍼지지 못했으므로, 백성들이 엽전의 사용을 불편하게 여긴 것은 실로 이 때문이었다.[33]

포목과 종이는 낮은 단위의 화폐, 은은 높은 단위의 화폐였다. 일상에서는 포목과 종이를 사용하고, 고액의 거래에는 은을 사용한다. 이것으로 필요한 화폐가 충족될 수 있다. 이 중 포목과 종이는 백성의 노동력으로 생산할 수 있는 화폐였다. 상평통보 이전 대표적인 화폐의 구실을 했던 추포麤布는 농민이 만든 것이었다. 농민이 추포를 생산하고 그것을 화폐로 사용한다는 것은, 농민 스스로 교환을 위한 화폐를 발행할 수 있었다는 것, 다시 말해 화폐의 발행권이 농민에게 있었음을 의미한다. 다시 말해 화폐는 농민이 지배하는 것이었다.

상평통보 이전 금속화폐를 통용시키고자 한 수많은 시도가 실패하고 오랫동안 결국 미米·포布를 중심으로 한 실물화폐가 사용된 데에는 복잡한 이유가 있을 것이다. 하지만 그 중요한 이유의 하나로 반드시 농민의 완강한 거부를 꼽아야 할 것이다. 1652년 (효종 3) 정언 이만웅李萬雄은 금속화폐의 유통에 반대하는 농민의 논리를 이렇게 전했다. "돈이란 물건은 굶주릴 때 먹을 수 없고 추울 때 입을 수도 없는데, 왜 그것을 꼭 사용하려고 하는가? 재화를 유통시키는 도구라고 말한다면, 추포 역시 돈의 부류다. 입거나 먹을 수 없는 것은 마찬가지다. 그런데 왜 꼭 그 얻기 어려운 것(동전)을 유통시키려 하고 쉽게 얻을 수 있는 것(추포)은 금지하려 하는가?"[34] 이 반론의 뜻은 농민의 삶에 굳이 국가가 발행하는 화폐는 필요하지 않다는 것이었다.

이런 이유로 1678년부터 국가가 발행한 금속화폐가 유통되기 시작한 것은, 농민의 입장에서는 화폐 발행권을 **빼앗기는** 일대 사건이었고 그 결과는 비극이었다. 1750년 우찬찬 원경하元景夏는 상소하여 균역법을 제정해 결전結錢을 받는 것을 비판했다. 그는 "곡식이나 옷감은 백성이 농사짓고 길쌈하여 얻을 수 있으나 돈은 현관縣官이 주조한 것이니, 백성이 사적으로 만들 수 없습니다"[35]라 한 사마광司馬光의 말을 인용하여, 국가가 돈으로 세금을 받는 것을 비판했다. 그는 농민이 돈을 구하기 위해 곡식을 헐값에 팔고 흉년에는 누에고치와 과일, 짐승, 심지어 토지까지 팔아야 한다고 지적했다.[36] 돈을 구하기 위해 농민이 농작물과 토지를 팔아 치우는 비극적 사태가 빚어졌던 것이다.

흔히 말하는 교환경제 혹은 상업의 발달에 상응하는 편리한 교환수단으로서 화폐가 절실했기에 금속화폐가 발행될 수밖에 없었다는 주장 역시 재고를 요한다. 임진왜란 직후 상업의 발달을 논할 수 없을 정도로 경제가 피폐했던 시기인 1603년(선조 36) 호조가 화폐를 제작해 유통시키려 했던 것은, 국가의 재정 부족을 타개하기 위해서였다.[37] 오도일吳道一이 "주전鑄錢은 폐단이 있지만, 창졸간에 재정을 마련하는 데 이보다 나은 것이 없다"[38]고 한 데서 주전의 목적이 재정 확보에 있었음을 충분히 알 수 있을 것이다. 실제 재정 부족을 이유로 주전하는 경우는 일일이 열거하기 어려울 정도로 넘쳐난다.[39]

이후 1626년, 1634년에도 금속화폐를 발행하여 통용시키려는 국가의 의도는 실패했다. 극히 일부의 지방, 예컨대 1651년경의 개성과 평안도의 몇몇 지역에서 동전이 통용되기는 했지만, 개성을 제외하고는 숙종 초까지 유통되지 않았다. 1678년 상평통보가 통용될 수 있었던 것은 이 시기 청나라와 일본을 잇는 중개무역으로 벌어들인 은이 풍부하여 은 1냥은 상평통보 400문이라는 일종의 은본위 시스템을 적용해 그 값을 고정시킬 수 있었기 때문이었다.[40] 일본과 청이 직접 무역을 하면서 중개무역이 종식되자 조선은 은 부족 상태가 되었다. 하지만 유통되기 시작한 상평통보는 화폐로서 계속 기능했고, 정부는 재정이 부족하면 으레 상평통보를 주조했다. 심지어 흉년에 쌀은 비싸고 돈이 흔한데도 불구하고 조정은 진휼 자금의 마련을 위해 주전을 하였다. 그로 인해 곡물의 가격이 올랐다.[41] 주전에 이렇게 몰두한 것은 주전을 하면 이익이 남았기 때문이다. 1772년 자료에 의하면 100만 냥을 주조하여 20만 냥의 이익을 남겼고,[42] 심지어 구리 함량이 낮은 악화를 만들어 이익을 남기는 데 골몰할 정도였다.[43] 돈의 제작 과정을 통해 국가는 이윤을 얻고 있었던 것이다. 또한 화폐 유통을 위해 세금으로 바치는 포布의 3분의 1을 동전으로 내게 했으니,[44] 화폐는 이런 강제적 과정을 통해 유통되기 시작했다. 화폐는 교환경제나 상업의 발달로 인해 발행되고 유통된 것이 결코 아니었다.

18세기가 되면 '모든 거래에 돈이 없으면 안 되는' 상황이 도래했다.[45] 금속화폐는 결정적인 교환수단이 되었던 것이다. 화폐의 유통은 재화의 교환을 전에 비해 매끄럽게 만들었고, 전에 비해 상업 역시 상대적으로 발달했다고 평가할 수는 있을 것이다. 박

이타利他와 시여施與 ──●

제가를 위시한 일부 지식인들은 여기에 착목해 보다 자유로운 재화의 이동 곧 재화의 전국적 유통을 염원했다. 하지만 그것은 기술 혁신, 도로 확대, 수레 등 편리한 운송수단의 사용, 상인에 대한 차별 관념의 불식 등과 함께 이루어져야 할 것이었다. 하지만 그런 물적 수단의 개선도 의식의 변화도 크게 현실화되지 않았다. 화폐는 사용되었지만 정작 교환경제는 충분히 발달할 수가 없었던 것이다. 따라서 화폐 통용 이후 상대적으로 활성화된 상업의 상황을 대동법, 균역법 등과 묶어 마치 조선 경제 전체가 교환경제로 전환하였다고 서술하는 것은 과장에 가깝다.

분명 상업은 활성화되었다. 이에 상응하여 상업을 통한 부의 축적을 정당화하는 지식인도 나타났다.[46] 하지만 상업의 발달은 어디까지나 전 시기에 비해 상대적으로 활성화되었을 뿐이고, 상업이 경제 전체를 압도적으로 지배했던 것은 아니었다. 또한 그 활성화의 결과 역시 '선량'한 것만도 아니었다. 가격차를 노려 상인이 물화를 옮기는 것이 사회 전체에 부의 공급을 늘린다고 한 것은 박제가와 같은 상업진흥론자들의 주장이었고, 일부 사실이기도 했지만, 사태가 전적으로 기대하는 방향으로 흘러가지는 않았다. 사회적으로 부의 공급을 늘린다는 것은, 전체적으로 부가 비교적 균등하게 분배될 것이라는 전망을 전제하고 있었다. 하지만 그것은 불가능한 것이었다. 상인의 이윤은, 품질과 가격에서 우위를 점하는 상품이나 혹은 새 상품으로 시장을 확대하여 얻는 데 있지 않았다. 이윤은 주로 독점(=도고都庫)에서 나왔다. 예컨대 시전市廛은 원래 국가가 공인한 독점으로 이익을 남겼던 것이었다. 신해통공(1791) 이후 시전의 독점은 해체되지만 그것으로 독점 자체가 봉쇄된 것은 아니었다. 특정한 상인들의 독점권은 혁파되었지만 독점의 기술들은 여전히 존재했다.

〈허생전〉은 그 독점의 기술을 정확하게 서술한다. 허생은 5년 동안 100만 냥을 번 방법을 묻는 변 부자에게 이렇게 답한다.

이건 가장 알기 쉬운 일일세. 우리 조선은 배가 외국과 통하지 못하고, 수레가 국내에 두루 다니지 못하는 까닭으로, 백물百物이 이 안에서 생산되어 곧 이 안에서 소비되곤 하지 않나.

대체로 1,000냥이란 적은 재물이어서 물건을 마음껏 다 살 수는 없겠지만, 이를 열로 쪼갠다면 100냥짜리가 열이 될지니 이를 가지면 아무래도 열 가지 물건이야 살 수 있지 않나. 그리고 물건의 무게가 가벼우면 돌려 빼기 쉬운 까닭으로 한 가지 물건이 비록 밑졌다 하더라도 아홉 가지 물건에 이문이 남는 법이니 이는 보통 이문을 내는 길이요, 저 작은 장사치들이 장사하는 방법이지.

대체로 만 금만 가지면 족히 한 가지 물건은 다 살 수 있으므로 수레에 실린 것이면 수레를 모조리 도매할 것이며, 배에 담긴 것이라면 배를 온통 살 수 있겠고, 한 고을에 가득 찬 것이라면 온 고을을 통틀어서 살 수 있을 것이니, 이는 마치 그물에 코가 있어서 물건을 모조리 훑어 들이는 것과 같지 않겠나.

그리하여 뭍의 산물 여러 가지 중에서 어떤 그 하나를 슬그머니

이타利他와 시여施與 ━━●

독점해 버린다든지, 물에서 나온 고기들의 여러 가지 중에서 어떤 그 하나를 슬그머니 독점해 버린다든지, 의약 재료 여러 가지 중에서 어떤 그 하나를 슬그머니 독점해 버린다면, 그 한 가지 물건은 한 곳에 갇히매 모든 장사치의 손 속이 다 마르는 법이니, 이는 백성을 못살게 하는 방법이야. 뒷세상에 나랏일을 맡은 이들이 행여 나의 이 방법을 쓰는 자가 있다면 반드시 그 나라를 병들게 하고 말걸세.[47]

허생은 소상인의 상술과 거상의 독점을 비교한다. 확실한 부를 가져다주는 것은 당연히 후자다. 허생은 후자의 방법으로 과일과 말총을 독점하여 거금을 벌어들였다. 도고都賈라고 불리는 이 독점의 기술은 조선 후기에 널리 인지된 것이기도 하였다.

이재운李載運이 《해동화식전》에서 거부로 소개했던 이진욱李震郁의 경우 일본으로 수출되는 인삼을 독점한[48] 것이 결정적인 치부의 계기였다. 여성도 도고에 뛰어들었다. 역시 《해동화식전》에 소개된 김극술金克述의 아내는 서울 시내 약포의 당귀를 독점하여[49] 역시 부를 일구었다. 한문 단편 〈감초〉는 사족가의 젊은 신부가 서울 시내 감초를, 〈택사澤瀉〉[50]는 여항인의 아내가 역시 약재로 쓰이는 택사를 교묘한 방법으로 독점하여 치부하는 과정을 절묘하게 그린 작품이다. 앞서 말한 바와 같이 거의 3, 4년을 주기로 찾아왔던 흉년에 의한 작황 차이에 따른 대단히 큰 규모의 가격 변동을 이용하는 것도 주요한 치부술이었다. 한문 단편 〈대두大豆〉, 〈강경

江景)[51]에서는 콩과 담배의 작황 차이를 이용하는 것이 치부의 방법이었다. 또한 〈비부〉에서 오가의 아내인 계집종이 오가에게 지역의 작황 차를 이용해 대추, 목화를 사 오라고 한 것이나, 옷이 부족한 함경도에 헌옷을 가지고 가서 팔아 오라고 했던 것도 작황 차와 지역 차에 의한 독점의 한 방법이다. 이렇게 지역과 작황에 따라 어떤 물종을 독점하는 것은 이미 익히 알려진 방법이었다. 〈허생전〉의 이본이라 할 수 있는 〈독역讀易〉에서 선비 이 아무개의 아내는 이생이 홍동지에게 빌려 온 돈으로 "물건이 흔할 때 사들이고 귀할 때 팔아서 치산한 지 3년 사이에 불어난 돈이 여러 만 냥에 이르렀다."[52] 역시 또 다른 이본인 〈여생呂生〉에서 여생의 장사 수법도 "별다른 묘수가 아니고 그저 헐할 때 매입했다가 귀할 때 방출하는 것이었다."[53] 이 모든 독점은 화폐가 있음으로 인해 가능한 것이었다. 화폐는 재화의 교환을 매끄럽게 만드는 수단이 아니라, 독점을 통해 치부하는 수단이 되고 있었다.

문제는 허생이 지적했듯 화폐를 이용한 독점은 '백성을 해치는 방법'이고, 만약 국가권력을 행사하는 유사有司 곧 관료가 그 방법을 사용할 경우 반드시 그 나라를 병들게 할 것이었다. 허생의 우려에도 불구하고 도고는 광범위하게 일어났다. 그중에서도 생존에 필요불가결한 재화, 예컨대 쌀이나 소금 같은 물종일수록 독점으로 얻는 이익이 컸다. 하지만 화폐와 상업이 초래하는 효과 혹은 초래할 부정적 효과에 대해 면밀한 대책은 사실상 기대하기 어려웠다. 냉정하게 말해 화폐 사용 이후 국가의 정책을 결정

이타利他와 시여施與 ━●

하는 왕과 고위관료들은 발생하는 문제를 정확하게 인지하기도 어려웠을 것이다. 곧 독점으로 대표되는 상업에 대한 법적 관리 자체가 희소했다고 말할 수 있을 것이다.

앞서 검토했던 〈만덕전〉을 다시 가져와 보자. 1791년으로부터 4년 뒤인 1795년 흉작으로 제주도에 대량의 기민과 아사자가 발생했을 때 만덕은 자발적으로 곡식을 구입할 자금을 낸다. 〈만덕전〉에서 채제공은 만덕의 돈이 불러온 효과에 대해 이렇게 말한다. "이에 만덕이 천금을 내어 쌀을 사들이니, 육지 여러 군현의 사공들이 때를 맞추어 도착했다. 만덕이 그중 10분의 1을 덜어 내어 친족을 살리고, 나머지는 모두 관부로 실어 날랐다."[54]

기근은 곡물의 부족으로 발생한 것이 아니라, 그것을 구입할 화폐가 없었기에 발생한 것이었다. 이익은 앞서 검토한 바 있는 〈유민환집〉에서 유민의 대량 발생으로 농촌의 마을공동체가 해체된 것은 곡물의 부족 때문이 아니라고 지적한다.

도시에서는 쌀값이 너무나 헐하니, 여전히 쌓아 둔 곡식이 많다는 사실을 알 수 있고 흉년을 탓하는 것이 잘못된 것이라는 점을 더욱 분명히 깨달았다.

가난한 이들은 이렇게 말한다. "곡식이 흔한 것이 도리어 원수다. 곡식이 흔하면 돈은 더욱 구하기 어려워 굶주림이 더욱 심해진다. 재물은 부자들에게 흘러가고, 백성들의 재산은 바닥이 나니, 설령 풍년이 든다 해도 그 딱한 사정은 예전과 다를 바 없는 것이다."[55]

농촌에는 곡물이 부족하고 도시는 도리어 곡물이 흔하다. 이익은 축적한 곡물이 여전히 남아 있음을 지적하면서 흉년 곧 곡물 부족이 유민 발생의 원인이라는 판단이 오류라고 지적한다. 곡물이 남아 있는데도 불구하고 굶주림과 유민이 발생한 원인은, 바로 화폐 때문이다. 만약 만덕의 '천금'이 없었다면 제주도의 백성 중에는 아사자가 속출했을 것이다. 박지원의 생각을 그대로 따른다면 화폐가 없을 경우, 인간의 아사는 당연한 것이 될 것이다.

화폐의 유통은 상업의 발달에 일부 긍정적으로 기능한 것도 사실이다. 하지만 한편으로는 부의 극단적 편중, 다시 말해 대토지 소유자와 무토농민無土農民을 대거 발생시켰다. 그것은 화폐 유통의 어두운 그림자였다. 곧 이익이 지적한 것처럼 화폐 유통이 부를 가져오기는 하였으나 그 부를 일부만 독점했다는 데 심각한 문제가 있었다. 1798년 호조판서 조진관趙鎭寬은 "돈을 통용한 뒤 지난 경오년·신미년부터 지금까지 해마다 돈을 주조하고 있으나, 백성과 나라에 여유가 있다는 말을 들은 적이 없다"[56]고 하였다. 이시항李時恒(1672~1736)은 조선 화폐의 역사를 간단히 개관하고,[57] 화폐가 초래한 부정적 상황을 이렇게 지적했다.

① 또 평안감영에서 돈을 주조하여 돈이 많아지고 또 유통시킨 지 오래되었다. 지금은 저 깊은 산골짜기의 부인네와 어린아이

이타利他와 시여施與 ──●

들조차도 모두 푼돈을 셀 줄 알아 크고 작은 물건을 사고파는 데 언제나 돈을 사용한다. 여행하는 사람들이 길에서 쓰는 데도 아주 편리하니, 사람들이 모두들 돈을 편리한 것으로 여긴다.

② 하지만 유리한 점이 있으면 폐단도 따르기 마련이다. 돈은 이자가 쉽게 불어나기에 일리日利·월리月利의 법이 생겨났다. 1년을 통틀어 계산해 보면 이자가 원금의 몇 배가 되기도 한다. 조정에서 특별히 자모법子母法을 정하기는 했지만, 따를 수가 없는 상황이다.

③ 이 때문에 가난한 자는 더욱 가난해지고 부유한 자는 부유해진다. 돈으로 파산하는 자가 열에 일곱 여덟이나 된다. 여항閭巷 시정市井에는 비록 한 집안의 지친至親이라 해도 이자를 주지 않는다면 돈을 빌려주지 않는다고 한다. 풍속이 이에 이르렀으니, 이 또한 크나큰 세상 변화인 것이다.

④ 지금은 조정에서 사람들이 모두 돈을 없애 버리려고 하지만, 국가가 보유한 자산과 개인의 재산이 모두 이 돈으로 이루어져 있기 때문에 당국자가 그 폐단을 알면서도 없애 버릴 수가 없다고 하니, 정말 통탄할 일이다.[58]

이시항은 핵심을 정확히 찔렀다. 화폐의 본격적인 유통과 그 편리성은 분명히 있다(①). 하지만 화폐는 고리대금업을 낳았다(②). 빈부의 격차가 극심해지고 파산하는 자가 속출한다. 열에 일곱 여덟이 파산하는 비극이 일어났다(③). 국가의 관료들은 문제의 심각성을 인지하고 있지만, 국가의 재정과 개인의 재산이 이미 화폐로 전환되었다. 그러니 폐단에도 불구하고 화폐를 폐지할 수 없다!⁵⁹(④). 폐지할 수 없는 이유는 국가와 부민富民이 화폐를 축장蓄藏하고 있었기 때문이다.⁶⁰ 민간에 돈이 부족한 상태인 전황錢荒이 계속된 것도 이 때문이었는데, 그것은 도리어 상업의 발달을 저해하기도 하였다.⁶¹

화폐의 필요성을 역설하면서 화폐 발행을 실현시켰던 조선의 관료들은 화폐가 당시의 사회 구조와 경제 상황에서 어떤 문제를 야기할지에 대해 무지했다. 화폐가 농민을 급격하게 몰락시키는 것을 보고 문제가 발생했다는 것을 알았지만, 해결책을 찾을 수는 없었다. 조선의 사족이란 원래 민을 지배하고 수탈하는 것을 목적으로 삼아 존재한 지배계급이었고 정작 민의 문제를 해결하는 데는 의지와 능력이 별로 없었기 때문이다.

비윤리적 부의 축적

독점 곧 도고는 화폐로 인해 나타난 것이었다. 다시 성호 이익의 생각을 참고하자. 이익은 화폐가 갖는 부정적 효과를 냉정하게 짚었다. 이익 역시 화폐의 편리성을 충분히 인지하고 있었다. "곡식과 포는 은자나 돈보다 편리하지 않다. 게다가 은자는 귀하고 돈은 흔하기에 은자는 돈보다 편리하지 않다."⁶² 교환수단으로서

이타利他와 시여施與 ─●

금속화폐를 능가할 것은 없다는 말이다. 하지만 앞서 지적한 바와 같이 화폐의 유통은 상업이 발달한 상태 혹은 발달의 조건이 갖추어진 상태가 아니라, 농업이 절대적인 생산을 차지하는 사회에서 국가의 강제로 이루어진 것이었다. 이로 인해 화폐 유통의 부정적 효과는 유용성을 훨씬 초과했다. 이익은 이렇게 말한다.

> 귀족과 부호들은 억만의 돈을 쌓아 놓고 있다가 풍년이 들면 곡식을 사들여서 개인적으로 비축해 놓는다. 그러다 흉년이 들면 곡식을 내다 팔아 돈을 빨아들인다. 거기에 관청의 세금과 사채를 한꺼번에 돈으로 내라고 독촉하기 때문에 백성들은 이에 그해 수확을 깡그리 긁어 내어 갚는다.
> 겨울을 나기도 전에 여덟 식구가 벌써 굶주리게 된다. 이것이 일년 내내 부지런히 몸을 부려 얻은 재물이 백성에게 있지도 않고 나라에 있지도 않고, 남김없이 놀고먹는 무뢰한들에게 돌아가는 이유다.
> 그러다 춘궁기가 되면 빚을 내어 겨우 땟거리를 마련하니, 이것은 모두 돈의 사용에서 비롯된 폐해다. 만약 돈을 폐지하고 곡식과 포목을 사용한다면, 사용의 불편은 있겠지만, 어떻게 이런 폐해야 있겠는가?[63]

춘궁기에 곡물값이 뛰어오르면 농민에게 곡물값에 상응하는 돈을 빌려주고, 가을 수확기에 곡물값이 떨어지면, 빌려준 돈에 상응하는 곡물을 받는 것이 화폐를 이용한 대표적인 축재 방법이었는데, 이것은 화폐의 유통 초기부터 나타난 현상이었다. 1695년 12월 어영청의 주전 요청을 숙종이 허락하자 《숙종실록》의 사신은 토호들이 춘궁기에 빈호貧戶에게 곡식을 돈으로 빌려주고 가을에 그 원금과 이자에 해당하는 곡식을 받아 5~6배의 이익을 거두므로 빈호가 더욱더 몰락하게 된다고 지적했다.[64]

화폐를 이용한 고리대는 널리 유행하였다. 1727년 11월 5일 이조 참판 윤순尹淳은 1674년 이후 화폐가 통용되자 농민들이 궁핍해졌다고 말한다. 그의 계산은 이렇다. 부자들이 봄에 1냥(쌀 1, 2두를 살 수 있다)을 빌려주고 가을에 갑절의 이자를 받는데 곡식으로는 1석이 넘는다고 하였다. 5배에서 10배에 해당하는 이익을 남긴 것이다. 동일하게 봄철 번포番布(번 드는 것을 면제 받기 위해 내는 포) 값으로 4냥을 빌려 가을에 8냥을 갚는데, 곡식으로는 5~6석에 이른다. 윤순은 이렇게 밝힌 뒤 아무리 농사를 힘써 지어도 빚을 갚고 나면 "백성들의 살림살이는 모두 텅텅 빈다[民間皆空]"고 말하고, 돈을 100만 냥 더 주조한들 그것은 부잣집에 모일 뿐, 빈민의 고통은 전과 같다고 한다. 그는 1675년 이전 돈이 없을 때도 나라를 다스렸으니 화폐를 혁파할 수 있다고 주장한다.[65] 영의정 이광좌李光佐도 동일한 근거를 들며 빈민의 살림이 결딴나는 것은 오직 화폐로 인한 부자들의 고리대 때문이라고 지적했다.[66] 이런 고리대는 명백히 불법이었지만[67] 법은 지켜지지 않았다.

여기에 더하여 민간의 부자들만 이런 고리대를 운용한 것이 아

이타利他와 시여施與 ────●

니었다는 데 문제의 심각성이 있었다. 앞서 환정이 사실상 국가의 고리대 사업이라고 지적했는데, 여기에도 당연히 화폐가 끼어들었다. 원래 환곡은 곡식을 대출하는 것이 원칙이었으나 상평통보 발행 이후 곡식을 빌려주지 않고 돈으로 빌려주는 사례가 나오기 시작했던 것이다. 예컨대 지방관은 봄의 춘궁기에 관에서 보유하고 있는 저치미儲置米와 환곡을 모두 팔아서 돈으로 바꾼 뒤 자신이 착복하고 그중 일부를 민간에 빌려주고, 가을에 그 곡식에 이자를 더하여 받아들이는 것이다. 이것은 '전환錢還'이라고 한다.[68] 전환은 환곡을 빙자한 완벽한 고리대금업이었다.

고리대가 아니더라도 춘궁기와 가을철 수확기의 곡물 가격이 격심한 차이를 보이는 것 역시 화폐를 이용해 돈을 벌 수 있는 기회였다. 예컨대 곡물 부족이 염려되는 상황에서 1834년 전라도 연안과 장시에 모인 경기·호서의 상고들은 때를 봐서 매점하거나 곡물이 익기도 전에 경작지 채로 곡물을 사들였고, 농민들은 흉황凶荒으로 인해 보유 곡물이 적음에도 불구하고 고가 매입에 현혹되어 곡물을 유출시켰다.[69] 상인의 곡물 매점은 부를 축적하는 중요한 수단이었던 것이다.

앞서 검토한 〈귀향〉은 이런 상황을 실감나게 그린 것이다. 최생은 500여 호의 기민에게 쌀 4,000석을 대가 없이 나눠 주고 가을에 6만 석을 받는다. 15배를 받은 것인데 이것은 봄철 춘궁기에 쌀값이 폭등했기 때문이었다. 최생은 그 이듬해 봄, 1석 당 1.5냥에 6만 석을 팔아 9만 냥을 얻고, 가을에 그 1석 당 1냥으로 9만 석의 곡식을 얻는다. 이듬해 봄 춘궁기에 곡식이 1석 당 2냥이 되어, 모두 18만 석을 얻었다. 그는 1년만에 6만 석에서 18만 석으로 곡식의 양을 불린 것이다. 그는 이후 곡물과 화폐를 교환하는 것을 멈춘다. 대규모의 곡식을 화폐로 교환하는 일 자체가 어려워졌기 때문일 것이다. 곡물이 화폐로 바뀌고 화폐가 다시 토지로 바뀌는 과정의 반복이 일반적인 치부 형태였다고 말할 수 있다.

'기아'라는 타인의 절체절명의 위기를 이용해 치부하는 것은 두말할 것도 없이 비윤리적이었다. 이익은 이 비윤리적 행위가 "일 년 내내 부지런히 몸을 부려 얻은 재물이 백성에게 있지도 않고 나라에 있지도 않고, 남김없이 놀고먹는 무뢰한들에게 돌아가는 이유"라고 비판했다. 하지만 더 큰 문제는 화폐가 농민을 토지로부터 축출했다는 것이다. 조선 후기 사회의 경제 관념에서 최종적 재산 가치는 토지에 있었다. 토지는 항구적이고 안정적인 재산 형태였다. 결국 모든 재산은 토지 보유량으로 측정되었기에 경제적 기득권자들은 기근을 토지 집적의 기회로 적극 이용했다.

권구가 경상도 일대의 인물에 대해 남긴 간단한 전기집인 〈천유록〉에 실은 한귀동韓貴同의 사례는 그 현장을 잘 보여 준다.

귀동은 안심리安心里의 하천下賤으로, 재산이 자못 넉넉하였다. 신축년(1721)·임인년(1722) 큰 흉년에 논밭이며, 가옥, 노비의 값이 형편없이 떨어지자, 이익을 노리는 무리들이 남의 군박窘迫한 형편을 이용해 토지값을 조종하는 행태는 더욱 심해졌고 교묘하

이타利他와 시여施與 ━━●

게 값을 낮췄다가 올렸다가 하였다. 귀동은 분노하였다.

"세상 사람이 모두 흔적도 없어 사라질 판인데, 어떻게 그 때를 타서 이익을 노린단 말인가?"

귀동은 집안 식구를 헤아려 그 나머지를 나누어 한 마을의 굶주림을 구제하였고, 두 해 동안 한 자의 땅도 불리지 않았다.[70]

1721·1722년 대기근에 가옥, 토지, 노비의 값이 폭락한 것을 기화로 값을 더 떨어뜨리려는 자들이 있었던 것이다. 물론 유연한 방법도 있었다. 박지원이 〈한민명전의限民名田議〉에서 철저히 분석했듯 지주는 기근이 들면 곡물을 얻기 위해 농민들이 헐값에 투매하는 토지를 다른 지주에 비해 약간 높은 값에 구입하고, 농민을 소작인으로 삼을 것을 약속하여 인근의 토지들을 자신에게 집중시켰다. 이런 방법을 통한 토지의 집적 그 자체는 불법이 아니었다. "빈민은 한때 후하게 쳐주는 땅값을 이익으로 여기고, 또 수확의 반을 여전히 먹을 수 있는 것을 은덕으로 여긴다"[71]라고 한 박지원의 지적처럼 법적 정당성을 확보하고 거기에 더하여 외견상 빈민을 위로하는 형태를 띠기도 하였다. 그럼에도 불구하고 빈민의 위기를 이용한다는 비판을 면할 수 없을 것이다. 타인의 위기, 특히 기근으로 타자의 생명이 소거될 수 있는 위기를 이용했다는 점에서 이런 부의 축적은 구조적으로 비윤리성을 이미 내포하고 있다. 그 비윤리성의 극점에 놀부가 있었다.

놀부는 부자다. 그는 "부모 생전에 분재分財 전답을 홀로 차지한" 인간의 사욕을 집약한 인물이다. 놀부의 사욕은 장자 우대 상속제를 반영한 것이다. 하지만 장자 우대 상속제는 장자에게 보다 많은 몫을 분배한다는 것이지, 장자에게 모든 유산을 독점하도록 허락한 것은 아니었다는 사실을 명백히 해두자. 놀부는 탐욕으로 동생의 몫을 빼앗은 것이다. 그런데 놀부는 궁핍한 혈육을 조롱하기까지 한다. 그를 이토록 비윤리적으로 만든 것은 재산에 대한 집착이다.

> 너도 염치없다. 내 말 들어보아라. 천불생무록지인天不生無祿之人이오, 지불장무명지초地不長無名之草라. 네 복을 누구를 주고 나를 이리 보채느뇨?
> 쌀이 많이 있다 한들 너 주자고 노적 헐며, 벼가 많이 있다고 너 주자고 섬을 헐며, 돈이 많이 있다 한들 피목 궤에 가득 든 것을 문을 열며, 가루 되나 주자 한들 북고와 염소독에 가득 넣은 것을 독을 열며, 의복이나 주자 한들 집안이 고로 벗었거든 너를 어찌 주며, 찬밥이나 주자 한들 새끼 낳은 꺼멍 암캐 부엌에 누웠거든 너 주자고 개를 굶기며, 지거미나 주자 한들 구중방九重房 우리 안에 새끼 낳은 돗(돼지)이 누웠으니, 너 주자고 돗을 굶기며, 겻 섬이나 주자 한들 큰 농우가 네 필이니 너 주자고 소를 굶기랴, 염치없다.[72]

놀부는 자신이 차지하고 있는 재산 상태를 완강하게 유지하는 것이 생의 목적이다. 그것은 일부도 분할될 수 없다. 형제인 흥부가 굶어 죽더라도 그것은 하늘의 뜻이다. 개와 돼지와 소는 증식 중에 있는 자신의 재산이므로 이들에게는 먹이를 줄 수 있지만, 자신의 재산 증식에 기여하지 않은 혈육에게는 갈라 줄 것이 전혀 없다. 윤리를 표방했던 조선 사회에서 놀부처럼 재산의 축적과 유지에 극단적으로 집착하는 인간의 출현은 매우 이례적인 현상이다.

놀부는 자신을 찾아온 흥부에게 쌀, 벼, 돈, 가루, 의복, 찬밥, 지게미, 겻섬 중 어느 것도 줄 수 없다고 말한다. 대부분 곡식과 의복이다. 그런데 이것은 놀부의 결정적인 부가 아니다. 가장 중요한 것은 돈이다. 그는 이렇게 말했다. "돈이 많이 있다 한들 피목 궤에 가득 든 것을 문을 열며." 놀부의 피목 궤에는 돈이 가득 들어 있었던 것이다. 돈은 그의 재산 목록 중 하나에 불과하지만, 그 실제 비중은 결코 가볍지 않다. 도리어 그 반대다. 작품 내에서 간단한 예를 들어 보자. 놀부의 박을 타는 째보는 놀부로부터 박 하나를 탈 때마다 10냥을 받기로 하고, 경우에 따라서는 임금을 올리려고 한다. 놀부와 째보를 매개하는 것은 돈이다. 흥부 역시 매품을 팔아, 즉 자신의 신체를 30냥에 팔려 하였다. 돈은 이처럼 사람을 부리고 신체까지 팔게 하는 힘을 가지고 있었다.

돈은 다른 재화에 비해 놀부의 재산 중에서도 그 비중이 절대적으로 컸다. 그 증거는 이렇다. 놀부는 박 속에서 나온 가얏고쟁이에게 100냥, 강남 황제 원당시주승願堂施主僧이라는 노승에게

500냥, 옛 상전의 상이 났다고 알린 상주(양반)에게 5,000냥, 팔도 무당에게 5,000냥, 1만여 명 등짐군에게 500냥, 초라니들에게 5,000냥, 양반 1,000여 명에게 속량贖良의 대가로 5,000냥, 왈자 1만여 명에게 5,000냥, 팔도 소경에게 5,000냥을 빼앗긴다. 그리고 사당과 거사에게 전답문서를 빼앗긴다. 말하자면 놀부의 재산은 대부분 화폐였고 그것에 더하여 토지가 있었다. 놀부의 부는 금속화폐가 통용된 이후의 비윤리적 부의 축적을 명료하게 보여주는 사례라고 할 것이다.

임병 양란이란 미증유의 전쟁과 함께 기후변화로 인한 흉작과 기근, 전염병의 유행, 사족-관료체제의 수탈 강화, 화폐의 도입은 사회적으로 출현한 빈곤화, 비윤리적 부의 축적, 윤리의 파괴를 초래하고 강화하였다. 그것은 사회생명과 신체생명의 소거 앞에 선 사회적 약자를 대거 출현케 하였다. 이 문제를 어떻게 해결할 것인가. 조선 후기의 문학은 이타-보상담으로 이 문제에 대해 답하고자 한 것이었다.

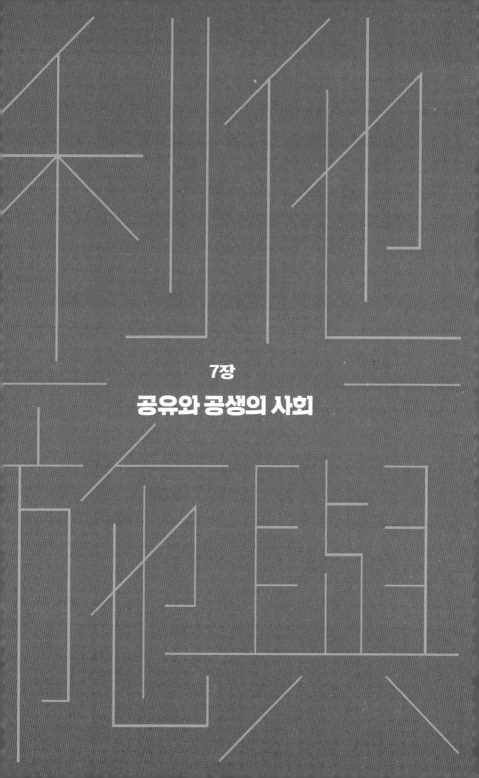

7장

공유와 공생의 사회

이타-보상담이 지향한 사회

이타-보상담은 6장에서 거론한 위기를 배경으로 하여 출현한 것이었다. 그렇다면 이타-보상담의 순수 증여가 지향하는 사회는 어떤 것이었던가? 이 문제를 간단히 살펴보자.

《흥부전》을 다시 읽어 보자. 놀부로부터 돈과 토지를 빼앗는 자들의 특징은 대부분 토지에서 축출된 주변부 인간들이다. 가얏고쟁이, 황제 원당시주승이라는 노승, 무당, 등짐꾼, 초라니, 사당과 거사 등은 모두 토지 기반이 없이 떠도는 존재들이다. 놀부의 상전이 죽은 소식을 알리는 양반이나 노비문서를 들고 속량전을 뜯어 가는 양반 역시 이미 경제적 기반을 상실한 몰락양반으로서의 성격이 뚜렷하다. 요컨대 이들 대부분은 주변부적 인간들이고 경제적 하위자들이다. 이들이 놀부에게서 돈을 뜯는다는 설정은, 비윤리적 부의 축적에 대한 깊은 분노와 강렬한 비판의식을 내장하고 있다. 또한 놀부의 부가 여러 사람들에게 분배되는 것은, 부는 사유될 수 없으며 공유되어야 한다는 생각의 존재를 암시한다.

이것은《흥부전》만의 생각이 아니다. 부의 비윤리적 축적은 사회적으로 부자에 대한 부정적 시각을 형성하였다. 성호 이익은《성호사설》의 〈부자중원富者衆怨〉에서 그 부정적 시각을 이렇게 말한다.

소광疏廣의 말에 "부자는 여러 사람이 원망한다" 하였다. 내가 나의 재물을 모으니, 남에게 해로울 것이 없을 듯하다. 그러나 남은 없는데 나만 있으면 해치려는 자가 있게 되고, 남은 잃는데 나만 얻으면 성내는 자가 있게 되며, 남들이 우러러보는데 내가 인색하면 서운해하는 자가 있게 된다.

그런데도 혼자서만 부를 누리면 원망이 모여들게 마련이니 원망이 지극하면 비방이 생기고, 비방이 생기면 재화가 싹트고, 재화가 싹트면 몸이 망하는데도 스스로 깨닫지 못하는 자가 있다. 재물이 있으면 권세도 있게 된다. 그러므로 겉으로는 좋은 척하여도 마음속으로는 미워하며, 나와서는 아첨하고 물러가서는 욕하여 백방으로 선동하여 갈수록 더하니, 악이 쌓여 풀 수가 없는 것이다.

근세에 재물을 모은 집들이 그 인색하고 어그러진 행동이 전해져 이야깃거리가 되는데, 그 실지는 대부분 그렇지 않은데도 그 집이 또한 결국 좋지 못하게 되어 혹은 후손이 끊어지고 혹은 재

이타利他와 시여施與 ──●

화災禍를 만났으니, 그런 경우를 역력히 셀 수 있다. 여러 사람의 입은 쇠도 녹일 수 있고 많이 쌓인 훼방은 뼈도 사그라지게 하니, 이것은 이치가 반드시 그러한 것이다. 요즘에 왕왕 탐욕스럽고 비루한 사람들은 막연히 뒷날에 이런 꼴이 될 것을 모르고 있으니, 비웃을 만하다.[1]

　요컨대 부자들에 대한 곱지 않은 시선이 객관적으로 존재한다는 것이다. "근세에 재물을 모은 집들이 그 인색하고 어그러진 행동이 전해져 이야깃거리가 된다"는 부분은, 그 부자에 대한 증오감이 광범위하게 유포되고 있었음을 의미한다. 물론 이익의 어조는 애매하다. 그는 부자를 비판하면서 동시에 옹호한다. 부자에 대한 질시가 가진 자에 대한 막연한 질투에서 오는 것일 수 있고, 또한 대부분의 부자들이 인색하고 어긋난 행동을 한 것이 아니라는 것이다. 부자를 비판하면서도 애써 변명하는 이 애매한 태도에 지주로서의 자기 계급 이익을 방어하고자 하는 성호의 심리가 엿보인다. 그는 《성호사설》 여러 곳에서 화폐를 이용한 축재 과정의 비윤리성을 통찰한 바 있다. 부자에 대한 부정적 시선은 원천적으로 바로 이 비윤리성에 근거하고 있는 것으로 보아야 할 것이다.

　조선 후기 사회에서 부의 최종적 형태는 토지였기 때문에 부자는 곧 지주였다. 정약용이 지적했듯 광대한 토지를 보유한 지주가 출현한다는 것은, 농민을 토지로부터 축출한다는 것을 의미했다. 이것은 당연히 농민의 빈곤을 가속화하였다. 물론 여기에 더하여 국가와 사족-관료들의 공적·사적 수탈도 빈곤화에 큰 역할을 담당했다. 원인은 복합적일 수 있었으나 겉으로 드러난 현상은 농민이 토지로부터 축출되거나 소작인으로서 생산물의 대부분을 수탈당하고 빈곤화하는 것이었다. 그것은 사족체제의 근간을 결국 붕괴시킬 것이 분명했다.

농민이 토지를 잃고 빈곤해지는 것은 분명 해결해야만 하는 문제였다. 균전제均田制·한전제限田制·여전제閭田制 등 일부 지식인들이 개진한 토지제도 개혁책은 소수에게 토지가 집중되는 것을 막고 농민에게 토지를 돌려주려는 것, 곧 농민의 빈곤화를 타개하려는 방안이었다. 하지만 국가와 사족-관료들은 그것을 실행에 옮길 의지도 능력도 없었다. 곧 국가권력을 장악하고 있는 사족-관료들이 지주였기 때문이었다.

전술한 바와 같이 소수가 토지를 집중적으로 소유할 수 있게 된 것은 화폐의 사용 이후였다. 모든 지주가 화폐를 사용해 땅을 집적했다고 단언할 수는 없겠지만, 그럼에도 화폐는 토지 집적의 으뜸가는 수단이었다. 그럼에도 국가는 화폐를 관리하는 데 실패하고 있었다. 화폐가 일으키는 문제는 이미 알려져 있었다. 하지만 국가는 번번이 재정 부족을 화폐 발행을 통해 해결하려고 하였고, 화폐량을 적절하게 통제하는 정책을 세우고 집행하는 데 실패했다. 이로써 소수의 토지 집적, 농민의 빈곤화라는 거대한 난제는 방치되었다.

놀부가 형제인 흥부의 빈곤을 방치한 것은, 곧 농민의 빈곤화를 방치했던 사족-관료들의 무책임한 태도를 고스란히 반영한 것이다. 《흥부전》은 이에 대한 민중의 해결책인 셈이다. 작품의 의도는 뚜렷하다. 비윤리적인 부자는 징치되어야 하고 그 부는 분배되어야 한다는 것이다. 다만 그 방법은 현실적이지 않다. 《흥부전》은 문제 해결의 방법으로 이타적 심성과 행위를 소환했다. 그리고 그 소환의 방편이 이미 널리 알려진 동물보은담이었다. 부의 극단적 편재가 불러온 인간 생명과 윤리의 위기에 대응하는 방법의 하나로 《흥부전》은 서사의 바다에서 동물보은담을 가져오며 부의 이기적 추구에 대항하여 이타적 심성의 존재를 환기했다.

《흥부전》만 그런 것이 아니었다. 임병 양란을 거치며 조성된 거대한 위기 앞에 조선 사회의 집단심성은 다수의 이타-보상담을 만들기 시작했다. 야담을 비롯한 다양한 장르에서 이타-보상의 구조에 시대적 구체성을 장착한 새로운 이타-보상담이 유포되며 그것은 실제 현실 속에서도 시여를 자기 정체성으로 삼는 인간들을 출현시켰던 것으로 생각된다. 시여전施與傳은 그런 인간을 사회적 기억에 남겨 보상하려는 의도의 산물이었다.

이타-보상담에 나타나는 이타적 행위의 주류를 이루는 방법은 자신의 재화를 위기에 처한 타자에게 자발적으로 증여하는 것이었다. 이것은 대가를 전혀 바라지 않는 순수 증여였다. 순수 증여는 재화의 사유와 독점을 포기하는 행위다. 허생은 두 차례의 도고를 통해 번 돈을 모두 군도에게 자발적으로 증여했다. 연암이 〈허생전〉을 시작하기 직전 어떤 사람의 입을 통해 전한 변승업의 경우도 동일하다. 변승업은 죽기 전 "나라 안에서 재물을 불리는 사람은 우리 집안의 돈이 들어오고 나가는 것을 보아 이율을 정하니, 이 역시 국론이다. 흩어 버리지 않으면 화가 닥칠 것이다"라고 말한다. 그는 자발적으로 재산을 흩어 버린다.[2] 부의 사유는 권력을 낳지만 권력은 영원히 지속될 수 없다는 이유로 스스로 재산을 흩어 버렸던 것이다. 재화의 순수한 증여 혹은 자발적 포기는, 부는 사유할 수 있는 것이 아니라는 관념을 내장하고 있다.

사유 재화의 자발적 분산은 소수 작품에만 보이는 예외적인 것이 아니다. 성해응은 홍원의 상인 염극태가 "수만금의 재산을 모았으나, 그것을 흩어 버릴 수 있었기에 원망하는 사람이 아무도 없었다"[3]고 말한다. 이처럼 부는 사유하는 것이 아니기에 화폐에 집착하지 않는다.[4] 도리어 화폐를 경멸하거나 거부한다. 허생은 나가사키에서 곡식의 대금으로 받은 은 100만 냥 중 50만 냥을 바다에 쓸어 넣는다. 스스로 만든 무인도의 이상사회에도 화폐를 전혀 남겨 두지 않는다. 그것은 화폐에 대한 거부, 경멸을 상징하는 행위다. 남은 50만 냥의 화폐 대부분은 국내의 기민을 돕는 데 사용했다(40만 냥은 기민 구제에 쓰고 10만 냥은 변 부자에게 갚는다). 화폐는 오로지 이타적 행위를 하는 데 사용되었을 뿐이다.

이타利他와 시여施與 ──●

부의 공유를 실현하는 수단

이런 행위 속에서 발견할 수 있는 것은, 독점과 사유가 아닌 '공유'의 관념이다. 참고로 군도담群盜談 하나를 예로 들어보자. 한문 단편 〈월출도〉다. "백여만금의 재산을 축적하고 있는" 영남의 사족을 턴 군도의 대장은 경제에 대해 독특한 생각을 쏟아 낸다.

> 주인장, 국량이 좁군요. 지금 우리에게 필요한 것은 실어 갈 수 있는 가벼운 재물에 불과하오. 토지·가옥·집채·양곡이야 그대로 남았습니다. 그야 잃어버리는 재물도 적지 않다 하겠지만, 몇 년 이내에 충분히 회복되겠지요. 심히 우려하실 것이 무어 있겠습니까?
>
> 또한 재물이란 천하에 공변된 것이오. 재물을 쌓아 두는 사람이 있으면 으레 쓰는 사람이 있고, 지키는 사람이 있으면 가져가는 사람도 생기는 법이라. 주인 같은 분은 쌓아 두는 사람이요 지키는 사람이라면, 나 같은 사람은 쓰는 사람이요 가져가는 사람이라 할 터지요. 줄어들고 자라나는 이치와 차고 기우는 변화는 곧 조화의 상도常道라. 주인장 역시 한낱 이런 조화 중에 사는 것에 불과하지요. 자라나기만 하고 줄어들지 않으며 차기만 하고 기울지 않는 이치가 어디에 있겠소?
>
> 이왕 기미를 알아차리셨으니 깊은 밤중에 혼란을 일으켜서 사람을 다치고 목숨을 해치게 될 것 없이, 주인장이 먼저 안으로 들어

가셔서 부녀자들을 한 방에 모여 있도록 하는 것이 좋겠지요.[5]

대장이 설파하는 '재물은 천하에 공변된 것[財者, 天下公器]'이라는 말에서 재화는 원래 공유하는 것이 정상이라는 공유의 관념을 끌어낼 수 있다. 군도의 재산 강탈은 공유라는 경제 관념에 의해 정당화된다.

한문 단편 〈홍길동 이후〉에서 군도에게 납치되어 대장이 된 심 진사는 안동 호곡의 부호 이 진사 집을 털 때 미리 그의 어린 외아들을 납치한다. 그리고 편지를 보낸다. 다음은 그 편지다.

충의대장군은 이생 좌하에게 글월을 올리노라.
무릇 땅이 만물을 낳으매 반드시 그 쓰임이 있고 하늘이 사람을 내심에 각기 먹을 것을 타고난다 하였소. 그대는 곡식을 만 섬이나 쌓아 두고 단 하나 곤궁한 사람을 구제했다는 말을 듣지 못했고, 전답 1,000묘畝를 차지하고도 100년의 목숨을 연장시키지 못하거늘, 마침내 한 알 한 알 피땀 어린 곡식을 썩어서 흙 속으로 돌아가게 한단 말이오? 그대의 아들이 앙화를 받음이 이치에 마땅하리라.[6]

심 진사는 "그대는 곡식을 만 섬이나 쌓아 두고 단 하나 곤궁한 사람을 구제했다는 말을 듣지 못했"다고 말한다. 당신의 자식이 납치되는 앙화를 당한 것은, 공유를 실천하지 않았기 때문이라는 것이다. 〈월출도〉와 〈홍길동 이후〉에 보이는 부의 공유에 대한 생각은, 이미 이익이 말한 바 있다. "혼자서만 부를 누리면 원망이 몰려들기 마련"이란 말의 이면에는 역시 '부의 공유'란 생각이 전제되어 있다.

〈월출도〉와 〈군도〉는 구비문학 형태로 널리 유통되었던 작품이다. '부의 공유'라는 경제 관념은 조선 후기 사회에 널리 공유되었다고 여겨진다. 〈귀향〉을 다시 예로 들어 보자. 최생은 과거에 여러 차례 낙방하자 향리로 돌아와 농사에 힘쓰는 한편 치산에 몰두한다. 2년 연속 풍년이 들자 그는 헐값에 곡식을 사들였다. 모두 4,000석이었다. 3년째는 대흉작이었고 기근으로 사람들이 죽어 나갔다. 저축했던 곡식을 팔면 그는 대지주가 될 수 있었다. 하지만 그는 그 길을 택하지 않았다. 그는 같은 동리의 부로父老를 불러 500여 가구, 1,300명에게 양식을 제공하고, 소와 농량農糧, 종자까지 대어 준다.

최생은 그 뒤 한 차례 더 곡식을 매매하여 18만 석을 축적한 뒤 부를 더 축적하지 않았다. 그는 자신의 돈을 500여 호의 사람 중 장사하는 능력이 있는 사람에게 나눠 주어 행상을 하게 하였다.[7] 직업을 마련해 준 것이었다. 이후 흉년이 들 때마다 향리의 농민들은 전처럼 최생에게서 돈을 빌려 기근에서 벗어날 수 있었다.[8] 최생의 부는 향촌공동체를 살리는, 공공성을 띤 '공동체의 부'로서 공생의 수단이 되어 있었던 것이다.

시여는 부의 공유를 실현하는 수단이었다. 앞서 검토했듯 조선 후기에 〈동래상인 전성우〉의 전성우처럼 시여를 생의 소업으로 삼는 경우가 다수 출현하였다. 최순성, 도정주, 성태중, 백사일, 최순성, 김유련 등이 그런 경우다. 이들은 부유한 상인이거나 지주인 경우가 많았다. 이들은 부 자체를 제한 없이 추구하는 것을 목적으로 삼지 않고, 시여를 통해 부를 나누거나 공유하는 것을 지향했다. 백사일에 의지하여 생계를 해결하는 빈호貧戶는 거의 100호가 되었고 그 수는 갈수록 불어나고 있었다. 그는 재산을 계속 흩어 버리고 자손을 위해 축적하지 않았다. 최순성의 경우, 집 안에서는 최소한의 경비를 제하고 나머지 수만금을 '급인전'으로 설정해 찾아오는 사람들에게 조건 없이 공여했다. 그의 부 역시 공공성을 띤 공동체의 부가 되었다.[9] 최순성이 죽었을 때 급인전 수만 냥은 단 한 푼도 남지 않았다.[10] 백사일의 경우는 자신의 부가 어떤 작용을 하는지 분명히 의식한 사람이었다. 시여에 열중하고 자손을 위해 축적하지 않는 것을 지적하는 사람에게 백사일은 이렇게 말한다. "나를 의지해 먹고살게 해준 사람이 많으니, 그중에 반드시 나의 뒷날 땅이 될 사람이 있을 걸세."[11] 그것은 상호 배려하는 공동체의 형성을 의미한다. 공유의 사유가 만든 공동체의 가장 이상적 형태가 아마도 〈허생전〉이 무인도에 건설한 아나키 공동체일 것이다.

부의 공유는 공생을 지향하는 것이었다. 〈장복선전〉에서 장복선의 이타적 행위는 평양과 관서 지방 사람과의 연대를 형성한다. 평양 사람들은 십시일반 은을 내어 장복선을 살려 줄 것을 채

이타利他와 시여施與 ──●

제공에게 요청한다. 장복선이 자신을 경제적 위기에서 살렸듯, 이제는 장복선을 살리려는 것이었다. 그것은 공생의 사유에서 나온 것이었다.

허생이 나라 밖 나가사키의 기민을 구제한 것과 국내로 돌아와은 40만 냥을 기민과 빈민을 구제하는 데 쏟아부은 것은, 부의 공유에 입각한 것으로 최종적으로 공생을 도모한 것이다. 조광일이 자신의 침술로 하루에 몇 사람, 한 달에 수십 명을 살려 10년간 살린 사람이 적어도 수백, 수천 명이 될 것이라며 앞으로 수십 년이 지나면 만 사람을 살릴 수 있을 것이라고 했던 것 역시 공생의 사유에서 나온 것이었다.[12] 이타-보상담은 거의 예외 없이 공생의 사유로 읽어 낼 수 있다. 〈거여객점〉에서 김기연은 관직을 얻어 출세를 하겠다는 이기적 욕망의 실현을 위해 가산을 엽관운동에 쏟아붓고 마침내 걸인의 신세로 전락한다. 하지만 겨우 돈 2꿰미를 위기에 빠진 여인에게 주고 위로했던 이타적 행위는 그에게 안락하고 풍요로운 삶을 가져다준다. 이타적 행위는 결국 김기연에게 보상으로 돌아왔다. 이타적 행위에는 위기에 빠진 여인과 김기연을 살린 공생의 메시지가 묻어 있다. 요컨대 이타-보상담은 공생의 사유를 문학으로 형상화한 것이라고 말할 수 있다.

끝맺음

한국사는 조선 후기 사회를 상업의 발달, 교환경제의 도래로 흥성거리는 모습으로 그린다. 그것은 일정 정도 사실일 것이다. 하지만 박제가가 《북학의》에서 "남들은 날마다 부유해지는데, 우리나라는 날마다 더욱 가난해지고 있다"[1]고 말했듯 조선은 가난한 사회였다. 일부 화폐와 상업으로 치부한 자들이 출현한 것은 부정할 수 없지만, 실제 모습은 부의 극단적 편중이 초래한 위기에 처한 사회에 가까울 것이다. 불평등은 심각한 문제가 되고 있었고 윤리를 파괴하고 있었다. 토지제도와 화폐제도 개혁을 위해 다양한 개혁안이 제출되었으나 그것은 실행되지 않았다. 예컨대 토지의 분배는 불가능하였고 화폐는 유지도 폐지도 할 수 없는 모순적 상태에 있었다. 국가와 사족-관료체제는 문제를 인지했으나 그것을 해결할 능력과 의지를 결여하고 있었다. 이들이 바로 문제를 일으킨 주체였기 때문이었다. 그렇다고 해서 사족-관료

이타利他와 시여施與 ──●

체제를 해체할 만한 사회세력이 대안으로 존재한 것도 아니었다.

이런 상황에서 조선 사회 구성원의 집단심성은 문제 해결의 한 방편으로 동물담과 같은 거대한 서사의 바다에서 이타-보상의 이야기를 꺼내어 수면 위로 올렸을 것으로 보인다. 곧 이타적 심성과 행위를 환기하여 그것이 문제 해결의 한 수단일 수 있다고 생각하고, 이타-보상담을 생산하고 전파했던 것으로 보인다. 이타적 심성에 입각해 현실에서 이타적 행위가 실제로 광범위하게 일어났다. 시여를 자기 정체성을 삼는 사람들이 족출했던 것이다. 시여의 이면에는 부의 공유라는 관념이 자리 잡고 있었고, 그것은 최종적으로 공생을 지향하고 있었다. 공생의 사유야말로 이타적 심성이 지향하는 바였던 것이다. 이타적 심성과 행위야말로 전근대 사회를 '간신히' 유지하는 힘이었던 것으로 보인다.

이 책 2장에서 다룬 〈거여객점〉, 〈비부〉, 〈귀향〉, 〈베트남에 간 역관〉 등의 작품은 대개 치부致富와 관련하여 해석되었다. 그것은 이미 누차 말했듯 화폐의 사용과 이전 시기에 비해 상대적으로 활성화된 상업 등의 경제적 변화를 일정하게 반영하는 것일 터이다. 다만 이런 변화의 역사적 의미 부여는 실제 그 변화가 당대인에게 어떤 영향력을 끼쳤는지 묻는 것을 종종 망각하게 만든다.

이 책에서 다루지는 않았지만, 〈삼난三難〉[2]이라는 작품을 보자. 궁핍한 4형제 중 막내는 사족의 체면을 버리고 아내와 주막을 경영한다. 자신을 찾아온 형제에게 밥값을 내놓으라 강요하고 돈이 없다고 하자 옷을 빼앗는다. 이 행위를 유의미한 것으로 평가하는 것은 이 행위가 부에 대한 윤리적 태도를 넘어 오직 화폐의 집적을 목적으로 하는 가치관으로의 변화를 암시하고 있다고 보기 때문일 것이다. 그것은 곧 근대 자본주의로의 발달을 역사적 필연으로 보는 시각을 배후에 두고 있다. 즉 우리가 부와 경제를 제재로 하는 조선 후기 문학작품에 주목하는 태도 자체가, 이미 자본주의로의 발전경로가, 한국사 혹은 한국문학사 내부에 있었음을 확인하려는 의도를 반영하고 있다는 것이다.

하지만 〈삼난〉에서 형제에게 돈을 받는 행위 자체는 돈을 모으기 위한 굳은 의지의 표현일 뿐이다. 주인공은 목표했던 기간을 지나자 축적한 재산을 형제들에게 균등하게 분배한다. 재화는 재화 자체로 존재하는 것이 아니라, 결국은 윤리의 실현을 위해 동원된 것이었다. 그것은 결국 재화의 윤리적 종속을 의미한다. 이렇게 해석이 달라질 수 있다면, 조선 후기 문학사를 나아가 사회를 읽는 시각 자체를 근본적으로 되짚어 볼 필요가 있을 것이다.

끝으로 묻는다. 지금 여기 이기적 욕망에 기초한 화폐의 부단한 축적과 제한 없는 소비를 목적으로 하는 자본주의 사회에서, 조건 없는 증여를 기초로 공생을 지향하는 이타적 행위는 과연 어떤 의미를 갖는 것인가. 궁금한 문제가 아닐 수 없다.

1장 '홍순언 이야기'와 이타적 심성의 작화력

¹ 〈허생전〉에 대한 보다 소상한 정보는, 강명관, 《허생의 섬, 연암의 아나키즘》, 휴머니스트, 2017을 참고하시오.

² 朴趾源, 〈許生傳〉, 〈玉匣夜話〉, 《熱河日記》, 《燕巖集》: 《韓國文集叢刊》a252, 303~305쪽. "於是遍行國中, 賑施與貧無告者, 銀尙餘十萬. 曰: '此可以報卞氏.' 往見卞氏曰: '君記我乎?' 卞氏驚曰: '子之容色, 不少瘦, 得無敗萬金乎?' 許生笑曰: '以財粹面, 君輩事耳. 萬金何肥於道哉?' 於是以銀十萬付卞氏曰: '吾不耐一朝之饑, 未竟讀書, 慙君萬金.' 卞氏大驚, 起拜辭謝, 願受什一之利. 許生大怒曰: '君何以賈竪視我?' 拂衣而去."

³ 주요한 연구물은 다음과 같다. 또한 '홍순언 이야기'의 이본異本들에 대한 정보역시 다음 연구물에 자세히 소개되어 있다. 李慶善, 〈洪純彦傳 연구〉, 《한국학논집》3, 한양대 한국학연구소, 1982; 정명기, 〈洪純彦 이야기의 갈래와 그 의미〉, 《東方學志》45, 연세대 국학연구원, 1984; 김석회, 〈홍순언일화의 전변과정에서본 서포의 문학세계〉, 《국어교육》57·58, 한국어교육학회, 1986; 정명기, 〈홍순언 이야기의 변이양상과 의미연구〉, 《성곡논총》20, 1989; 이신성, 《西浦漫筆》所載 〈洪純彦逸話〉의 文學史的 意義〉, 《어문학교육》21, 한국어문교육학회, 1999; 김석회, 〈서사전략의 측면에서 본 홍순언 일화의 변이양상〉, 《고전산문교육의 이론》, 집문당, 2000; 박일용, 〈홍순언 고사를 통해서 본 일화의 소설화 양

상과 그 의미〉,《국문학연구》5, 국문학회, 2001 ; 안장리, 〈인문학적 사유를 바탕으로 한 장르변형 글쓰기—鄭寅普의《唐陵君遺事徵》〉,《동방학지》130, 연세대 국학연구원, 2005 ; 이혜진, 〈《서포만필》의 성격과 '홍순언 이야기'에 나타난 서포의 비평적 특성〉,《한국어문학연구》22, 한국외국어대학교 한국어문학연구회, 2005 ; 김영숙, 〈洪純彦이야기'의 樂府詩的 變容 양상과 의미〉,《한민족어문학》, 한민족어문학회, 2006 ; 홍나래, 〈조선후기 남녀 간 응보적 관계 맺기 설화를 통해 본 윤리적 주체 형성의 문제〉,《구비문학연구》51, 한국구비문학회, 2018 ; 엄태웅, 〈《이장백전》의 새 이본《계황비보은록》의 서사적 특징〉,《동양고전연구》81, 동양고전학회, 2020. 이 연구물들은 다양한 주제를 갖지만, 주류는 '홍순언 이야기'의 변전양상과 그 의미를 파악하고자 하는 것이 될 것이다. 본 논문은 이런 선행연구들이 이룬 업적들을 높이 평가한다. 다만 본 논문은 '홍순언 이야기'에 대한 연구가 아니라, '홍순언 이야기'를 출발점으로 삼아, 이런 동일한 구조를 갖는 문헌설화의 의미를 따지는 것이다.

[4] 김경록, 〈宣祖代 洪純彦의 외교활동과 朝·明관계〉,《明淸史硏究》41, 明淸史學會, 2014.

[5] 柳夢寅(1559~1623),《於于野談》: 정환국 책임 교열,《정본 한국 야담전집》1, 보고사, 2021, 280쪽. 앞으로《정본 한국 야담전집》은 서지사항을 생략하고 권수와 쪽수만을 밝힌다.

[6] 鄭載崙,《公私見聞錄》(元), 國立中央圖書館 所藏本.

[7] 鄭泰齊(1612~1669),《菊堂俳語》, 國立中央圖書館 所藏本.

[8] 조선국朝鮮國 조목條目의 '李成桂가 李仁任 아들'이라고 쓴 부분 등을 고쳐 쓴 것이다. 인쇄가 끝나지 않았기에 새로 고쳐 쓴, 해당 부분의 필사본을 가져온 것이다.

[9]《宣祖實錄》17년(1584) 11월 1일(2).

[10] 홍순언의 종계변무 및 임진왜란 시기 대명외교에서의 역할에 대해서는 金英淑, 〈譯官 洪純彦과 朝明外交〉,《中國史硏究》70, 중국사학회, 2011에 소상하다.

[11]《宣祖實錄》24년(1591) 11월 2일(1).

[12] 柳夢寅, 〈送具子和令公尹義州府序〉,《於于集》:《韓國文集叢刊》63, 355쪽. "辛

卯(1591)冬, 帝大賫東土, 上發使表謝. 時余辱質正官以往."

13 "余嘗三入中原, 備知舌人之態."

14 "純彦, 乃余同閈人也. 爲人英雋, 容貌巍巍."

15 "領相洪公命夏聞於其時長老, 言于余如是."

16 "尙書夫人召見彦純, 厚餉錦繡以報之云."

17 《神宗顯皇帝實錄》권142, 萬曆 11년(1583) 10월 29일⑴. "丁丑, 陞太子賓客吏部
   左侍郞兼侍讀學士掌詹事府事陳經邦為禮部尙書."

18 《神宗顯皇帝實錄》권154, 萬曆 12년(1584) 10월 20일⑶. "許禮部尙書陳經邦致
   仕. 經邦再疏乞休, 遂令給驛以行."

19 《神宗顯皇帝實錄》권137, 萬曆 11년(1583) 5월 11일⑴. "壬辰, 陞國子監祭酒高
   啟愚為禮部右侍郞兼翰林院侍讀學士." 시랑侍郞은 우시랑과 좌시랑이 있는데,
   좌시랑은 누구인지 알 수가 없다.

20 《神宗顯皇帝實錄》권140, 萬曆 11년(1583) 8월 28일⑶. "陞太僕寺卿石星為左僉
   都御史協理院事."

21 《神宗顯皇帝實錄》권140, 萬曆 12년(1584) 3월 18일⑴. "石星為左副都御史協理
   院事大常寺卿."

22 《神宗顯皇帝實錄》권140, 萬曆 12년 8월 11일⑴. "甲寅, 陞宋纁為戶部左侍郞,
   陰武卿為兵部左侍郞, 石星為兵部右侍郞, 改李世達為戶部右侍郞."

23 《神宗顯皇帝實錄》권152, 萬曆 12년(1584) 8월 14일⑶. "朝鮮國王李昖請賜會典
   成書, 為其先康獻王李旦洗冤. 禮部以梓未竣工, 請先降敕昭示, 以慰遠人, 從之."

24 許筠, 〈惺翁識小錄上〉, 《惺所覆瓿藁》:《韓國文集叢刊》74, 331~332쪽. "我國宗
   系之得雪, 寔由於先王至誠籲辨之故. 然許潁陽國方在閣中, 亦有周旋之力. 蓋許
   公使于本國時, 當大喪忽遽之際, 情禮合中, 深嘉我之誠順, 故其在朝也, 力主我
   事, 俾令昭洗也. 我國祀邢軍門石尙書固是矣. 以余觀之, 則許公亦當俎豆也."

25 《宣祖實錄》25년(1592) 6월 18일⑸. "先是, 中朝福建行商許儀後等, 潛報上國云:
   ‘朝鮮貢賮於日本, 與日本連謀, 將犯上國, 朝鮮為之先鋒.’ 中朝煩疑之, 及本國敗
   報至中國, 中朝論議洶洶. 許閣老國獨揚言曰:‘吾嘗奉使朝鮮, 習知情形, 朝鮮禮
   義之邦, 決不如是.’"

26 柳成龍, 〈雜記〉, 《西厓集》:《韓國文集叢刊》a52, 324쪽. "嘉靖丁卯, 許閣老國來我國, 純彦爲儐行通事, 與閣老舍人俞深最熟."

27 《神宗顯皇帝實錄》권133, 萬曆 11년(1583) 2월 4일(2). "遣禮部侍郎許國祭先師孔子."

28 《神宗顯皇帝實錄》권136, 萬曆 11년(1583) 4월 8일(1). "上特命日講官詹事府掌府事吏部左侍郎許國陞禮部尚書兼東閣大學士入閣辦事."

29 《神宗顯皇帝實錄》권136, 萬曆 11년(1583) 4월 16일(2). "命禮部尚書兼東閣大學士許國充大明會典總裁及同知経筵官."

30 李瀷, 〈洪純彦〉, 《星湖僿說》제9권, 人事門. "譯官洪純彦有功於國系辨誣, 策光國勳, 封唐陵君. 世傳, 純彦前此赴京, 以厚賂售養漢的, 得一美倡. 養漢的者, 畜倡售價之稱也. 問之, 則倡本良女. 父母死, 家貧, 無以葬. 自鬻至此. 實室女未事人者. 純彦聞而惻隱, 遂捐金, 以資之, 不與歡. 後女爲尚書石星寵姬. 及辨誣之行, 純彦因此女有力. 至於壬辰之變, 天朝發兵再造, 石星主之, 亦此女有助云." 이익李瀷은 《설부說郛》에 실린 〈갑을잉언甲乙剩言〉을 인용한 것이라고 말하고 있지만, 실제 《설부》에는 〈갑을잉언〉이 실려 있지 않다. 호응린胡應麟의 〈갑을잉언〉의 원문은 다음과 같다. 胡應麟, 《甲乙剩言》. "沈惟敬以落魄僑寓燕中, 寓傍有閒屋, 使賣水擔子沈嘉旺居之. 嘉旺本樂清趙常吉家蒼頭, 幼爲倭奴所掠, 載還日本, 凡十八載. 泛海而還, 還復走燕依趙, 趙無所用之, 故以賣水自給. 惟敬暇則時時從嘉旺談夷中情俗, 雖器什鄕語無不了悉. 會石大司馬經略東事, 而石寵姬之父袁某恒從惟敬遊, 惟敬日與袁言夷中事, 若身至之者. 袁以告石, 石遂召與相見與語, 大悅, 遂奏受遊擊將軍." 밑줄 친 부분은 이익의 인용에는 없다. 이렇게 약간의 축약과 글자의 출입이 있을 뿐이고, 전체적으로는 동일한 내용이다.

31 "說郛有甲乙剩言云. 沈惟敬以落魄僑寓燕中, 寓傍有一閒屋, 使賣水擔子沈嘉旺居之. 嘉旺本樂清趙常吉家蒼頭, 爲倭掠. 去十八載, 還走燕. 依趙. 趙無所用, 故賣水自給. 惟敬時時從之談日本事, 無不了悉. 會石大司馬經略東事, 而石寵姬父袁某恒從惟敬. 惟敬與之說日本事, 若身至之者. 袁告石, 召與語悅之. 奏授遊擊將軍, 使日本而有封貢之說矣."

32 "彦純細叩之, 乃被罪兵部尚書之女."

이타利他와 시여施與 ─●

33 "夫光國之勳, 以譯舌得參, 必有其故. 而壬辰之援師, 因石星寵姬者, 恐亦非全誣
矣. 或者, 袁某妻死, 無以葬, 乃賣其女資之耶? 通文館志云:'女是石侍郎繼室.' 失
之矣. 且石非侍郎矣."

34 ④에서 이익은《통문관지》에서 여인을 '석 시랑의 계실'이라고 한 것을 반박한
다. 金指南,《通文館志》권7, 人物. "女後爲禮部侍郎石星之繼室."《통문관지》는
《국당배어》를 옮긴 것인데, 정작《국당배어》에서는 '석 시랑의 부인石侍郎夫人'
으로 되어 있다. '계실'이라고 한 것은《공사견문록》이다. 그때 석성은 시랑이
아니었기 때문이라는 것이다. 석성이 예부시랑이 아니었음은 이미 위에서 밝힌
바 있다. 물론 이익의 판단 근거는 확인할 수 없다.

35 柳成龍,〈雜記〉,《西厓集》:《韓國文集叢刊》a52, 324~325쪽.

36 吳克成(1559~1617),〈壬辰日記(上)〉,《問月堂集》:《韓國文集叢刊》b10, 498쪽.
"壬辰六月, 十四日. ……時我國使申點在皇城, 先請援兵, 皇朝論議不一. 或言堅
守鴨綠, 以觀其變;或言外夷相攻, 中國不必救. 獨石尙書力言朝鮮不可不救, 因請
先賜軍器火藥禦敵之具.於是議爹定, 先發二枝兵. 又賜犒軍銀三萬兩. 申點還報,
朝廷又使鄭崑壽申奏賊情, 石尙書親問事狀, 改容流涕."

37 바로 앞에 인용한 오극성의〈임진일기壬辰日記〉마지막 밑줄 친 부분을 보시오.

38 "是以中國之人重之, 沿路以壺漿迎之, 咸稱郭公來."

39 金指南,《通文館志》권7, 人物.

40 張維,〈孫軍門回咨〉,《谿谷集》:《韓國文集叢刊》92, 364쪽. "崇禎四年(1630)六月
初四日准欽差巡撫登萊東江等處地方備兵恢復贊理軍務兼管糧餉都察院右僉都御
史孫咨前事, 節該案查, 去歲(1629)九月十七日, 備咨貴國, 借造頭號遼船一百, 期
以三月到登. 第因齎咨韓瑗, 去冬屢被風阻, 回國稍遲, 貴國誼忙切急公, 諒當懷允."

41 李源命 編,〈涉南國蓐商權利〉,《東野彙集》: 정환국 책임 교열,《정본 한국 야담
전집》8, 531~536쪽.

42 여성에게 속아서 돈을 털리는 이 부분은 당나라 백행간百行簡의 전기소설〈이왜
전李娃傳〉을 그대로 옮겨온 것이다. 이타적 심성의 작화력은 '이타－보상'의 구
조를 충족시키기 위해 다른 작품의 일부를 가져오는 것도 서슴지 않는다.

43 베트남으로 가서 인삼을 팔고 돈을 벌어 오는 장면의 베트남에 대한 서술은 이

수광李睟光의《지봉유설芝峯類說》의 조완벽趙完璧에 관한 서술을 그대로 옮겨온 것이다(《芝峯類說》권17, 異聞).

44 《학산한언》에는 특정한 제목이 없지만《청구야담》에는 〈왕남경정상행화往南京鄭商行貨〉라고 제목이 붙어 있다. 〈왕남경정상행화往南京鄭商行貨〉, 《청구야담》: 정환국 책임교열, 《정본 한국 야담전집》7, 434~435쪽. 이우성·임형택 편역, 《이조한문단편집》1, 창작과비평사, 2018, 162쪽. 작품은〈남경 장사南京行貨〉란 새 제목으로 번역되어 있다. 같은 책, 158~161쪽. 앞으로《이조한문단편집》은 서지사항을 생략하고, 책명과 쪽수만 밝힌다. 辛敦複(1692~1779), 〈光海時, 漢師有一大賈〉, 《鶴山閑言》:《정본 한국 야담전집》3, 74~76쪽.

2장 이타-보상담의 출현

1 朴趾源, 〈與中一〉, 《燕巖集》:《韓國文集叢刊》252, 95쪽. "以力救人曰俠, 以財惠人曰顧. 顧爲名士, 俠猶著傳, 兼俠與顧曰義."

2 裵烋, 〈受恩殖貨〉, 《此山筆談》卷下.《차산필담此山筆談》은《여항문학총서閭巷文學叢書》10, 驪江出版社, 1991에 영인된 것을 이용한다.

3 李源命 編, 〈恤三葬遇女登仕〉, 《東野彙輯》; 정환국 책임교열, 《정본 한국 야담전집》8, 보고사, 2021, 339~341쪽. 앞으로《정본 한국 야담전집》은 서지사항을 생략하고, 책명과 권수, 쪽수만을 밝힌다. 〈葬三屍湖武陰德〉, 《靑邱野談》:《정본 한국 야담전집》7, 43~47쪽.

4 李源明, 〈救四命占山發福〉, 《東野彙輯》:《정본 한국 야담전집》8, 341~346쪽. 이 외에 여러 야담집에 실려 있다. 〈過錦江急難高義〉, 《靑邱野談》:《정본 한국 야담전집》7, 378~380쪽. 李羲俊 編, 〈江陵金氏一士人〉, 《溪西野談》:《정본 한국 야담전집》5, 297~298쪽. 〈江陵金氏一士人〉, 《紀聞叢話》:《정본 한국 야담전집》6, 168~169쪽. 〈推奴錢數千으로 以償錦吏逋欠〉, 《靑野談藪》:《정본 한국 야담집》10, 204~206쪽.

5 李羲俊 編, 〈昔漢陽士人崔生〉, 《溪西野談》:《정본 한국 야담전집》5, 440~443

이타利他와 시여施與 ━●

쪽. 이 외에 여러 야담집에 실려 있다. 李源命 編, 〈才子落鄕富坻京〉, 《東野彙輯》: 《정본 한국 야담전집》 8, 319~321쪽. 〈以鴻毛로 報泰山〉, 《靑野談藪》: 《정본 한국 야담전집》 10, 160~163쪽.

6 〈獲重寶慧婦諿澤夫〉, 《靑邱野談》: 《정본 한국 야담전집》 7, 123~135쪽. 《동야휘집》에도 실려 있다. 〈探蔘田售其奇貨〉, 《東野彙輯》: 《정본 한국 야담전집》 8, 319~321쪽.

7 《이조한문단편집》 1의 1부에 실린 작품들이다. 〈귀향〉은 19~25쪽, 〈비부〉는 53~63쪽, 〈거여 객점〉은 92~102쪽에 실려 있다.

8 "又袖出柬書與之. 時薄暮昏黑, 不省諺字, 與其妻也. 先擧錢卜, 揹諸房中, 黯黯思之曰: '食我錢者盖多矣. 誰能記我舊日也?' 遂借膏於隣, 擧燭看書, 乃巨余二緡錢功德塔也. 讀未半而感激, 夫妻相向流涕, 撫膺而嘆曰: '于京前後四五千貫, 皆無用痕, 獨二緡是用痕也.'"

9 "崔生曰: '噫! 盡劉矣. 我有穀若干石. 雖少, 能施濟衆, 吾不忍吾鄕里之盡劉. 從某至某. 錄其人口多少·戶之多少, 以示之可乎!'"

10 "一日, 婢曰: '君甚不慧, 若用錢, 則眼孔自大, 胸次必闊.' 乃給一緡曰: '持此而去, 用盡而歸.' 及暮, 吳還曰: '吾肚不飢, 酒餠不必買喫, 無他用錢處. 不費一文而來矣.'"

11 吳載純, 〈記朴譯事〉, 《醇庵集》: 《韓國文集叢刊》 a242, 540d쪽. 오재순의 〈기박역사〉와 제목까지 같은, 완전히 동일한 글이 유주목柳疇睦(1813~1872)의 《계당집溪堂集》(《韓國文集叢刊》 a313, 432b쪽)에 실려 있다. 유주목은 1813년생이고, 《계당집》은 1923년 간행을 기획하여 1926년에 간행되었다. 이에 반해 오재순은 1727년생인 데다가 《순암집醇庵集》은 1808년에 간행되었다. 오재순이 유주목의 글을 베꼈을 리 없다. 아마도 《계당집》을 간행할 때 유주목이 《순암집》을 보다가 베껴 둔 글을 걸러 내지 못한 것이 아닌가 한다.

12 劉在建, 〈李天官掾〉, 《兼山筆記》: 劉在建 編, 《里鄕見聞錄》 권3.

13 "自言其夫負曺銀千餘, 竟自斃, 今追妾至此, 且死矣."

14 "某故雄産業, 然專事施人窮急, 由是貰屢貰. 人益誦其義不衰也."

15 "其後昆繁衍, 至今相承云."

16 〈永嘉金氏夫婦積鄲盦說〉,《此山筆談》: 林熒澤 主編,《閭巷問學叢書》10, 驪江出版
社, 1991, 407~409쪽. 이 작품은《이조한문단편선》1, 202~211쪽에 〈음덕〉이
란 제목으로 실려 있다.

17 李鈺, 〈張福先傳〉,《桃花流水館小稿》: 金鑢 編,《潭庭叢書》권24. "所貴乎俠者,
能輕財重施, 尙義氣周困急, 而不望報. 斯其爲俠人乎."

18 《漢語大詞典》. "舊時指有武藝, 見義勇為, 肯捨己助人的人."

19 司馬遷, 〈遊俠列傳〉제64,《史記》권124. "韓子曰:'儒以文亂法, 而俠以武犯禁.'
二者皆譏, 而學士多稱於世云. 至如以術取宰相卿大夫, 輔翼其世主, 功名俱著於
春秋, 固無可言者. 及若季次. 原憲, 閭巷人也, 讀書懷獨行君子之德, 義不苟合當
世, 當世亦笑之. 故季次原憲終身空室蓬戶, 褐衣疏食不厭. 死而已四百餘年, 而
弟子志之不倦. 今遊俠, 其行雖不軌於正義, 然其言必信, 其行必果, 已諾必誠, 不
愛其軀, 赴士之阨困, 旣已存亡死生矣, 而不矜其能, 羞伐其德, 蓋亦有足多者焉."

20 金允植, 〈權兼山傳〉,《雲養集》:《韓國文集叢刊》328, 341a쪽.

21 "若倚蚊蚋之力, 賣死父欲求橫福, 今日安在哉? 若使錢能箝制貪汚吏, 獨奈我
何?"

22 〈五蠹〉,《韓非子》. "儒以文亂法, 俠以武犯禁, 而人主兼禮之. 此所以亂也."

23 "棄拘檢而樂放縱, 所爲多不法, 隣里皆畏避之."

24 申昉, 〈金萬最傳〉,《恕菴集》:《韓國文集叢刊》b66, 549쪽. "金萬最, 字澤甫, 閭
井人也. 少負氣力, 喜飮博. 有母寓於人, 不爲養, 日與無賴者遊. 事有不當意, 輒
裂巾服, 搏人市街上, 一市中皆避匿. 終日行, 無敢與語者. 隣里皆被其惡."

25 "平生樂赴人之急, 見人遇患難, 必爲之盡力, 或發奇策以救之. 以此濟人甚多."

26 洪良浩, 〈針隱趙生光一傳〉,《耳溪集》:《韓國文集叢刊》241, 315~316쪽.

27 權榘, 〈闡幽錄〉,《屛谷集》:《韓國文集叢刊》188, 130쪽.

28 鄭來僑, 〈白太醫傳〉,《浣巖集》:《韓國文集叢刊》197, 555~556쪽.

29 丁若鏞, 〈蒙叟傳〉,《茶山詩文集》:《韓國文集叢刊》281, 376~277쪽.

30 俞漢雋, 〈狂醫洪翼杲傳〉,《自著》:《韓國文集叢刊》a249, 251~252쪽.

31 "丈夫不爲宰相, 寧爲醫. 宰相以道濟民, 醫以術活人. 窮達則懸, 功等耳. 然宰相
得其時行其道, 有幸不幸焉. 食人食而任其責, 一有不獲則咎罰隨之. 醫則不然.

以其術行其志, 無不獲焉. 不可治則舍而去之, 不吾尤焉. 吾故樂居是術焉. 吾爲
是術, 非要其利, 行吾志而已. 故不擇貴賤焉. 吾疾世之醫, 挾其術以驕於人. 門外
騎相屬, 家設酒肉以待, 奉三四請, 然後肯往. 又所往, 非貴勢家則富家也. 若貧而
無勢者, 或拒以疾, 或諱以不在, 百請而不一起, 是豈仁人之情哉! 吾所以專遊民間
而不干於貴勢者, 懲此輩也. 彼貴顯者, 寧少吾輩哉. 所哀憐, 獨閭巷窮民耳. 且吾
操針而遊於人, 十餘年矣. 或日療數人, 月活十數人. 計所全活, 不下數百千人. 吾
今年四十餘, 復數十年, 可活萬人. 活人至萬, 吾事畢矣."

³² "皆延納家中, 滿室盈門, 莫非奇疾異病, 呻痛之聲, 穢惡之氣, 見者不堪, 而應立
無厭惡意, 凡救護調養之節, 亦盡心爲之. 或至一饋十起而終不怠."

³³ "病者感其恩, 或有以物爲情面者. 雖草芥, 應立亦痛拒."

³⁴ "有一富人, 得應立方已疾, 瞩其亡, 懇請其妻而遺以錢. 久後, 應立覺之, 立賣農
牛以償, 日 '不可開此路.' 更飭其妻子, 使不敢私受."

³⁵ "市上, 衆人所聚. 往來吾家與之面熟者, 多以吾年老, 爭持酒肴相迎接, 吾不欲以
口腹病人."

³⁶ "應立今年七十餘. 雖士夫, 造其門者, 亦禮接, 不以賤人見待云."

³⁷ 趙顯命, 〈白知事墓表〉, 《歸鹿集》: 《韓國文集叢刊》 212, 531쪽.

³⁸ 국립중앙도서관에 《지사공유사부경험방知事公遺事附經驗方》이란 제목의 영인본
책이 소장되어 있는데, 일본 杏雨書屋, 三木榮文庫의 원본을 복사한 것이다. 내
용은 〈지사공유사〉, 〈경험방〉, 〈백지사묘표〉로 구성되어 있는데, 마지막의 〈백
지사묘표〉는 앞에 소개한 조현명이 쓴 것이다.

³⁹ "初則用鍼過猛, 或至殺人. 然其效而活者且衆, 故病者日集其門. 而光炫亦自喜其
術, 爲之益力不懈. 用此名聲大振, 號日神醫."

⁴⁰ 숭품崇品: 조선시대의 18품계 가운데 둘째 등급. 숭록대부·숭정대부 등이 이에
해당한다.

⁴¹ "肅廟初, 選補御醫, 有功輒加秩至崇品, 而歷職爲縣監, 閭里榮之. 然其遇病者,
無貴賤疏親. 有請卽往, 往必盡心極能, 見其良已然後止. 不以老且貴爲解, 非惟
爲技能所使, 蓋其天性然也."

⁴² "君忠信孝友, 輕財喜施. 聲名重一世, 而不以術自高. 車馬日盈門, 惟視病輕重,

不以貴賤爲先後. 朝衣冠過市, 雖丐人褒兒, 以病告, 則必爲之下馬診視, 無絲毫厭苦色. 其德性亦如此."

43 "至於家事, 不費經營, 全靠祿俸, 艱乏居多, 不以爲意, 常晏如也. 每朝門徒滿堂, 雖奴隷之人, 病係深重者, 必極力論治. 至於當大病決死生, 尤瞭然, 如以衡稱物, 不差毫釐. 病家邀公者, 日踏於門, 惟視病之輕重而先後, 不以貴賤而左右. 常朝服而行, 雖丐人褒兒, 若以病告, 則爲之下馬, 隨宜鍼灸, 少無厭苦意. 由是, 一世誼之, 多稱美公之德性, 非特其術業而已."

44 정약용은 7세에 홍역을 앓았고 이헌길이 구해 준 약을 먹고 나은 적이 있다. 뒷날 그는 이헌길이 저술한 홍역 치료서를 기본으로 삼고 여러 의서를 참고해 1798년 《마과회통麻科會通》을 엮는다. 이헌길의 홍역 처방은 '이피삼육탕二皮三肉湯'으로 널리 알려져 있다.

45 "吾有術可救, 爲禮法拘, 懷之去不仁也."

46 "一日, 爲惡少輩所謀, 驅至一僻處, 鎖門而絶其蹤. 於是滿城督督, 索李蒙叟所在. 有告者, 衆乃槌其門出之. 有黝悍負氣面辱之, 甚者欲毆擊, 蒙叟賴人解得已. 然蒙叟皆溫言摧謝, 亟以方授之. 旣而蒙叟不自堪, 乃口號治疹諸法, 令人按行. 於是僻鄉窮士, 爭相傳寫, 信如六經. 雖舊於醫者, 但如其言, 亦罔不效."

47 "洪翼耼疹醫也. 其治病, 喜用常藥, 而或巧發奇中也. 翼耼性坦蕩無畛域. 見人有急則雖素不相識, 苟其力之可爲, 不惜毫髮以救其急. 故其救卞弘鐸. 田時雨. 崔獜之疾, 多人所不可及者. 嘗曰: "夫人有德於人而有自功色, 此賤丈夫也. 吾恥之." 故壬戌. 癸亥之疫, 翼耼多所活, 然去而不復顧, 不以一物自累也. 世以此愈賢翼耼. 翼耼之名遂大行, 公卿大夫士交相致禮矣."

48 〈活人病趙醫行針〉, 《靑邱野談》: 《정본 한국 야담전집》 7, 290~291쪽.

49 〈金醫視形投良劑〉, 《靑邱野談》: 《정본 한국 야담전집》 7, 411~412쪽. 〈金應立者〉, 《溪西雜錄》: 《정본 한국 야담전집》 5, 164쪽. 李羲俊 編, 〈金應立者〉, 《溪西野談》: 《정본 한국 야담전집》 5, 261쪽. 〈金應立者〉, 《紀聞叢話》: 《정본 한국 야담전집》 6, 135~136쪽. 李源命 編, 〈周行閭里施囊鍼〉, 《東野彙輯》: 《정본 한국 야담전집》 8, 188~190쪽. 〈周行閭里施囊鍼〉의 전반부는 《청구야담》 등에 실린 김응립의 이야기를 옮긴 것이고, 후반부는 〈조광일전〉을 옮겨다 붙인 것이다.

곧 조광일의 이야기도 김응립의 이야기처럼 만든 것이다.

50 〈赦窮儒柳統使受報〉,《青邱野談》:《정본 한국 야담전집》7, 352~354쪽. 李源命編, 〈感舊恩墨倅登褒〉,《東野彙輯》:《정본 한국 야담전집》8, 356~359쪽. 〈統制使 柳鎭恒〉,《溪西雜錄》:《정본 한국 야담전집》5, 139~141쪽. 李羲俊 編, 〈統制使 柳鎭恒〉,《溪西野談》:《정본 한국 야담전집》5, 341~343쪽. 〈統制使 柳鎭恒〉,《紀聞叢話》:《정본 한국 야담전집》6, 211~214쪽. 〈統制使 柳鎭恒이 曾受命捉酒 하고 活人得後報〉,《靑野談藪》:《정본 한국 야담전집》10, 110~111쪽. 徐有英(1801~1874), 〈英宗朝, 酒禁甚嚴〉,《錦溪筆談》:《정본 한국 야담전집》9, 378~379쪽.

51 李玄綺, 〈宣傳樹德〉,《綺里叢貨》:《정본 한국 야담전집》4, 136~138쪽.

52 "主人卽李尙書鼎輔也. 後釋褐躋八座, 感宣傳之恩, 吹噓奬拔, 驟至亞將, 視如手足. 其雲仍亦講舊好不絶云."

53 〈讀書生抱兒獻叔母〉,《揚隱闡美》:《정본 한국 야담전집》10, 336~337쪽.

54 이에 대해서는 다음 논문을 참고하시오. 홍나래, 〈'첫날밤에 해산한 아내 용서하기' 설화에 나타난 덕德의 의미와 그 수용 양상〉,《구비문학연구》33, 한국구비문학회, 2011.

3장 이타적 심성의 작동 원리

1 鄭顯東, 안대회·김종하 외 옮김, 〈삼천 냥으로 쌓은 음덕〉,《만오만필晚悟謾筆》, 성균관대학교출판부, 2021, 142~147쪽.

2 "又所往, 非貴勢家則富家也. 若貧而無勢者, 或拒以疾, 或諱以不在, 百請而不一起, 是豈仁人之情哉! 吾所以專遊民間而不干於貴勢者, 懲此輩也. 彼貴顯者, 寧少吾輩哉. 所哀憐, 獨閭巷窮民耳."

3 〈梁惠王章句(上)〉,《孟子》. "老吾老, 以及人之老;幼吾幼, 以及人之幼. 天下可運於掌上."

4 "吾給你弊衣一件, 能衣而在廚所, 助我淅也炊也而泪而餕而爲生否?"

5 "所貴乎俠者, 能輕財重施, 尙義氣周困急, 而不望報. 斯其爲俠人乎."

6 "其女感泣隨出曰: '進賜何處在乎?' 曰: '吾非進賜. 乃慶州金先達也.' 曰: '何時
  更見?' 曰: '吾之此歸, 亦永辭京洛. 豈可復見.' 乃鞭馬不顧而去."

7 "金卽以馱來錢數千兩, 盡與之其三人曰: '吾家四人之命回死爲生何以報恩? 吾家
  不遠, 願暫入少憩.' 金曰: '家有老親, 倚閭久矣, 不可遲也.' 卽馳去不顧. 問其居
  住姓名亦不答焉."

8 "取白銀三百兩而與之, 不問姓名而去."

9 "趙生術高而不干名, 施博而不望報. 趙人急而必先乎窮無勢者, 其賢於人遠矣."

10 "待後殖滋, 可償則償. 雖不償, 吾不汝責."

11 "卜立與之千金, 不問其名."

12 "夫人有德於人而有自功色, 此賤丈夫也. 吾恥之."

13 金富軾, 〈惠陰寺新創記〉: 《東文選》 권64.

14 "又釋氏之施, 貴於無住相. 莊周亦云: '施於人而不忘, 非天布也.' 則區區小惠, 亦
  宜若不足書."

15 《마태복음》(공동번역) 6장, 3~4절.

16 〈列禦寇〉, 《莊子》. "施于人而不忘, 非天布也."

17 두금에 대해서는 5장에서 조금 길게 다루겠다.

18 장복선은 '張福相'이라고도 하였다. 沈魯崇, 〈四街夜話記〉, 《孝田散稿》. 丁若鏞
   은 張福尙이라고 하였다. 丁若鏞, 〈旁親遺事〉, 《茶山詩文集》: 《韓國文集叢刊》
   a281, 368쪽.

19 沈魯崇, 〈四街夜話記〉, 《孝田散稿》. "婦人出珥環, 男子出簪佩, 自平但至日午, 已
   準福相所欠數, 詣營請納. 觀察使甚異之, 召至前問狀. 皆曰: '小人受福相恩. 福
   相有難, 不敢不救.'"

20 "吾安敢受人恩而從他適也? 先達若來, 吾其棲也. 不來, 有死而已."

21 지장전支仗錢: 새로 부임하는 수령을 임지까지 모시고 갈 때에 쓰는 돈.

22 "圖報一念痛疢如結, 而尋訪無路, 事負實多."

23 "蓋少婦自錦江事以後, 夜輒焚香祝天: '願逢恩人, 以報其德', 其夫亦退于村, 治
   産爲巨富, 遂占得此地而居. 少婦每問客來, 必窺覘而察之, 以其能有心於見人也.

然今能不失於幾年之後者, 亦其至誠之所感也."

24 '보은'을 야담을 이해하는 중요 코드로 삼은 논문은 상당수 있다. 이강옥, 〈야담
의 보은담 유형과 계층 관계〉, 《어문학》 97, 한국어문학회, 2007; 이강엽, 〈보은
담報恩譚의 유형과 의미〉, 《고전문학연구》 32, 한국고전문학연구회, 2007; 이강
엽, 〈보은담報恩譚의 새로운 이해와 교육〉, 《한국초등교육연구》 47, 한국초등국
어교육학회, 2011. 대개의 경우 작품들을 시혜-보은의 구조로 읽고 있다. 타당
한 시각이지만, 이 구조로는 보다 많은 작품을 포괄하여 읽기 어려운 것이 아닌
가 한다. 예컨대 대체로 '보은'은 은혜를 입은 대상이 직접 보상하는 것을 의미
하기 때문에 넓은 차원에서의 보상, 예컨대 사회적 보상 같은 것은 포괄할 수가
없다. 또한 '시혜'란 말을 쓸 경우 이타적 행위가 작동하는 원리를 설명할 수 없
을 것이다. 따라서 이 책에서는 시혜-보은이 아니라 이타-보상의 구조를 채택
한다.

25 "吾聞活千人, 必食陰報. 生其有後於是邦乎!"

26 〈掘銀甕老寡成家〉, 《靑邱野談》: 《정본 한국 야담전집》 7, 182쪽. "其後代代, 子
孫繁盛. 或等武科, 歷主簿察訪, 或以軍門久勤, 經歲事.萬戶云. 大小民人莫不稱
其神明焉." 이 작품은 《이조한문단편집》 1, 235~238쪽에 〈은항아리〉란 제목으
로 실려 있다. 이 제목을 그대로 따른다. 조희룡趙熙龍(1789~1866)은 이 이야기의
과부가 영조 때의 호조 서리 김수팽金壽彭의 어머니라고 한다. 김수팽의 어머니
는 은을 발견하고 갑자기 얻은 부는 상서롭지 않다는 이유로 다른 집으로 이사
를 갔다고 한다(趙熙龍, 〈金壽彭傳〉, 《壺山外記》).

27 "二緡所殖, 金爲二萬餘貫. 一萬貫付卑於主, 主之妻子有此可賴以圖生."

28 향마적은 만주 일대에서 방울을 단 말을 타고 다니며 도둑질하던 무리.

29 흥안현은 광서성 계림시桂林市 소재 현.

30 "買一隣家界, 李挈家眷來留. 財産臧獲, 皆爲辦置."

31 "金哀始言家後山地事, 內外主人皆日: '此洞地田宅奴婢皆喪主之物也. 當初治
産之地焉. 喪主而占置者是喪主之福也.' 因納其文券. 金哀日: '主人將往何處?'
答日: '豈敢忘喪主而遠往哉. 隣洞又有別業之排置者, 足以資生, 亦可以晨夕來往
矣.' 金哀亦感其意, 遂移家而居之因葬於其山, 後金哀之子孫蕃衍冠冕相承云."

32 "買一隣家畀, 李挈家眷來留. 財産臧獲, 皆爲辦置, 即拜宣傳官. 且銓官逢人, 輒
說擧朝, 莫不稱其義, 轉相吹噓, 陞至亞將."

33 무겸선전관은 무관으로 선전관을 겸한 관리. 무관으로 출세하려면 반드시 왕을
가까이에서 모시는 선전관을 거쳐야 한다.

34 "自是子昭名震閭閻, 慕風願識者跡交其門."

35 "其之中國, 亦遇舊識遘患敗業, 盡鬻其妻孥. 純彦卽用五百兩白金, 使還其妻孥田
庄. 以是名動中國, 必稱洪老爺."

36 "是以中國之人重之, 沿路以壺漿迎之, 咸稱郭公來."

37 "以是名滿中國, 所至人多目之, 必稱卞老爺."

38 "世以此愈賢翼룡. 翼룡之名遂大行, 公卿大夫士交相致禮矣."

39 "且有急人之風. 商賈中失利蕩業者, 輒以銀錢伙貸, 使之復業以奠居. 窮困無依之
類, 亦必賙濟免夫仳離. 人歸如市, 莫不傾心."

40 "俊元旣饒於財而好義樂施, 常如不及. 其親戚與知舊之貧不能婚嫁喪葬者, 必以
俊元爲歸. 故其平居往來候視, 執恭如子弟者, 亦數十人."

41 "子前爲許生立傳, 文當已就否?"

42 "而又人之爲善, 自忘可也. 不有傳者, 何以勸善?"

43 俞漢雋, 〈振施贊〉戊戌,《自著》:《韓國文集叢刊》249, 317쪽.

4장 이타-보상과 동물담

1 예컨대 인간의 이타성의 생물학적 기원을 찾을 수도 있을 것이다. 진화생물학
과 분자생물학에서, 혹은 뇌와 유전자에서 이타성의 근원을 찾으려는 노력과 그
결과를 참고할 수 있을 것이다. 하지만 아직 우리는 물질에서 의식이 발생하는
프로세스에 대해 아는 것이 거의 없다. 이타적 심성의 물질적 기원(곧 생물학적
기원)에 대해서는 반박을 불허하는 결론을 얻은 적이 없다는 것이다. 문화적 기
원 역시 마찬가지다. 어떤 이유로 인간 문화 내부에 이타적 행위가 자리 잡게 되
었는지에 대한 반박이 불가능한, 명쾌한 해명은 없다.

2 정영림, 〈말레이시아와 인도네시아의 '흥부·놀부 이야기' 연구〉, 《세계문학비교연구》 18, 세계문학비교학회, 2007, 121쪽 각주 11번을 보시오.

3 정영림, 같은 논문을 보시오.

4 이 설화에 대한 연구는 서대석, 〈설화 〈종소리〉의 구조와 의미〉, 《한국문화》 8, 서울대 한국문화연구소, 1987; 오세정, 〈종을 울려 보은한 새 설화〉, 《우리말글》 39, 우리말글학회, 2007을 참고하시오.

5 〈지네 장터〉에 대해서는 신호림, 〈〈지네 장터〉 설화에 나타난 폭력의 양상과 극복의 의미〉, 《구비문학연구》 36, 한국구비문학회, 2013을 보시오. 〈지네 장터〉는 '두꺼비 보은형 민담'으로 불린다. 이에 대해서는 노영근, 〈'두꺼비 보은'型 민담의 유형분류와 해석〉, 《비교민속학》 46, 비교민속학회, 2011을 보시오.

6 임재해, 〈동물 보은담에 갈무리된 공생적 동물인식과 생태학적 자연관〉, 《구비문학회》, 한국구비문학회, 2004, 221~222쪽.

7 노영근, 앞의 논문, 648쪽.

8 임재해, 앞의 논문, 206~207쪽.

9 오세정, 앞의 논문, 201~203쪽. 《한국구비문학대계》 4-5, 충남 부여군 홍산면 설화 27.

10 柳夢寅, 〈文化之將校〉, 《於于野談》: 《정본 한국 야담전집》 1, 352~353쪽.

11 이야기의 구체적 디테일은 다를 수 있다. 호랑이의 목에 박힌 것이 비녀가 아니라 사람의 뼈일 수도 있고, 보상이 명당을 잡아 주는 것이 아니고, 절터를 잡아 주는 경우도 있고, 또는 혼인을 중매하는 경우도 있다. 이지영, 〈'모자를 잡은 호랑이'의 동북아 전승양상과 특징〉, 《동아시아고대학》 17, 동아시아고대학회, 2008, 212~213쪽.

12 이하 다우르족과 어룬춘족의 설화 및 〈호랑이가 잡은 모자〉에 관한 모든 내용은 이지영, 같은 논문을 인용한 것이다.

13 〈郭文〉, 《太平廣記》 14권, 神仙 14.

14 이지영, 앞의 논문, 201~203쪽.

15 유몽인, 〈嘉靖中, 江原道麟蹄縣民〉, 《어우야담》: 《정본 한국 야담전집》 1, 354~355쪽.

16 나가가와 신이치, 《곰에서 왕으로》, 동아시아, 2003, 48~53쪽.

17 李瀷, 〈食肉〉, 《星湖僿說》 제12권, 人事門. "民, 吾同胞;物, 吾與也. 然草木無知
覺與血肉者有別, 可取以資活. 如禽獸貪生惡殺, 與人同情. 又胡為忍以戕害? 就
其中害人之物, 理宜擒殺. 為人畜牧者, 即待吾成途, 猶有所誘. 如山上水中自生自
長者, 都被佃漁之毒, 又曷故哉? 說者曰:'萬物皆為人生, 故為人所食.' 程子聞之
曰:'蝨咬人, 人為 而生耶?' 其辨亦明矣."

18 "說者曰:'萬物皆為人生, 故為人所食.' 程子聞之, 曰:'蝨咬人, 人為 而生耶?' 其
辨亦明矣."

19 "或問於西洋人曰:'若物生皆為人, 則彼蟲豸之生, 何也?' 答云:'雀食蟲而肥人,
則食雀這便為人生也.' 其辭亦遁矣." 성호는 아마 한역 서양서를 읽었을 것인데
어떤 책인지 확인할 수 없었다. 다만 서양인의 인간중심주의는 기독교에서 유래
한 것일 터이다. 그리고 그것은 다음에 인용하는 《구약성서》《공동번역》〈창세기〉
의 2~30절에 근거를 두고 있을 것이다. "하느님께서는 그들에게 복을 내려주시
며 말씀하셨다. '자식을 낳고 번성하여 온 땅에 퍼져서 땅을 정복하여라. 바다의
고기와 공중의 새와 땅 위를 돌아다니는 모든 짐승을 부려라!' 하느님께서 다시,
'이제 내가 너희에게 온 땅 위에서 낟알을 내는 풀과 씨가 든 과일나무를 준다.
너희는 이것을 양식으로 삼아라. 모든 들짐승과 공중의 모든 새와 땅 위를 기어
다니는 모든 생물에게도 온갖 푸른 풀을 먹이로 준다' 하시자 그대로 되었다."

20 "余每念佛家惟慈悲一事恐為得之."

21 《禮記》〈禮運〉. "未有火化, 食草木之實. 鳥獸之肉, 飲其血, 茹其毛."

22 "若使聖人肇生於五穀桑麻之世而始無食肉之風, 則必不若今之多殺為也."

23 "然則此盖君子不得已之事, 亦宜不得已而食足矣. 若專肆嗜慾恣殺無忌, 則不免
為弱肉強吞之歸耳."

24 〈殺戮捕蠅〉, 《星湖僿說》 9권, 人事門. "仁城君珙之被誅也, 自言:'吾平生無大過.
但其出宮承上命敦迫, 暑月營造, 改撤舊館, 瓦間雀穀, 千萬皆死. 常所不忍. 是其
殃耶?'" "此數事雖未必然, 而亦可為君子仁物之戒, 故並記之."

25 "尚領相震喪一子, 哭之曰:'吾未嘗有害物之心. 但為平安監司時, 令民捕蠅日課,
時市有賣蠅者. 此其報耶?'" 성호 역시 "이 두어 가지 일은 꼭 그래서 생긴 것은

아니겠지만, 또한 군자의 물物을 사랑하는 경계가 될 수 있으므로 같이 써 둔다"
라고 말하고 있는 것이다.

26 맹자는 동물의 고통에 대해 논하고자 한 것은 아니다. 맹자는 선왕이 바꾸라고
지시한 양도 동일한 생명이 있는 존재임을 지적하면서, 선왕의 공감이 일시적이
고 제한적이라고 비판한다. 하지만 맹자는 선왕에게 타자의 고통에 대한 공감이
있음을 높이 평가하면서 그 공감이 피지배층인 '민民'에게도 동일하게 이루어져
야 한다고 주장한다. 맹자의 정치철학은 타자의 고통, 특히 피지배층의 고통에
대한 공감에 기반하고 있었던 것이다. 맹자의 사유는 '민의 고통에 대한 공감'으
로 끝난다.

27 《孟子》, 〈梁惠王章句(上)〉. "君子之於禽獸也, 見其生, 不忍見其死;聞其聲, 不忍
食其肉. 是以君子遠庖廚也."

28 《孟子》, 〈公孫丑章句(上)〉. "人皆有不忍人之心." 제임스 레게는 이 부분을 "All
men have a mind which cannot bear to see the sufferings of others"라고 번역했다.
남들의 고통을 차마 그냥 두고 보지 못하는 마음이 있다는 번역은 원의를 정확
하게 옮긴 것이다.

29 "所以謂人皆有不忍人之心者. 今人乍見孺子將入於井, 皆有怵惕惻隱之心. 非所
以內交於孺子之父母也, 非所以要譽於鄉黨朋友也, 非惡其聲而然也."

30 "天地以生物爲心, 而所生之物因各得夫天地生物之心, 以爲心. 所以人皆有不忍
人之心也."

31 "無惻隱之心, 非人也."

32 "惻隱之心, 仁之端也."

33 《신약성서(공동번역)》, 〈루가의 복음서〉, 10장 25~37절.

5장 이타적 심성의 현실적 발현, 시여

1 韓非, 〈姦劫弑臣〉, 《韓非子》. "夫有施與貧困, 則無功者得賞;不忍誅罰, 則暴亂者
不止."

2 韓非, 〈外儲說左上〉, 《韓非子》. "故人行事施予, 以利之為心, 則越人易和;以害之
為心, 則父子離怨."

3 《前漢書》卷9, 〈元帝紀〉제9, 永光2年. "三月壬戌朔日有蝕之詔曰: '……施與禁
切未合民心'."

4 〈張奮傳〉, 《後漢書》. "分損租奉, 贍卹宗親, 雖至傾貧, 而施與不怠."

5 안사고顏師古는 다음과 같은 주해를 달고 있다. "師古曰: '施惠褊薄, 禁令煩苛.'"

6 《三國志》吳志, 卷12, 〈朱據〉. "謙虛接士, 輕財好施, 祿賜雖豐, 而常不足用." 주
거朱據는 손권孫權의 딸 손노육孫魯育과 결혼했다.

7 韓愈, 〈唐故江西觀察使韋公墓誌銘〉, 《五百家注昌黎文集》卷25. "公好施與家無
剩財."

8 歐陽修, 〈瀧岡阡表〉, 《文忠集》卷25. "汝父為吏, 廉而好施與, 喜賓客, 其俸祿雖
薄, 常不使有餘."

9 崔承老, 〈上時務書〉:《東文選》제52, 奏議. "至令大小臣民, 悉皆懺悔, 擔負米穀
柴炭蒭豆, 施與中外道路者, 不可勝紀.……聖上以醬酒, 豉羹, 施與行路. 臣竊謂
聖上欲效光宗消除罪業, 普施結緣之意, 此所謂小惠未遍也."

10 《太宗實錄》6년(1406) 윤7월 6일(4). "有僧名長願心者, 本賤隷也. 故爲佯狂, 見人
飢寒者, 必乞食解衣而與之; 有疾病者, 必極力而救恤; 死而無主者, 必爲之埋瘞;
修治道路橋梁, 無所不至, 閭里童稚, 無不知其名者."

11 成俔, 《慵齋叢話》卷7. "有慈悲僧者, 性直無曲節, 雖公卿大相皆以名呼之. 人有
施與, 則雖重物不讓而受, 人有丐之者, 盡數與之, 只著破笠破衣而已. 日日糊口於
京中里閭, 與之食則食, 不與之則不食, 腌饋不以爲美, 粭飯亦不以爲歎……予嘗
與諸宰樞會一處, 僧亦來到, 座中人問云:'僧不曾入山修道, 何苦每在人間修橋樑
路井小事?' 僧曰:'少時, 師僧戒云:〈入山苦行十年, 則可以悟道〉. 僧入金剛山五
年, 臺山五年, 勤苦繕性, 竟無其效. 師僧又云:〈讀蓮華經百遍, 則可以悟道〉. 僧
依教誦遍, 亦無其效. 自是始知佛氏虛妄難信也. 然僧無他輔國, 但欲修橋梁道井
以施功德於人.' 人皆樂其眞率也."

12 조계문曹繼門의 처, 조위曹偉의 어머니.

13 洪貴達, 〈贈貞夫人柳氏墓誌銘〉, 《虛白亭集》:《韓國文集叢刊》14, 87쪽. "凡衣服

268　　　　　　　　　　이타利他와 시여施與　——●

飲食, 奉儉素. 喜施與, 室中無留儲. 奉祭祀, 必親淨辨, 極其誠敬."

14 金安國,〈通政大夫坡州牧使朴公墓碣銘〉,《慕齋集》:《韓國文集叢刊》20, 250쪽.
"朋友之窮無依者, 施與如親戚, 皆人之所難者."

15 박은朴誾의 처.

16 朴誾,〈亡室高靈申氏行狀〉,《挹翠軒遺稿》:《韓國文集叢刊》21, 56쪽. "有所施
與, 亦樂爲之從. 家雖貧, 不使誾知也."

17 鄭惟吉,〈通訓大夫行郡守信川郡守黃州鎭管兵馬同僉節制使金侯墓碣銘, 并序〉,《林
塘遺稿》:《韓國文集叢刊》35, 487쪽. "至於敦睦之行, 有加於人, 故親舊不自給,
待公施與而衣食者, 亦多有之."

18 남평현감 노흥우盧弘祐의 처.

19 宋寅,〈淑人金氏墓誌銘〉,《頥庵遺稿》:《韓國文集叢刊》36, 115쪽. "隣里告窘, 施
與無難色."

20 朴民獻,〈有明朝鮮國奉憲大夫礪城君兼五衛都摠府都摠管宋公墓誌銘并序〉: 宋
寅,《頥庵遺稿》,《韓國文集叢刊》a36, 206쪽. "又樂施與, 賙恤窮乏無有餘力, 以
此多歸之."

21 奇大升,〈贈戶曹參判金公墓碣銘〉,《高峯集》:《韓國文集叢刊》40, 109쪽. "性樂
善好施與, 撫恤宗族, 接遇賓客, 咸得其歡, 而卒無倦意."

22 鄭仁弘,〈承仕郎河公墓碑銘 并序〉,《來庵集》:《韓國文集叢刊》43, 466쪽. "處朋
友, 施與不吝, 有古人風."

23 李珥,〈敦寧府判官鄭公墓誌銘〉,《栗谷全書》:《韓國文集叢刊》44, 396쪽. "恬靜
不趨勢利, 尙廉恥賤貪污, 不營家業, 施與無斳."

24 韓忠,〈事實拾遺〉,《松齋集》:《韓國文集叢刊》23, 545쪽. "韓松齋性輕財好施. 家
有數百斛穀, 公從容諫其父曰:'士君子不宜殖貨', 父曰:'汝言善矣, 汝處之!' 公
卽聚窮族及鄕里之貧乏者, 盡散與之, 皆感歎《海東名臣錄》."

25 盧守愼,〈有明朝鮮國大匡輔國崇祿大夫, 議政府領議政兼判經筵, 弘文館, 藝文館,
春秋館, 觀象監事李公神道碑銘, 并序〉,《穌齋集》:《韓國文集叢刊》35, 280쪽.

26 金宇顒,〈南冥先生言行錄〉,《桐岡集》:《韓國文集叢刊》50, 420쪽. "家貧, 輕財好
施, 兄姊弟妹, 友愛篤至. 分家産時, 先生以承祀受京中藏義洞家舍, 及居海上, 以

269

與姊夫李公亮. 公亮以眞歸之, 受而頒諸弟妹之貧者, 一毫不自取. 又盡以免洞田
産與弟桓. 迨其始還, 無立錐之地, 資衣食於弟妹, 亦曠然不以爲意也."

27 李珥, 〈經筵日記〉,《栗谷全書》:《韓國文集叢刊》45, 185쪽. "牙山縣監李之菡卒,
之菡自少寡慾, 於物無吝滯.……天性孝友, 與兄弟通有無, 不私其有. 輕財好施,
能救人之急."

28 李埈, 〈贈吏曹判書丁公墓碣銘〉,《蒼石集》:《韓國文集叢刊》65, 86쪽. "輕財好
施, 凡有貧乏者, 斥其有周之無恡色. 此發於惻隱, 非有所勉强也."

29 李廷龜, 〈贈兵曹參判南公墓碣銘 并序〉,《月沙集》:《韓國文集叢刊》70, 260쪽.
"輕財好施, 聞人有喪, 弔賻必先於人."

30 吳竣, 〈贈議政府左贊成行折衝將軍僉知中樞府事李公墓碣銘, 并序〉,《竹南堂稿》:
《韓國文集叢刊》90, 527쪽. "厚於宗族鄕黨, 貧必周之, 喪必救之, 輕財好施, 急人
之困, 蓋其天性也."

31 張維, 〈處士金公墓碣銘 并序〉,《谿谷集》:《韓國文集叢刊》92, 220쪽. "輕財好施
子, 振人之急難, 未嘗問有無也."

32 李德懋, 〈婦儀〉,《士小節》7,《靑莊館全書》제30권. "婦人地喜施與, 非好消息野.
非基吝地謂野. 喜施與自, 水得稱譽於人, 家長所托地財, 不家耗費野. 約宗族, 隣
里地貧乏自, 必告家長而周之可也."

33 趙龜命, 〈金流連傳 癸丑〉,《東谿集》:《韓國文集叢刊》215, 99쪽. 김유련은 실존
인물이 분명하지만 조귀명의 작품을 제외하고는 어디에도 이름이 보이지 않는
다. 성해응이 〈호의전好義傳〉에서 조귀명의 〈김유련전〉을 축약해서 싣고 있을
뿐이다(成海應, 〈好義傳〉,《硏經齋全集》:《韓國文集叢刊》273, 252쪽).

34 금성은 뒤에 작품 내 '호남'에 있는 것으로 나타난다. 담양 일대가 아닌가 한다.

35 "有以乞丐來者, 毋問多少, 具食食之, 厚爲資以遺."

36 "饑民吾自粟之. 吾, 賤人也. 資級, 非吾事也."

37 "視凡民尊有等, 富民皆利之."

38 "峽俗慳且陋, 际以財周親戚, 如割肌膚與路人, 輒指流連爲異物, 以故聲譽不達於
官長."

39 "乙丙之荒, 人之往湖南者, 往往見木碑植於路, 頌流連."

⁴⁰ "流連, 富而仁者也. 吾儕未溝壑, 多此人力. 背之不祥."

⁴¹ '사적 목적이 있어서……의義라고 한다':《近思錄》권7,〈出處〉의 남헌南軒 장씨 張氏 곧 장식張栻의 말을 인용한 것이다. 장식은 "어떤 사적인 목적을 두지 않고 일을 하는 것을 '의'라 하고, 사적인 목적을 두고 일을 하는 것을 '이'라고 한다 [無所爲而爲之者, 義也; 有所爲而爲之者, 利]"라고 말한 바 있다.

⁴² "有所爲而爲之謂利, 無所爲而爲之謂義. 義惟君子難之, 況鄕里小氓乎!"

⁴³ 김유련처럼 개인적으로 기민을 구휼하는 것을 '사진私賑'이라고 한다. 자발적으로 사진을 했던 사람은 문헌에 드물게 보인다. 예컨대 1834년 전라도 금산군金山郡과 진산군珍山郡에서 사진을 한 사례가 보고되어 있다. 孫炳圭,〈徐有榘의 賑恤政策─《完營日錄》·《華營日錄》을 중심으로〉,《대동문화연구》42, 성균관대학교 대동문화연구원, 2003, 100~101쪽. "끝으로 민이 개인적으로 '사진'을 시행하기도 했다. 금산군 수양리水陽里에 거주하는 김동주, 김영운은 감영에서 진휼을 시행하기도 전인 전년도 말부터 기민 73구를 초출하여 그 집에서 식사를 주고 한 사람마다 저租 2두, 북어 3마리, 미역 2, 3립씩을 조급하고 봄에는 본리의 신성申姓 여인(동주의 종수從嫂)과 함께 3인이 다시 사진하였다(註 26, 1934년 3월 20일〈題〉금산군보장). 진산군에서도 서흥록, 상록 종형제가 저租 120석을 관에 자납하였다(註 27, 1834년 56월 4일〈題〉진산군 보장)."

⁴⁴ 成海應,〈好義傳〉,《研經齋全集》:《韓國文集叢刊》273, 252쪽.

⁴⁵ "然能散故無怨."

⁴⁶ 1800년 홍원현에 화재가 일어나자, 염극태는 곡식 90여 섬, 돈 317냥을 이재민을 위해 내놓았다(《일성록日省錄》정조 24년(1800) 4월 25일, 윤4월 14일). 그는 남의 환곡을 대신 갚아 주기도 하고, 진휼곡을 희사하기도 하고, 관공서의 건물 수리와 건축 비용을 내기도 하고, 농민들이 제언堤堰을 쌓는 데 돈을 대기도 하였다 (《승정원일기承政院日記》순조 13년(1813) 9월 23일(4/5)).

⁴⁷ "守召謝之, 極台亦不自以爲德."

⁴⁸ 李令翊,〈平壤都君墓表〉,《信齋集》: a252, 480d쪽.

⁴⁹ '관포'는 관의 재물을 사용하거나 빌리고 돌려주지 않거나 세금을 납부하지 않아 발생한 결손액.

50 "晚益饒貧, 而富者牽鄙嗇, 君則能用財, 拊親族如家, 辦昏喪十餘家, 貧交疏族有官連, 悉濟之. 人客四方來者, 知與不知以爲歸."

51 金憲基, 〈別提白公墓誌銘 幷序〉, 《初庵集》: 《韓國文集叢刊》 b114, 653쪽. "公承同樞公遺意, 不務崇財賄而惟廣拓土田. 誼可與者輒與之, 使足以取贏而資食焉. 於是貧窮之賴以爲活者殆百餘家, 而歲復增益, 其澤之漸於遠者尙未艾也. 人有以其財之散而不蓄爲其子孫憂者, 公笑曰: '使食焉於我者多矣, 則其中亦必有爲吾後地者矣.'"

52 金澤榮, 〈崔舜星傳〉, 《韶濩堂集》: 《韓國文集叢刊》 347, 335쪽. 金澤榮, 〈崔舜星傳〉. "是後有白別提是思日者, 亦好施散, 善於用財, 然其業累倍舜星云."

53 韓運聖, 〈金聲遇傳〉, 《立軒文集》: 《韓國文集叢刊》 b124, 706쪽.

54 盧相稷, 〈金處士傳〉, 《小訥集》, 《韓國文集叢刊》 b150, 688~189쪽.

55 〈金聲遇傳〉. "無惻隱之心, 非人也. 胡忍性命於一錢而不之相恤也."

56 〈金處士傳〉. "昔我求諸人, 人不肯, 我恨之. 我有之而又不施, 是負吾心."

57 관시는 국경 지방의 관문에 설치된 시장. 여기서는 동래부가 관할하는 일본과의 교역 시장을 말한다.

58 "因托跡關市不幾年, 果籠貨數千萬. 於是自糊口蔽體而外, 不起寸田尺宅, 家蕭然無長物, 惟賙窮濟急是事. 於耳目所及, 婚葬失時者, 炊煙斷續者, 逆旅之病滯絕粮者, 一不問親疎, 亦不有德色."

59 〈金聲遇傳〉. "未歸而病且死, 聞子之高義敢來."

60 〈金聲遇傳〉. "雖狡黠駔, 亦愛敬悅服, 不忍欺負. 與人重然諾, 時或値箱無一金, 而緩急轉假猶自如, 是以聲譽藉甚, 無貴賤婦孺, 咸字之曰明瑞, 而不名也."

61 〈金處士傳〉. "地主聽慫慂, 誣處士譜系, 欲令略免. 一市人群起而伸之." 〈金聲遇傳〉은 지주地主 곧 동래부사가 아니라, 접위관接慰官이라고 한다. 어느 쪽이 맞는지 알 수 없다.

62 〈金聲遇傳〉. "彼何人敢誣明瑞? 今明瑞被誣而不白之, 可乎?"

63 李家煥, 〈凝堂崔公行狀〉, 《錦帶詩文鈔》: 《韓國文集叢刊》 255, 453쪽. 이가환은 1792년 9월에 개성유수에 임명되고, 1794년 1월에 파면된다. 1년 4개월가량 개성유수로 재직했는데, 그때 최순성의 집안과 접속한 것이 아닌가 한다. 최순성

이타利他와 시여施與 ──●

집안에서 당대 최고의 문인으로 꼽히는 이가환에게 행장을 부탁한 것으로 보아
도 무방할 것이다.

64 金澤榮, 〈崔舜星傳〉, 《韶濩堂集》: 《韓國文集叢刊》 347, 335쪽.

65 이 외 1794년 7월 16일 자 《일성록》에 실린 서울과 지방의 효자, 열녀에 대해 예
조의 보고 문서에 개성부의 효자 '고故 사인士人 최순성崔舜成'이 나온다. 《일성
록》 정조 18년(1794) 7월 16일(9). 내용은 전형적인 효자담이라 정보로서의 가치
가 별로 없다.

66 朴宗采, 《過庭錄》 권4.

67 "世業累萬, 爲州中富家."

68 "吾固知貧不如富, 獨未知散何如積耳?"

69 〈崔舜星傳〉. "乃統計家産, 除一歲祭祀賓客衣食之用, 得數萬金別貯之, 名曰急人
錢, 近自親戚朋友, 旁及他郡邑知與不知, 苟窮困者, 出以施之. 購喪葬有衾棺, 借
乘有馬, 通顯服有深衣團領, 下至鋸斧鍬鋤之屬. 遇歲饑, 則悉其廩以賑之."

70 〈凝庵崔翁墓碣銘〉. "如凝庵崔翁之急人, 乃自急於義也. 人之有憂患死喪, 悠然若
饉者之莫可以終朝, 其心不耐, 若芒栖疵. 乃亟求諸己曰:'是何以不吾告也? 我其
或者見鄙於人乎?' 自反而無是, 則喜曰: '吾今幸而先聞也.' 促促焉若行旅之趁日
也."

71 〈凝堂崔公行狀〉. "大較公平生, 待而擧火者數十百人, 賴以嫁娶若棺斂芝葬者, 無
慮數百人. 歲饑而免於溝壑者, 以緩急告而得所望者, 與不待告而施者, 至不可勝
計."

72 〈凝庵崔翁墓碣銘〉. "家累鉅萬, 及歿之日, 無一金在者."

73 〈凝堂崔公行狀〉. "嗟! 公於孝義天性也. 如水之必寒, 火之必熱, 非學而後能也, 勉
强而後然也. 其施於人也, 如箭之離弦, 必往而不回. 人之歸之也, 如輻之指轂, 四
面而環湊, 非聲音笑貌之所可幾也, 公葬會者傾城, 以雨改日, 人益往不怠."

74 蔡濟恭, 〈萬德傳〉, 《樊巖集》: 《韓國文集叢刊》 236, 538~539쪽. 李羲發, 〈萬德
傳〉, 《雲谷集》: 《韓國文集叢刊》 b111, 150쪽. 만덕은 서울에서 유명한 사람이
되어 여러 고관들로부터 증별시贈別詩를 받기도 하였다. 예컨대 이가환의 〈送萬
德還耽羅〉와 같은 시가 그것이다(李家煥, 〈送萬德還耽羅〉, 《錦帶詩文鈔》: 《韓國文集叢

刊》255, 411쪽). 이 시들을 모은 시집의 서문을 정약용이 썼다(丁若鏞, 〈題耽羅妓萬德所得搢紳大夫贈別詩卷(乙卯耽羅饑, 萬德捐振之. 詢其願, 金剛山也. 有聖旨令如願〉, 《茶山詩文集》:《韓國文集叢刊》281, 315쪽).

75 金養根, 〈杜今嫗傳〉, 《東埜集》:《韓國文集叢刊》b94, 225쪽.

76 "杜今何神? 卽府中一老嫗也. 嫗一生治産享致饒厚."

77 '대향大享'은 큰 제사이니 곧 '석전釋奠'을 말한다.

78 '서직黍稷'은 기장과 피. 고대 중국에 이것을 제물로 썼기에 제물을 의미한다. 곧 한 그릇 젯밥으로 제사를 지내 달라는 뜻이다.

79 "君子以財發身, 而吾女人無以爲. 我死, 必以田簿盡屬本校, 使有憐我者, 歲於大享後, 饋我以一盂黍稻足矣."

80 성균관 노복들에게 제사를 지내줄 것을 청한 것을 보면, 두금 역시 성균관의 사정을 잘 아는 여성이었을 것이다. 두금은 성균관에 소속된 노복, 곧 반인泮人이 아닌가 한다.

81 "而其老寡好作善事. 飢者食之, 寒者衣之, 親戚之窮不能婚葬者, 皆厚助之. 又於冬日, 必作襪數十, 乘轎而出行, 見乞人無襪者, 必與之. 盖以寒苦之最難堪者, 足冬故也. 又周行於所親知家, 窮貧者, 每周其給. 草屋之未盖者, 使之乘屋;瓦家之傾頹者, 使之修改, 計價而給之."

82 鄭來僑, 〈林俊元傳〉, 《浣巖集》:《韓國文集叢刊》197, 554~555쪽.

83 강명관, 《조선후기 여항문학 연구》, 창작과비평사, 1997, 66~68쪽.

84 "俊元旣饒於財而好義樂施, 常如不及. 其親戚與知舊之貧不能婚嫁喪葬者, 必以俊元爲歸."

85 柳鼎文, 〈光湖子傳〉, 《壽靜齋集》:《韓國文集叢刊》b117, 577~588쪽. 〈광호자전〉이란 작품명이 내용을 선명하게 드러내지 못하기에 〈청송 아전 윤홍관〉으로 고쳐 부른다.

86 "其管糶也, 暮過澤畔, 有婦人哭聲甚哀. 跡得其狀, 良人死而糶且數十斛, 不堪驅催, 來就溺耳. 光湖大戚, 慰諭之曰: '我卽倉吏也. 方便在我, 願止哭就舍.' 婦人猶哭不已, 乃取火出袖中紙, 捐所當得穀爲信投與之, 然後去."

87 "其撿田也, 事又類此者, 輒自當. 當年虛稅七十餘負, 歸告官永蠲之. 行峽中盡括

火稅, 濫枉係己橐者凡三四結, 皆去其籍. 後任者心不悅, 亦不能非也. 光湖子少苦
貧, 能勤身以爲家. 旣家又克己爲義. 見人孤寒無所庇者, 必取歸存視甚恩, 以至
於嫁娶. 遇傭丐寒餓, 亦解推不吝. 凡有連負徵斂, 輒先以多自居, 座中嫌不敢慳吝
推諉, 至或竊言不願某爺在此座也. 族人敗業者, 爲買田以周之, 小臧獲有才智者,
不取直立洗籍, 欲觀其有成也."

88 沈魯崇, 〈四街夜話記〉. "福相, 平壤府人. 少貧爲人貰. 旣長, 屬府中奴籍. 府隸以
奴管庫, 方言稱庫子. 諸奴視福相不及, 以大庫授之." 李鈺, 〈張福先傳〉. "張福先
者, 平壤觀察營之主銀庫庫子也."

89 李鈺, 〈張福先傳〉. "'我固死不惜, 恐我死後, 或疑我盜官藏以自肥, 不亦耻丈夫!
我且留下一錄, 以作契.' 遂列書曰: '某之喪, 貧不能斂, 我贈銀幾兩. 某之葬, 我贈
銀幾兩. 我之嫁某娘, 冠某甲, 費幾兩銀. 某之襦, 某吏之徵逋, 皆我銀幾兩.' 題畢
而會之, 二千有贏."

90 成海應, 〈記盜〉, 《研經齋全集》: 《韓國文集叢刊》 273, 202쪽.

91 "往賣之全州市. 爲室于南原, 娶妻居之. 傍近豪富而吝者, 輒發之, 易于京. 産旣
成, 從府百里貧不能嫁娶者, 皆資於己, 喪亦如之, 所濟數千百家."

6장 이타-보상담 출현의 역사적 이유

1 이호철·박근필은 이렇게 말한다. "이러한 관점에서 흔히 소빙기the Little Ice
Age라고 지칭되어 온 1550~1850년간은 자연재해와 농업생산력의 밀접한 상관
관계를 극명히 보여 준 기간이었다." 이호철·박근필, 〈19세기초 조선의 기후변
동과 농업위기〉, 《조선시대사학보》 2, 조선시대사학회, 1997, 123쪽. 이 외에 소
빙기에 대해서는 이태진, 〈소빙기(1500~1750)의 천체 현상적 원인〉, 《국사관논
총》 72, 1996; 〈소빙기(1500~1750) 천변재이 연구와 조선왕조실록〉, 《역사학보》
149, 1996; 김연희, 〈조선시대의 기후와 농업변동에 관한 연구〉, 경북대학교 경
제학과 석사논문, 1996; 박근필, 《17세기 조선의 기후와 농업—조선시대 농업
사 연구》, 국학자료원, 2003; 박근필·이호철, 〈병자일기 기후와 농업—조선시대

농업사 연구〉, 국학자료원, 2003; 박근필, 〈기후氣候와 농업農業의 미시분석微視分析(1653~1655)을 통해 본 농가집성農家集成 편찬編纂의 배경背景〉, 《농업사연구》제4권 2호, 한국농업사학회, 2006; 김덕진, 《대기근, 조선을 뒤덮다》, 푸른역사, 2008 등 다대한 연구업적이 축적되어 있다.

2 김미성, 〈조선 현종–숙종 연간 기후 재난의 여파와 유민流民 대책의 변화〉, 《역사와 현실》118, 한국역사연구회, 2020, 105~106쪽. 김성우, 〈17세기의 위기와 숙종대 사회상〉, 《역사와 현실》25, 한국역사연구회, 1997, 37쪽.

3 문용식, 〈19세기 전반 환곡 진휼기능의 변화과정〉, 《역사와 경계》19, 부산경남사학회, 1990, 4쪽; 趙珖, 〈19世紀 民亂의 社會的 背景〉, 《17世紀 韓國 傳統社會의 變貌와 民衆意識》, 1982, 188쪽.

4 유민에 대해서는 김미성의 앞의 논문을 참고하시오.

5 김엘리, 《《勝聰明錄》을 통해서 본 慶尙道 固城의 賑恤施策》, 《역사민속학》30, 한국역사민속학회, 2009, 148쪽.

6 예컨대 1795년 전국 6도의 진휼을 거행했을 때 기민의 총수는 558만 명이었다. 이 중 전라도는 302만 9,000여 명이었다. 엄청난 규모의 기민이 발생했음을 알 수 있을 것이다. 보다 자세한 것은, 문용식, 〈1794년 전라도지역의 기근과 환곡의 활용〉, 《역사와 실학》, 역사실학회, 2016을 보시오.

7 "許生曰: '審若是也, 何不娶妻樹屋, 買牛耕田, 生無盜賊之名, 而居有妻室之樂, 行無逐捕之患, 而長享衣食之饒乎?'"

8 조선 후기 소빙기 혹은 기후변화와 전염병과의 관계는 다음 논문을 참고하시오. 김호, 〈16세기 말 17세기 초 '疫病' 발생의 추이와 대책〉, 《韓國學報》71, 일지사, 1991; 김옥주, 〈조선 말기 두창의 유행과 민간의 대응〉, 《醫史學》2, 대한의사학회, 1993; 이태진, 〈소빙기(1500~1750) 천변재이 연구와 조선왕조실록〉, 《역사학보》149, 1996; 이규근, 〈조선후기 疾病史 연구〉, 《國史館論叢》96, 국사편찬위원회, 2001; 김신회, 〈1821년 콜레라 창궐과 조선 정부 및 민간의 대응양상〉, 《한국사론》60, 서울대 국사학과, 2014; 김호, 〈1612년 溫疫 발생과 허준의 《신찬벽온방》〉, 《조선시대사학보》74, 조선시대사학회, 2015; 이준호, 〈조선시대 기후변동이 전염병 발생에 미친 영향〉, 《한국지역지리학회지》102, 한국지

역지리학회, 2019; 이현숙, 〈조선의 소빙기와 질병 변화에 대한 시론—구급방의 변화를 중심으로〉,《생태환경과 역사》5, 2019; 송미영, 〈한국인의 주요 전염병과 그 명칭에 대한 통시적 고찰—'장티푸스, 말라리아, 한센병' 등을 중심으로〉,《어문논집》, 중앙어문학회, 2020; 김정운, 〈1799년 전염병[胡疫]의 대유행과 국가의 위기대응 방식〉,《대구사학》145, 대구사학회, 2021.

[9] 19세기에는 발병 빈도가 낮아지기는 하지만 보고의 부실에 기인한 것이라고 한다.

[10] 이규근, 〈조선후기 疾病史 연구〉,《國史館論叢》96, 국사편찬위원회, 2001, 14~26쪽.

[11] 김호, 〈정조대 의료 정책〉,《한국학보》22, 1996, 238쪽.

[12] 김호, 같은 논문, 239~240쪽.

[13] 신동원, 〈조선말의 콜레라 유행, 1821~1910〉,《한국과학사학회지》제11권 제1호, 한국과학사학회, 1989, 59쪽.

[14] 李瀷, 〈流民還集〉,《星湖僿說》14권 人事門. "孟之子論王道, 不過保民一句. 所謂保民者, 即所好與之聚之, 所惡勿施而已. 非家至而日增之也. 人各有智力, 耕而食, 鑿而飮, 謀生有餘矣. 雖有三二年水旱之災, 渠自有長慮厚蓄, 必將有以自賴, 何至於流離塡壑? 孟子又曰: '王無罪歲, 斯天下之民至焉.' 余見鄕里衣食足者, 農不失時, 計周于制, 凶年不能殺, 所謂民生在勤, 勤則不匱也. 其不免於死亡者皆困於虐政, 勢不能存也. 設有水旱, 國家亦發倉移粟, 以救贍之. 其流亡畢竟, 非歲之罪也. 民生豈不哀哉!"

[15] "宜以禁暴爲急, 禁暴宜先嚴贓法."

[16] 《漢語大詞典》. "1. 貪污; 受賄. 2. 指行賄. 3. 用盜竊. 貪污等非法手段獲取的財物."

[17] 조선 후기 기근과 그에 대한 정부의 대응에 대해서는 김덕진,《대기근 조선을 뒤덮다》, 푸른역사, 2008에 자세히 밝혀져 있다.

[18] 임성수, 〈17~18세기 還上의 取耗補用과 錢還의 등장〉,《민족문화연구》90, 고려대 민족문화연구원, 2021.

[19] 金玉根,《朝鮮王朝財政史研究》, 一潮閣, 1984, 48~49쪽.

20 송찬섭, 〈19세기 還穀運營의 變化와 還耗의 賦稅化〉, 《外大史學》 4, 한국외대 역사문화연구소, 1992.

21 安錫儆, 《霅橋漫錄抄》: 《정본 한국 야담전집》 4, 40~41쪽. "我東, 譯官之隨使行入燕都也, 每貸戶部白金而行, 貿唐貨以來, 發賣以償戶部十二, 餘利不貲, 以之致富."

22 "金怪問之, 翁曰: '有獨子爲吏役, 今以逋在囚, 明日是定限而過限則當死矣.'"

23 李令翊(1738~1780), 〈平壤都君墓表〉, 《信齋集》: 252, 480쪽. "貧交疏族有官逋, 悉濟之."

24 李鈺, 〈張福先傳〉, 《桃花流水館小稿》: 金鑢 編, 《潭庭叢書》 권24. "某之糧, 某吏之徵逋, 皆我銀幾兩."

25 이상 포흠에 대한 것은, 金允植, 〈十六私議〉, 《雲養集》: 《韓國文集叢刊》 328, 349쪽을 볼 것. 지방행정 단위에서 발생하는 포흠逋欠에 관한 가장 구체적이고 상세한 자료다.

26 "凡此六端之逋, 所在爲患, 無邑不弊."

27 "雖巨奸宿猾, 無暇自謀肥身, 而入於不食之逋."

28 "吏民俱困, 睊睊胥矖, 含冤抱屈, 無處可訴."

29 이것은 〈그래야 내 아들이지〉를 두고 한 말이지만, 이외에도 다음 자료를 들 수 있다. 蔡濟恭, 〈副摠管李公墓表〉, 《樊巖集》: 《韓國文集叢刊》 236, 520~521쪽. "少時憩松京逆旅, 有同宿者欺咤不能寐. 怊問之, 乃安東人也. 負官逋, 老父繫獄, 收債義州, 不利而歸耳. 心憐之, 起而謀諸商, 得五百金以與之. 後二十七年宰漆谷也, 人有載壽板二部以獻者, 卽松京同宿者之子也. 蓋其人已死, 其子成其父之志也." 이희원李禧遠이란 인물이 안동 서리의 포흠문제를 해결해 주었다는 것이다. 이것을 보면 포흠문제가 얼마나 심각한 문제였는지 알 수 있을 것이다.

30 柳鼎文, 〈光湖子傳〉. "凡有逋負徵斂, 輒先以多自居, 座中嫌不敢慳吝推諉, 至或竊言不願某爺在此座也." 柳致明, 〈尹同樞興寬墓表〉, 《定齋集》: 《韓國文集叢刊》 298, 467쪽. "同班族戚之負逋當分責者, 死喪宜合助者, 輒曰: '某爺不壓座也.' 以自任者常多, 而同列嫌於慳吝也. 然亦無不視之爲準也." 두 자료 모두 아전들이 포흠을 나눠 맡는 장면을 그린 것이다.

31 "許生入賊中, 說其魁帥曰: '千人掠千金, 所分幾何?' 曰: '人一兩耳.' 許生曰: '爾有妻乎?' 群盜曰: '無!' 曰: '爾有田乎?' 群盜笑曰: '有田有妻, 何苦爲盜?' 許生曰: '審若是也. 何不娶妻樹屋, 買牛耕田, 生無盜賊之名, 而居有妻室之樂, 行無逐捕之患, 而長享衣食之饒乎?' 群盜曰: '豈不願如此, 但無錢耳.'"

32 《肅宗實錄》42년(1716) 12월 17일(2). 우의정 이이명李頤命은 이렇게 말하고 있다. "臣之鑄錢之請, 不但爲官操貴賤之柄, 民有貿遷之益, 亦言稍取其羡, 以散其利."

33 朴趾源,〈賀金右相履素書〉,《燕巖集》:《韓國文集叢刊》252, 30쪽. "列聖朝深軫幣輕之患, 間嘗鑄錢, 而乍行旋罷. 誠以布楮雖輕, 更有銀貨之重, 爲之折中於貴賤之間. 夫此三幣者, 皆出於民手. 疾作則可以自裕. 錢非私鑄之貨, 而仰給於官. 當時鑄旣不多, 其散於民者, 未及遍敷. 民之不便用錢, 良以此也."

34 《孝宗實錄》3년(1652) 4월 1일(2). "錢之爲物, 飢不可食, 寒不可衣, 何爲乎必使用之耶? 以爲流行之貨云爾, 則麤布亦錢之類也. 其不可衣食則等耳. 何必行其所難得, 而禁其所易得者乎?"

35 司馬光,〈應詔言朝政闕失狀〉: 楊士奇 等 撰,《歷代名臣奏議》권302. "穀帛者, 民可耕桑, 而得至於錢者, 縣官所鑄, 民不得私爲也."

36 《英祖實錄》26년(1750) 6월 5일(1). "今有司立法, 惟錢是求, 歲豐則民賤糶其穀, 歲凶則伐桑棗殺牛, 賣田得錢以輸, 民何以爲生乎?"

37 《宣祖實錄》36년(1603) 6월 24일(1). "目今國儲板蕩, 有司之臣, 無計支用, 爲此用錢之論."

38 《肅宗實錄》숙종 21년(1695) 11월 22일(1). "鑄錢之擧, 雖曰有弊, 倉卒辦財之道, 無過於此也."

39 주전鑄錢에 대한 자료는 많으나 재정 부족을 타개하기 위해 주전한다는 명백한 언급이 있는 경우만 들어도 다음과 같다.《肅宗實錄》7년(1681) 1월 2일(1), 9년(1683) 1월 13일(2), 12년(1689) 1월 23일(1), 17년(1691) 10월 23일(1), 18년(1692) 8월 23일(1), 20년(1694) 9월 13일(2), 21년(1695) 9월 30일(2), 21년(1695) 11월 19일(1), 21년(1695) 12월 10일(5), 40년(1714) 8월 27일(2), 42년(1716) 12월 17일(2), 43년(1717) 11월 10일(2), 44년(1718) 8월 23일(1), 45년(1719) 6월 7일(2).《景宗實

録》3년(1723) 5월 2일(2), 4년(1724) 1월 11일(1).《英祖實錄》5년(1729) 2월 20일
(3), 7년(1731) 12월 19일(3), 18년(1742) 1월 6일(3), 32년(1756) 7월 17일(1).《正祖
實錄》2년(1778) 2월 5일(2).《純祖實錄》16년(1816) 4월 7일(2), 16년(1816) 7월 4
일(2), 28년(1828) 2월 29일(4), 28년(1828) 9월 5일(1), 31년(1831) 1월 10일(1), 32
년(1832) 1월 20일(1).

[40] 《肅宗實錄》4년(1678) 1월 23일(1). "始以用錢定奪. 錢爲天下通行之貨, 而惟我
國, 自祖宗朝, 累欲行之而不得者, 蓋以銅鐵非土産, 而且民俗與中國有異, 有室
礙難行之弊也. 至是, 大臣許積權大運等, 請行之. 上問于群臣, 群臣入侍者皆言
其便, 上從之. 命戶曹常平廳賑恤廳御營廳司僕寺訓鍊都監, 鑄常平通寶, 定以錢
四百文, 直銀一兩, 行于市."

[41] 《英祖實錄》7년(1731) 10월 16일(2, 3)·17일(2)·27일(3).

[42] 《英祖實錄》48년(1772) 9월 17일(4). 1776년 어영청에서는 주전하여 10만 냥을
남겼다.《正祖實錄》즉위년(1776) 3월 13일(3).

[43] 《英祖實錄》8년(1732) 2월 20일(2)·23일(2).

[44] 《肅宗實錄》15년(1689) 9월 7일(2).

[45] 박지원, 앞의 글, 같은 곳. "民之用錢旣久, 則目熟手慣, 不識他幣, 並與銀貨而不
用. 錢日益多而物日益貴, 凡所貿遷, 非錢莫可."

[46] 이재운(1721~1782)의《해동화식전》(이재운 저, 안대회 역,《해동화식전》, 휴머니스트,
2019)을 두고 말하는 것이다. 이재운은 근면과 상업을 통한 부의 축적을 긍정했
다. 치부를 공개적으로 긍정하는 것은, 사족 사회에서는 사뭇 금기시되는 일이
었다. 이재운의 부에 대한 생각은《해동화식전》7~35쪽에 실린 안대회의 서설
〈부의 추구와 생업의 가치를 역설한 이재운의 중상주의적 경제론〉을 보시오.

[47] "此易知耳. 朝鮮舟不通外國, 車不行域中, 故百物生于其中, 消于其中. 夫千金小
財也, 未足以盡物. 然析而十之百金, 十亦足以致十物. 物輕則易轉, 故一貨雖絀,
九貨伸之. 此常利之道, 小人之賈也. 夫萬金足以盡物, 故在車專車, 在船專船, 在
邑專邑. 如網之有罟, 括物而數之. 陸之産萬, 潛停其一;水之族萬, 潛停其一;醫之
材萬, 潛停其一. 一貨潛藏, 百賈涸. 此賊民之道也, 後世有司者, 如有用我道, 必
病其國."

이타利他와 시여施與 ──●

48 이진욱에 대해서는《해동화식전》, 49~59쪽을 보시오.

49 김극술의 아내에 대해서는《해동화식전》, 64~70쪽을 보시오.

50 〈감초〉는《이조한문단편집》1, 64~67쪽, 〈택사〉는 68~71쪽에 실려 있다. 〈감초〉의 원출처는《청구야담靑邱野談》이다. 〈得賢婦貧士成家業〉,《靑邱野談》:《정본 한국 야담전집》7, 97~98쪽. 〈택사〉의 원출처는《이순록二旬錄》이다. 具樹勳, 〈李永哲〉,《二旬錄》:《정본 한국 야담전집》2, 326~327쪽.

51 〈대두〉는《이조한문단편집》1, 27~29쪽, 〈강경〉은 81~84쪽에 실려 있다. 〈대두〉의 원출처는《삽교만록霅橋漫錄》이다. 安錫儆, 〈可興〉,《雪橋漫錄 抄》:《정본 한국 야담전집》4, 35~36쪽.

52 《이조한문단편집》1, 139쪽.

53 《이조한문단편집》1, 151쪽.

54 蔡濟恭, 〈萬德傳〉,《樊巖集》:《韓國文集叢刊》a236, 538b쪽. "於是萬德捐千金貿米, 陸地諸郡購糴稡夫以時至."

55 "然都市米價極賤, 知其穀之尙有所積也. 益覺罪歲之非其實. 貧者之言曰: '米賤反讐. 米賤, 錢益難得, 阻飢尤甚. 財貨上流, 民産旣竭. 使有豐登, 其患依舊在耳."

56 《正祖實錄》22년(1798) 5월 2일(1). "我國行錢之後, 曩自庚午辛未年間, 歲興皷鑄, 迄今不絶, 而民國所須, 未聞其有裕."

57 李時恒(1672~1736), 〈記聞錄〉,《和隱集》:《韓國文集叢刊》b57, 494쪽. "我國之用錢, 粤自三韓, 有三韓通寶朝鮮通寶東國元寶等古錢, 而未知其遍行一國, 勝國時亦累試旋罷. 入我朝初則不行, 至今上朝, 用靑城府院君金錫胄之言始用錢. 初用小葉古錢於京都及松都, 以四百文爲一兩. 令初民不喜用, 朝家勅上下大小人皆佩五十文, 如今佩木牌之法而亦不周行. 廼設局鑄錢, 名以常平通寶, 比古錢制㨾頗大, 其重爲四分之三, 以百文爲一兩."

58 "又鑄於平安監營, 錢貨旣多, 布行又久. 今則雖深山窮谷, 婦人小兒, 皆知分錢之數, 大小買賣, 輒用此物, 尤便於行旅道路之費, 人皆便之. 然利之所在, 弊之所興. 此貨殖利易長, 有日利月利之規, 計年則累倍其本. 朝家特定子母之法而不能遵. 以此貧益貧富益富, 因錢敗産者十常七八. 至於閭巷市井之間, 雖一家至親, 不以殖則不相貸, 風俗之至此, 其亦一大世變也. 卽今則人皆欲罷而公藏私蓄, 皆是此"

貨. 故當軸者知其弊而不能罷, 可勝歎哉!"

59 《조선왕조실록》이나 《승정원일기》에는 고리대금업과 빈익빈 부익부의 문제, 농민의 토지 상실에 대한 언설들이 일일이 예를 들 수 없을 정도로 자주 실린다.

60 민응수閔應洙는 돈이 귀해진 것은 공가公家, 즉 국가에서 수장收藏하고 부민富民들이 축적해 두어 유통이 되지 않게 만들었기 때문이라고 지적한다. 《英祖實錄》 18년(1742) 6월 16일(2). "閔應洙言: '今之錢貴由於公家收藏, 富民儲積, 使不得流行之致.'" 실제 전황錢荒에도 영문營門은 돈을 비축하고 있었다. 《正祖實錄》 7년 (1783) 1월 18일(2).

61 《正祖實錄》 5년(1781) 11월 12일(1).

62 李瀷, 〈錢害〉, 《星湖僿說》 제11권, 人事門. "粟布不若銀錢之便. 銀貴而錢賤, 故銀又不若錢之尤便也."

63 李瀷, 〈仕廣錢多〉, 《星湖僿說》 16권, 人事門. "貴門豪家, 藏鏹萬億, 歲豐則歛穀而私蓄, 歲儉則放散. 聚錢加之, 官調私債一齊督錢, 故民於是殫竭地出而應之. 未及冬春, 八口已餒. 是終歲勤動之, 財不在民, 不在國, 盡歸於遊食無賴之室. 及夫春飢, 又求息錢而營斗粟. 此皆行錢之為害也. 苟使廢錢而用粟布, 用之不便, 則夫豈有此患哉!"

64 《肅宗實錄》 21년(1695) 12월 10일(5).

65 《英祖實錄》 3년(1727) 11월 5일(2).

66 《英祖實錄》 3년(1727) 11월 11일(2).

67 조선시대 법에 의하면 한 달 이자는 2퍼센트를 넘지 못하고 10개월 뒤 20퍼센트가 되면 더 이상 올려 받을 수 없었다. 곡식의 경우, 10두에 대한 이자는 1개월에 5승을 넘지 못하고 10개월 뒤 5두가 되면 더 이상 받을 수가 없었다. 이것은 사채이고 공채의 경우는 돈과 쌀 모두 이자가 10분의 1이었다. 《英祖實錄》 3년(1727) 11월 11일(2).

68 전환錢還에 대해서는 임성수, 〈17~18세기 還上의 取耗補用과 錢還의 등장〉, 《민족문화연구》 90, 고려대 민족문화연구원, 2021을 참고했다. 실제의 예는 《承政院日記》 영조 51년(1775) 1월 9일(39/42)에 실린 장령掌令 백사은白師殷의 상소에 자세히 나와 있다. 구체적으로는 다음과 같이 한다. 봄에 관官의 곡식 1석을

4, 5냥 혹은 6, 7냥을 받고, 그 중 2냥 정도의 돈을 호마다 분배한 뒤 가을에 이
자를 붙여 곡식으로 받는다. 이 곡식을 다음 해 봄에 다시 팔아 돈으로 바꾼 뒤
위의 과정을 반복하는 것이다.

69 孫炳圭, 〈徐有榘의 賑恤政策—《完營日錄》·《華營日錄》을 중심으로〉, 《대동문화
연구》42, 성균관대학교 대동문화연구원, 2003, 104쪽.

70 權榘, 〈闌幽錄〉, 《屛谷集》: 《韓國文集叢刊》188, 128쪽. "貴同, 安心里下賤也.
頗有産業, 當辛壬大歉, 田宅奴婢, 價爲減賤, 射利之徒, 乘其困迫之勢, 操切益甚,
巧爲低昂. 貴同憤曰:'豈可人類將盡而爲乘時賭利之計?'計其家口而分其餘, 以賑
一村之飢, 兩年終無尺土之益."

71 朴趾源, 〈限民名田議〉, 《燕巖集》: 《韓國文集叢刊》a252. 403쪽. "彼富室者, 勉强
厚其價, 而益來之. 旣有之矣, 仍令佃作, 而姑慰其心. 貧戶則旣利其一時之厚價,
又德舊土之猶食其半. 由是而土價日增, 而附近之寸畦尺塍, 盡歸富室矣."

72 《흥부전》: 金起東 等 編, 《韓國古典小說選》, 새글사, 1966, 154~155쪽.

7장 공유와 공생의 사회

1 李瀷, 〈富者衆怨〉, 《星湖僿說》7권 人事門. "疏廣之言曰:'富者衆之怨也.' 吾皐
吾財, 疑若無害. 然人無而我有, 忮之者至矣. 人失而我得, 怒之者至矣. 人仰而我
嗇, 慊之者至矣. 然而獨享則怨之阽也. 怨極則謗生, 謗生則禍兆, 禍兆則身亡, 有
不自覺者也. 有財則有權, 故面悅而心嫉. 進諛而退訕, 百道搆煽, 十層增益, 惡積
而不可鮮. 如近世貨殖之家, 其鄙吝乖忤之迹, 傳作談柄. 其實多不然, 而家亦不
終, 或絶後或罹殃, 可歷數也. 衆口鑠金, 積毁銷骨, 理有必然也. 今時往往有貪黷
人, 邈不知他日作這樣人, 可哈."

2 "承業旣老, 戒其子孫曰:'吾所事公卿多, 獨秉國論, 爲家計者, 鮮及三世矣. 國中
之爲財者, 視吾家出入, 爲高下, 是亦國論也. 不散且及禍.' 故其子孫蕃而擧貧寠
者, 承業旣老, 多散之也."

3 成海應, 〈好義傳〉, 《硏經齋全集》: 《韓國文集叢刊》a273, 252쪽. "廉極台者, 洪原

人, 北路饒貨財, 利居積, 極台以斡辨能身致累萬金, 然能散故無怨.

4 이것은 허생이 변 부자로부터 돈을 빌리는 장면에서도 보인다. 변 부자는 허생의 '쓸 곳이 있다'는 말에 묻지도 않고 1만 냥을 빌려준다. 그것은 담보 혹은 과거로부터 축적된 신용이나 정보에 근거한 계약이 아니다. 변 부자는 이익을 추구하는 상인이면서도 도리어 화폐를 스스로 포기한다. 화폐에 집착하지 않는 것이다.

5 〈월출도〉, 《이조한문단편집》 3, 15~16쪽. "主人量狹矣. 今吾所欲, 不過財之輕便者. 土地人畜家舍糧穀自在. 今者所失, 雖云不些, 數年之內, 自當充滿, 何必深憂? 且財物, 天下公器. 有積之者, 則必有用之者; 有守之者, 則亦有取之者. 如君可謂積之者守之者, 如我可謂用之者取之者. 消長之理, 虛實之應, 直造化之常. 主人翁, 亦造化中一寄生也. 豈欲長而不消, 實而不虛耶? 事已早覺, 不必以昏夜作鬧, 以至傷人害命. 幸主人先入內庭, 使婦女共集一房也." 원출전은 다음과 같다. 〈語消長偸兒說富客〉, 《靑邱野談》: 《정본 한국 야담전집》 7, 55~56쪽.

6 〈홍길동 이후〉, 《이조한문단편집》 3, 60~11쪽. "忠義大將軍, 貽書于李生座下. 凡地之生才, 必有其用; 天之生人, 各有其食. 君積穀萬箱, 而未得救一民之窮; 營田千畝, 而不能延百年之壽, 竟使辛苦粒粒爛腐土壤. 君之一子, 理當受厄, 我故與神爲謀, 奪攫至此. 君能非駒隙短景, 且念舐犢大倫, 亟囘鄙吝之心, 欲效普濟之德, 則將君之資産, 分半積于某江之邊, 俾使君去, 則余當奉還郎君, 惟君自裁." 원출전은 다음과 같다. 《靑邱野談》: 《정본 한국 야담전집》 7, 477~483쪽.

7 〈귀향〉은 《해동화식전》, 126~135쪽에 실려 있다. 그런데 상인이 재산을 축적한 뒤 주변의 빈곤한 사람들에게 행상을 하게 하는 방식은 《해동화식전》의 이진욱에게서도 보인다. 이진욱은 가난한 집의 자제들에게 은전을 나누어 주고 팔도에 두루 행상을 다니게 했던 것이다(《해동화식전》, 203쪽. "震郁乃以銀買廣舍奴婢器用, 遂爲巨富. 自此閑居於家, 不復行商, 乃使所知貧寠子弟, 分與銀錢, 遍行八路"). 그런데 이것은 노동력의 야박한 착취가 아니고 일종의 경제공동체와 같은 것이었다. 이진욱은 자신이 보낸 행상들의 처자식을 먹였고, 손해를 본 행상들을 책망하지 않았으며, 밑천을 갑절로 대주어 이익을 보게 해주었던 것이다(같은 책, 204쪽. "若其親戚 疏昆弟及儔友之貧無産業者, 皆計口而給其料, 婚而助, 喪而賻. 其所遺行商之妻子貧不能自食者, 亦率置于家而餉之. 其行商折閱之歸者, 不以以爲責, 于倍數

284　　　　　　　　　　　　　　　　　　이타利他와 시여施與 ━━●

子銀, 綜收其利, 其好行其德如此.")

8 "五百餘戶之民, 賴其力, 凶年則常取貨於崔生焉. 此其章章尤異者也."

9 그들의 부가 시여에 쓰이고 공공성을 띤다고 하여 이들이 부를 완전히 포기한 것은 아니었다. 도리어 그렇게 하는 것이 부를 유지하는 방법일 수 있다고 생각했다. 다음 자료를 보라. 金憲基, 〈別提白公墓誌銘 幷序〉. "有良田廣宅, 半州之業, 約其息以資貧窮, 使業日益廣, 而人之資焉者益衆, 斯富有者之一良法也."

10 "嘗別貯急人之資數萬金, 及公歿, 遂無一金存者."

11 "人有以其財之散而不蓄爲其子孫憂者, 公笑日: "使食焉於我者多矣, 則其中亦必有爲吾後地者矣."

12 "吾所以專遊民間而不干於貴勢者, 懲此輩也. 彼貴顯者, 寧少吾輩哉. 所哀憐, 獨閭巷窮民耳. 且吾操針而遊於人, 十餘年矣. 或日療數人, 月活十數人. 計所全活, 不下數百千人. 吾今年四十餘, 復數十年, 可活萬人. 活人至萬, 吾事畢矣."

끝맺음

1 朴齊家, 〈市井〉, 《北學議》. "人日益富而我日益貧."

2 《이조한문단편집》1, 103~1121쪽. 이 작품의 원출전은 배전의 《此山筆談》이고, 원제는 〈三難金玉〉이다.

찾아보기

이타利他와 시여施與 ──●

이타利他와 시여施與 ——●

이타利他와 시여施與 ——●

이타利他와 시여施與 ──●

조선 후기 문학이 꿈꾼 공생의 삶
이타와 시여

2024년 2월 17일 초판 1쇄 인쇄
2024년 2월 29일 초판 1쇄 발행

글쓴이   강명관
펴낸이   박혜숙
디자인   이보용 김진
펴낸곳   도서출판 푸른역사
 우) 03044 서울시 종로구 자하문로8길 13
 전화: 02)720-8921(편집부) 02)720-8920(영업부)
 팩스: 02)720-9887
 전자우편: 2013history@naver.com
 등록: 1997년 2월 14일 제13-483호
 ⓒ 강명관, 2024

ISBN 979-11-5612-271-5 03900